Kathrin Schön

Rund um Augsburg

mit Westlichen Wäldern, Wittelsbacher Land und Ammersee

56 ausgewählte Touren

ROTHER
BERGVERLAG

ROTHER WANDERFÜHRER

Aargau
Abruzzen
Achensee
Adlerweg
Ahrsteig
Alb Südrand-Weg HW2
Albanien
Albsteig
Algarve
Allgäu 1, 2, 3, 4
Allgäuer Alpen
AlpeAdriaTrail
Altmühltal
Altmühltal-Panorama-weg
Andalusien Süd
Annapurna Treks
Antholz - Gsies
Aostatal

Appenzellerland
Apulien
Ardennen
Arlberg - Paznaun
Arnoweg
Asturien
Augsburg
Außerfern
Australien
Auvergne
Azoren
Baskenland
Bayerische Alpen Trekking
Bayerischer Wald
Berchtesgaden - Lienz
Berchtesgadener Land
Bergisches Land
Berlin
Bern
Berner Oberland Ost
Berner Oberland West
Bodensee Nord, Süd
Bodensee - Rätikon
Böhmerwald
Böhmische Schweiz
Bolivien
Bornholm
Bosnien u. Herzegowina
Bozen - Kaltern
Brandnertal
Bregenzerwald
Bremen - Oldenburg
Brenta
Bretagne
Bulgarien
Burgund
Cevennen

Chalkidiki - Thassos
Champagne - Ardennen
Chiemgau
Chiemsee
Chur - Hinterrhein
Cilento
Cinque Terre
Comer See
Cornwall-Devon
Costa Blanca
Costa Brava
Costa Daurada
Côte d'Azur
Dachstein-Tauern Ost
Dachstein-Tauern West
Dänemark-Jütland
Dalmatien
Dauphiné Ost, West
Davos - Prättigau
Dolomiten 1, 2, 3, 4, 5, 6, 7, 8
Dolomiten-Höhenwege 1-3, 4-7, 8-10
Donausteig
E1 Deutschland Nord
E1 Deutschland Süd
E5 Konstanz - Verona
Ecuador
Eifel
Eifelsteig
El Hierro
Elba
Elbsandsteingebirge
Elsass
Emmental
Ober-, Unterengadin
England Mitte, Nord, Ost, Süd
Fichtelgebirge
Fränkische Schweiz
Fränkischer Gebirgsweg
Frankfurt
Französisusweg
Freiburg
Friaul-Julisch Venetien
Fuerteventura
Galicien
Gardaseeberge
Garhwal - Ladakh
Garmisch - Brixen
Gasteinertal
Genfer See
Georgien
Gesäuse
Glarnerland
Glockner-Region
Goldsteig
La Gomera
Gotthardweg
Gran Canaria
Grazer Hausberge
Grenzgänger-Weg
Griechenland - Pindos-gebirge
Gruyère - Diablerets
GTA
Hamburg
Harz
Haute Route

Hawaii
Hochkönig
Hochschwab
Hohenlohe
Hunsrück
Ibiza
Innsbruck
Irland
Isarwinkel
Island
Israel
Istrien
Italienische Riviera
Jakobsweg - Camino Primitivo
Jakobsweg - Caminho Português
Jakobsweg - Camino del Norte
Französischer Jakobsweg Le Puy - Pyrenäen, Straßburg - Le Puy
Jakobsweg Marburg - Vézelay
Jakobswege Österreich
Jakobswege Schweiz
Spanischer Jakobsweg
Südfranzösischer Jakobsweg - Via Tolosana
Südwestdeutsche Jakobswege
Julische Alpen
Jura, Französischer
Jura, Schweizer
Kärntner Seen
Kalabrien
Kanadische Rocky Mountains
Kapverden Nord
Karawanken
Karnischer Höhenweg
Karwendel
Kaunertal
Kitzbüheler Alpen
Kleinwalsertal
Korfu
Korsika
Korsika - GR 20
Korsika - Mare e Monti
Kraichgau
Kreta
La Palma
La Réunion
Lago Maggiore
Lahnwanderweg
Languedoc-Roussillon
Lanzarote
Lappland
Lechweg
Lesbos - Chios
Limesweg
Lofoten
Lothringen
Lungau
Luxemburg - Saarland
Madeira
Mallorca
Malta - Gozo

Marken - Adriaküste
Marokko
Masuren
Maximiliansweg
Mecklenburgische Seenplatte
Menorca
Meran
Meraner Höhenweg
Mittelsachsen
Mont Blanc
Montafon
Montenegro
Mosel
Moselhöhenweg
Moselsteig
Mühlviertel
München
München - Venedig
Münsterland
Nationalpark Kalkalpen
Neanderlandsteig
Golf von Neapel
Neckarweg
Neuseeland
Neusiedler See
Niedere Tauern Ost
Niederlande
Niederrhein
Nockberge
Nordhessen
Normandie
Norwegen Mitte, Süd, Jotunheimen
Nürnberg
Oberlausitz
Oberpfälzer Wald
Oberschwaben
Odenwald
Odenwald Mehrtages-touren
Öland
Ötscher
Ötztal
Ötztal - Pitztal Trekking
Ossola
Ostfriesland
Ostseeküste
Ost-Steiermark
Osttirol Nord, Süd

Patagonien
Peaks of the Balkans
Peloponnes
Peru
Pfälzer Weinsteig
Pfälzerwald
Pfaffenwinkel

Picardie
Picos de Europa
Piemont Nord, Süd
Pinzgau
Pitztal
Portugal Nord
Provence
Pyrenäen 1, 2, 3, 4
Pyrenäen - GR 11

Pyrenäen – GR 11

Regensburg
Rhein-Neckar
Rheinhessen
Rheinsteig
Rhodos
Rhön
Riesengebirge
Rom - Latium
Rota Vicentina
Route de Ländle
Rügen
Ruhrgebiet
Rumänien - Ostkarpaten
Rumänien - Südkarpaten
Saar-Hunsrück-Steig
Salzalpensteig
Salzburg
Salzburg - Triest
Salzkammergut Ost, West
Sardinien
Sauerland
Savoyen
Schaffhausen
Schottland
Schwabenkinder-Wege Oberschwaben, Schweiz - Liechten-stein, Vorarlberg
Schwäbische Alb Ost
Schwäbische Alb West
Schwarzwald Fernwan-derwege
Schwarzwald Mehrtages-touren Mitte/Nord, Süd/Mitte
Schwarzwald Nord, Süd
Schweden Mitte, Süd
Seealpen
Seefeld - Leutasch
Sentiero della Pace
Sierra de Gredos
Sierra de Guadarrama
Sizilien
Spessart
Steigerwald
Steirisches Weinland
Sterzing

Stubai - Wipptal
Trekking im Stubai
Stuttgart
Südafrika West
Südniedersachsen
Surselva
Sylt, Amrum, Föhr
Tannheimer Tal
Tasmanien
Hohe Tatra
Niedere Tatra
Tauern-Höhenweg
Hohe Tauern Nord
Tauferer Ahrntal
Taunus
Tegernsee - Sterzing
Tegernseer und Schlieseer Berge
Teneriffa
Tessin
Teutoburger Wald
Thüringen Mitte/Nord
Thüringer Wald
Tiroler Höhenweg
Toskana Nord, Süd
Türkische Riviera
Uckermark
Umbrien
Ungarn West
USA Südwesten
Usedom
Vanoise
Veltlin
Via de la Plata
Via Francigena
Via Gebennensis
Vierwaldstättersee
Vinschgau
Vizentiner Alpen
Vogelsberg
Vogesen
Vogesen Mehrtages-touren
Vogesen-Durchquerung
Vogtland
Vom Gletscher zum Wein
Trekking in Vorarlberg
Wachau
Waldviertel
Wales
Wallis Alb Ost
Oberwallis
Unterwallis
Walliser Alpen
Weinviertel
Welterbesteig Wachau
Weserbergland
West Highland Way
Westerwald
Wien
Wien - Lago Maggiore
Wiener Alpenbogen
Wiener Hausberge Nord, Süd
Wilder Kaiser
Zillertal
Trekking im Zillertal
Zürichsee
Zugspitze
Zypern Süd & Nord

Vorwort

Eine Sache, die an Augsburg fasziniert, ist seine Verbindung zum Grünen, denn die Stadt der Fugger und der Renaissance ist umgeben von vielfältigen Landschaften, in denen man auf Schusters Rappen allerlei erleben kann. Direkt an das Stadtgebiet grenzt der Stadtwald an, das größte außeralpine Naturschutzgebiet Südbayerns. Der Lech stellt mit seinen Auwäldern und Heiden die Verbindung nach Norden und Süden her. Gleich im Westen schließt der Naturpark Augsburg – Westliche Wälder mit Holzwinkel, Reischenau und Stauden an. Stille Wälder, idyllische Weiher und kleine Kapellen lassen sich hier erwandern. Im Osten sind Wittelsbacher Land und Schrobenhausener Spargelland als Teile des reizvollen Tertiärhügellandes aufgenommen. Bei guter Sicht ist manchmal sogar ein Alpenblick möglich. Eine Besonderheit stellt das Ries mit seinen Auswurfmassen dar, das vor rund 14,5 Millionen Jahren durch den Einschlag eines Asteroiden entstanden ist. Auch die ans Donautal anschließende Schwäbische und Fränkische Alb bietet leicht erreichbare, empfehlenswerte Wandermöglichkeiten. Nicht zu vergessen der Ammersee, das »Augsburger Meer«, der als das Ausflugsziel der Augsburger bekannt ist.
Beim Draußensein und Wandern in der Natur kann man die Seele baumeln und den Alltag hinter sich lassen. Aufgrund des meist allenfalls hügeligen Geländes sind die Touren insbesondere für wenig trainierte Wanderer, Senioren oder Familien mit Kindern geeignet. Neben Genusstouren sind aber auch einige längere Wanderungen dabei, die etwas mehr Kondition und Zeit erfordern. Die beschriebene Mehrtagestour auf dem Schwäbisch-Allgäuer-Wanderweg bietet viel Ruhe, denn es geht durch einsame Wälder. Zwischendurch berührt sie herrliche Aussichten, stille Weiher und reizvolle Ortschaften.
Bei der Wegbeschreibung wurde grundsätzlich nach dem Motto vorgegangen »So ausführlich wie nötig, so konkret wie möglich.« Dennoch bleibt auch Platz für Hinweise auf das, was es am Wegesrand zu sehen gibt.
Nun wünsche ich Ihnen viel Freude mit diesem Wanderführer!

Nördlingen, im Sommer 2021   Kathrin Schön

Liebe Leserinnen und Leser,

infolge der Corona-Krise können sich Änderungen ergeben haben, die bei Redaktionsschluss noch nicht absehbar waren. Soweit möglich werden wir aktuelle Hinweise unter www.rother.de (beim Buch) zur Verfügung stellen. Bitte informieren Sie sich vor der Wanderung zusätzlich über die derzeitigen Gegebenheiten.
Sollten Sie geänderte Gegebenheiten vor Ort feststellen, freuen wir uns über Korrekturhinweise per E-Mail an leserzuschrift@rother.de.

Inhaltsverzeichnis

Vorwort 3

Übersichtskarte 6

Allgemeine Hinweise 8
    Symbole 9
    Top-Touren rund um Augsburg 12

Das Augsburger Umland 14

Touristische Informationen 21
    Hallen-/Erlebnisbäder, Saunalandschaften 23
    Ausflugsziele für Familien mit Kindern 24
    Museen und Sehenswürdigkeiten 26

Literatur und Karten 31
    GPS-Tracks und Koordinaten der Ausgangspunkte 32

1	3.50 Std.	Von Gundelfingen nach Medlingen und Bächingen	34
2	3.40 Std.	Von Echlishausen nach Kissendorf	37
3	3.50 Std.	Ichenhausen und Wettenhausen	40
4	2.20 Std.	Von Jettingen-Scheppach zur Wallfahrtskirche Allerheiligen	44
5	4.10 Std.	Große Runde ab Jettingen-Scheppach	47
6	3.40 Std.	Von Neuburg an der Kammel zum Schloss Edelstetten . . .	50
7	1.40 Std.	Klösterliche Kulturlandschaft um Roggenburg	54
8	2.45 Std.	Krumbach	57
9	2.00 Std.	Thannhausen	60
10	2.20 Std.	Von Aletshausen über Gaismarkt	63
11	6.15 Std.	Auf den Spuren der Fugger	66
12	2.45 Std.	Auf den Spuren Kneipps ab Bedernau	69
13	2.00 Std.	Mindelheim	72
TOP **14**	4.00 Std.	Bad Wörishofen	75
TOP **15**	3 Tage	Von Stadtbergen nach Bad Wörishofen	79
TOP **16**	3.40 Std.	Mittel- und Oberneufnach	90
17	4.10 Std.	Walkertshofen und Reichertshofen	93
18	3.30 Std.	Mickhauser Alm	97
19	4.20 Std.	Rund um Fischach	101
20	4.40 Std.	Rund um Schwabmünchen	105
21	3.15 Std.	Straßberg	109
TOP **22**	3.30 Std.	Oberschönenfeld	112
23	3.15 Std.	Von Diedorf nach Wellenburg	115
24	3.30 Std.	Geschichtliches bei Dinkelscherben	118
25	3.15 Std.	Biburg	122

26	2.00 Std.	Bonstetten	125
27	1.50 Std.	Welden	128
28	1.45 Std.	Emersacker	131
29	4.00 Std.	Von Langweid zur Klaus-Hütte	133
30	3.10 Std.	Von Mertingen nach Nordendorf	136
TOP 31	1.10 Std.	Goldbergalm	140
32	4.40 Std.	Vom Riesrand ins Kesseltal	142
33	5.00 Std.	Von Harburg nach Donauwörth	146
34	3.20 Std.	Kaisheim, Gunzenheim und Buchdorf	150
35	2.20 Std.	Über die Südhänge der Frankenalb	154
36	6.00 Std.	Von der Blumenstadt Rain nach Oberndorf	157
37	3.40 Std.	Von Oberbaar nach Thierhaupten	161
38	3.40 Std.	Von der Lechleite ins Affinger Becken	164
39	3.00 Std.	Rundtour ab Inchenhofen	168
40	4.20 Std.	Von Schrobenhausen nach Hinterkaifeck	171
41	3.10 Std.	Von Schrobenhausen nach Maria Beinberg	174
42	3.00 Std.	Von Aichach nach Obergriesbach	177
43	3.00 Std.	Von Kühbach über Ober- nach Unterwittelsbach	180
44	2.45 Std.	Vom Schloss Blumenthal zum Kloster Maria Birnbaum	183
TOP 45	2.45 Std.	Von Erdweg nach Altomünster	187
46	2.45 Std.	Von Friedberg zur Wallfahrtskirche Maria Schnee	191
47	2.40 Std.	Von Friedberg nach Heimatshausen und Ottoried	195
48	3.30 Std.	Durch den Augsburger Stadtwald	198
49	1.40 Std.	Von Ottmaring in die Lechebene und zum Paardurchbruch	202
TOP 50	4.00 Std.	Von Kissing nach Königsbrunn	205
TOP 51	5.10 Std.	Auf und Ab im Hügelland bei Mering	209
52	5.30 Std.	Landsberg und Kaufering	213
TOP 53	3.15 Std.	Von Landsberg zum Schloss Pöring	219
54	4.40 Std.	Von Geltendorf nach Kaltenberg und St. Ottilien	222
TOP 55	4.10 Std.	Schondorf am Ammersee	227
56	4.45 Std.	Utting, Bierdorf und Riederau	231

Stichwortverzeichnis 234

Allgemeine Hinweise

Tourenauswahl und -planung

Einen Standardwanderer, der zu einem Standardwetter unterwegs ist, gibt es nicht. Stets liegen unterschiedliche Voraussetzungen und Gegebenheiten zu dem Zeitpunkt vor, an dem man eine Wanderung unternimmt. Dabei spielen zum einen sowohl das Wetter, das zu den verschiedenen Jahreszeiten unterschiedlich ausgeprägt ist, als auch der Sonnenstand und die Tageslänge eine Rolle. Beispielsweise sind eine eventuelle Gewitterneigung an heißen Hochsommernachmittagen, die Kürze der Tage im Herbst oder die Exposition zur Sonne zu beachten. Ganz eng mit der Temperaturentwicklung und der Ausprägung von Niederschlagsereignissen hängt auch die Beschaffenheit der Wege zusammen. Bei Nässe, Altschnee oder Eis können ansonsten gut begehbare Wege schnell unangenehm oder gar gefährlich werden, bei Hochwasser oder nach Sturmereignissen auch unpassierbar sein. Zum anderen sind die Kondition, die Erfahrung und das Können des oder der Tourenteilnehmer von entscheidender Bedeutung. Eine alte Weisheit besagt, dass der Langsamste das Tempo bestimmt.

Aus diesen Gründen wurden in diesem Buch unterschiedlich lange Touren zusammengestellt, die jedoch alle attraktiv sind – jede auf ihre Art.

Damit jeder sich die für ihn passende Tour heraussuchen kann, sind jeweils folgende, wichtige Informationen vorangestellt:

- **Gehzeit:** Hierunter wird jeweils die reine Gehzeit für die gesamte Tour verstanden. Pausen sind nicht enthalten. Dafür ist also in jedem Fall genügend zusätzliche Zeit einzuplanen. Auch kann die reine Gehzeit nur einen groben Anhaltspunkt geben, denn die tatsächlich benötigte Zeit ist von vielerlei Faktoren abhängig wie Trainingszustand, Tagesform, Alter, Wetter-, Geländebedingungen und die Gruppengröße. Die angegebene Gehzeit kann dann wesentlich länger oder kürzer sein. Bei Lehrpfaden oder für den Gang durch Schutzgebiete mit artenreicher und seltener Pflanzen- und Tierwelt ist teils deutlich mehr Zeit zum Schauen und Entdecken einzuplanen.

- **Höhenunterschied:** Der Höhenunterschied berechnet sich, indem sämtliche Höhendifferenzen bei An- und Abstiegen addiert werden. Zwischenan- und -abstiege werden also ebenfalls eingerechnet. Dadurch kann sich ein deutlich höherer und damit auch aussagekräftigerer Wert ergeben, als wenn nur der reine Höhenunterschied als die Differenz zwischen höchstem und niedrigstem Punkt angegeben werden würde.

- **Anforderungen:** Die Voraussetzungen, die man mitbringen sollte, können beispielsweise Kondition, Orientierungsvermögen oder stellenweise auch Trittsicherheit sein. Nur unveränderliche Größen wie Gelände sowie Art und Qualität des Weges können für die Bewertung herangezogen werden.

Daneben spielen aber auch Faktoren eine Rolle, die zeitlich veränderlich sind. Darunter sind Wetter, Nässe, Schneelage, Vereisung und aktueller Zustand des Weges zu nennen. Diese veränderlichen Faktoren können die Anforderungen an den Wanderer sowohl in technischer als auch in konditioneller Hinsicht im Vergleich zu den angegebenen wesentlich erhöhen. Sie können aber aufgrund ihrer veränderlichen Natur verständlicherweise nicht zur Bewertung herangezogen werden.

Informative Wegweiser im Unterallgäu.

Leicht Setzt man normale Bedingungen voraus und berücksichtigt lediglich die unveränderlichen Größen, so lassen sich die Touren nach der Summe der Anforderungen alle als leicht einstufen. Es handelt sich um Wanderungen auf unterschiedlich breiten Wegen und angelegten Pfaden. Die Touren sind für jedermann machbar, doch sollten griffige, stabile Schuhe zur Standardausrüstung gehören, denn abschnittsweise kommen Steine und Wurzeln vor, die bei Feuchtigkeit – und das nicht nur bei Regen – glatt sein können.

Orientierung

Ein Großteil der Wege ist beschildert. Doch kann es immer wieder vorkommen, dass selbst auf sonst vorbildlich ausgeschilderten und markierten Wegen einzelne Schilder auch an wichtigen Stellen fehlen. Deswegen wurde

Symbole

🚌	mit Bahn/Bus erreichbar	▲	Ruine
✕	Einkehrmöglichkeit unterwegs	🏰	Burg, Schloss
👪	für Kinder geeignet	∴	archäolog. Stätte, Grabhügel
⛪	Ort mit Einkehrmöglichkeit	↑	Aussichtsturm
⌂	Einkehrmöglichkeit	∩	Höhle, Grotte
◻	Schutzhaus, Unterstand	△	Zeltplatz
P	eingerichteter Parkplatz	⚘	Rast-, Picknickplatz
🚌	Busanschluss	✲	Aussichtsplatz
🚆	Bahnanschluss	⦿	Quelle
⛴	Schiffsanlegestelle	🏞	Bademöglichkeit
†	Kirche, Kapelle, Kloster, Marterl/Bildstock	🌳	markante(r) Baum(-gruppe)
		⏌ ⌐	Abzweigung links bzw. rechts

bei diesem Wanderführer ein besonderes Augenmerk auf eine möglichst präzise und ausführliche Wegbeschreibung gelegt. Trotzdem ist die Mitnahme einer guten Wanderkarte unerlässlich.

Einkehrmöglichkeiten

Nicht an jeder beschriebenen Tour liegt ein Gasthaus, oft aber in der nächsten größeren Ortschaft. Außerdem sind einige Gaststätten nur am Wochenende über Mittag geöffnet, worauf jeweils bei den Touren verwiesen wird. Ansonsten sind die Ruhetage am besten vorher im Internet zu recherchieren oder telefonisch zu erfragen. Sollte einmal keine Einkehrmöglichkeit am Weg liegen, ist aufgrund der teils zahlreich vorhandenen Rast- und Ruhebänke mit teils schöner Aussicht die Mitnahme einer Brotzeit zu empfehlen. Da es sich mit einer Ausnahme (Tour 15) um Tagestouren handelt, wurde kein Hinweis auf eine Übernachtungsmöglichkeit aufgenommen. Wer jedoch eine solche wünscht, kann sich unter den Internetadressen und bei den Tourismusbüros der jeweiligen Orte informieren.

Das Klosterstüble Oberschönenfeld – ein beliebtes Ausflugsziel (Tour 22).

Der Walderlebnispfad durchs Grubet ist ein echter Pfad zum Erleben und Aktivwerden (Tour 42).

Wandern mit Kindern

Die meisten der beschriebenen Wanderungen sind auch für Kinder geeignet. Einschränkungen sind bei den besonders langen Touren angebracht, für die aber teils Abkürzungen vorgeschlagen werden. Gerade wenn es durch den Wald geht, gibt es für Kinder einiges zu entdecken. Die Licht- und Schattenspiele, das besondere Waldklima, Lichtungen mit Schmetterlingen, Holzstapel, Ameisenhaufen, Eichhörnchen, Vögel mit ihrem Gesang oder Libellen und Amphibien an einem kleinen Waldweiher. Wildgehege mit Wildpferden, Rot- und Damhirschen, Weiden mit Kühen, Schafe auf der

Heide oder Spielplätze sind ebenso Attraktionen wie der Weg durch einen finsteren Gang oder das Erkunden einer Höhle. Und wenn alles nichts hilft: Spannende und amüsante Lauschtouren bieten Abwechslung und bringen auch Technikfreaks und Bewegungsmuffel auf Trab. Informationen unter www.bayerisch-schwaben.de/lauschtouren (mit iPod-Verlehstationen und Downloads).

Aufgrund des selten ausschließlich asphaltierten Untergrundes eignen sich die wenigsten Touren für Kinderwägen, doch ist das Tragen eines Kleinkindes angesichts der gemäßigten Höhenunterschiede und Längen (mit Einschränkungen) oft möglich.

Tipps für Weitwanderer:

Wer eine längere Wanderung unternehmen und zwischendurch übernachten möchte, dem stehen zahlreiche Fernwanderwege zur Verfügung, die durch das Augsburger Umland führen bzw. dieses tangieren.
Auf dem Wanderweg »**Lueg ins Land**« kann man einmal den gesamten Naturpark Augsburg Westliche Wälder queren. Mit gut 90 km verbindet er Türkheim mit Wertingen. In drei Etappen lässt er sich in beiden Richtungen begehen. Der **Schwäbisch-Allgäuer-Weitwanderweg** führt von Augsburg nach Sonthofen im Allgäu und ist, je nach Variante, rund 165 km lang. In diesem Wanderführer ist ein in drei Etappen zu bewältigender Abschnitt von Stadtbergen bis Bad Wörishofen beschrieben (Tour 15). Der **Lech-Höhenweg** verläuft den Lech entlang aufwärts von Klosterlechfeld bis zum Lechfall bei Füssen (ca. 110 km).
Auch verschiedene **Jakobswege** queren bzw. tangieren das Gebiet. Der **Bayerisch-Schwäbische Jakobsweg** führt in mehreren Routen vom Ries ins Allgäu und an den Bodensee. Zusätzlich startet ein Stichweg im oberbayerischen Schrobenhausen. Im Bereich des Ammersees berührt der **Münchner Jakobsweg** das Gebiet im Süden (Infos unter www.fernwege.de). Sämtliche Jakobswege sind mit der Jakobsmuschel markiert.
Des Weiteren berühren der **Schwäbische Alb-Nordrandweg (jetzt Albsteig)** und der **-Südrandweg** (Infos unter https://wege.albverein.net/hauptwanderwege), der **Donau-Wanderweg**, der **Frankenweg** (www.frankenweg.de) sowie der **Main-Donau-Weg** (Tauber-Wörnitz-Linie, bis Donauwörth) das Gebiet im Norden. Der **Weitwanderweg Romantische Straße** quert das Gebiet in Nord-Süd-Richtung.
Weitere Informationen zu den Fernwanderwegen bieten die im Kapitel »Literatur und Karten« genannten Wanderführer.

Ausrüstung

Auf sämtlichen Touren ist das Tragen von Trekkingschuhen zu empfehlen. Noch besser, aber nicht unbedingt nötig, sind »Trekkingstiefel«, die die Knöchel umschließen und eine griffige Profilsohle aufweisen.

Für den Rucksack ist folgende Mindestausstattung zu empfehlen:
- Alu-Rettungsdecke
- kleine Rucksackapotheke
- Nässeschutz: (…-TEX-Anorak)
- Kälteschutz (Fleece/Faserpelz)
- lange Berg- bzw. Wanderhose (als Ersatz bei angezogener kurzer Hose)
- Ersatz-Funktionsunterwäsche
- Getränke (in verschließbarer Trinkflasche)
- einige Müsliriegel
- Mobiltelefon

Bei längerer Tourdauer ist der Rucksackinhalt selbstverständlich entsprechend zu erweitern. Besonders auf ausgedehnten Touren sollten immer komplexe Kohlenhydrate, beispielsweise in Form von belegten Vollkornbroten, dabei sein.

Gefahren

Die Wanderungen in diesem Gebiet sind aus alpinistischer Sicht gefahrlos. Viele der Touren sind prinzipiell auch ganzjährig begehbar, doch können steile Abschnitte wegen Vereisung nicht benutzbar sein. Sieht man von den

Top-Touren rund um Augsburg

Bad Wörishofen
Herrlicher Kurpark, reizvolle Waldränder und grandioses Alpenpanorama – nicht einsam, aber schön (Tour 14, 4 Std.).

Schwäbisch-Allgäuer-Wanderweg
Die längste Tour in diesem Wanderführer – Ruhe und Einsamkeit sind garantiert (Tour 15, 3 Tage).

Mittel- und Oberneufnach
Aussichtsreiche Tour durch die reizvolle Staudenlandschaft (Tour 16, 3.40 Std.).

Oberschönenfeld
Stille Wälder, Weiher und gleich 4 Biergärten – eine klassische Tour (Tour 22, 3.30 Std.).

Goldbergalm
Zur kürzesten Wanderung in diesem Buch gibt es eine amüsante Lauschtour (Tour 31, 1.10 Std.).

Von Erdweg nach Altomünster
Meditative Wanderung zu einem klassischen Ausflugsziel – andersrum mit grandiosem Alpenblick (Tour 45, 2.45 Std.).

Von Kissing nach Königsbrunn
Hier kommen Tier- und Pflanzenfreunde voll auf ihre Kosten (Tour 50, 4 Std.).

Auf und ab im Hügelland bei Mering
Abwechslungsreiche Tour mit wechselnden Landschaftsbildern, herrlichen Aussichten und schmucken Kapellen (Tour 51, 5.10 Std.).

Von Landsberg zum Schloss Pöring
Auf Tuchfühlung mit Wildtieren und durch die sagenumwobene Teufelsküche (Tour 53, 3.15 Std.).

Schondorf am Ammersee
Aussichtsreiche Moränenzüge und malerische Seeblicke (Tour 55, 4.10 Std.).

speziellen Begebenheiten des Winters ab, so ist dennoch auf folgende Gefahren hinzuweisen:
- Abrutsch-/Absturzgefahr: Das ist wohl die offensichtlichste Gefahr, die jedoch im Wandergebiet nur in wenigen Bereichen besteht. Um ein Stolpern an einer gefährlichen Stelle zu verhindern, ist es wichtig, sich genügend Zeit zu nehmen und stets ohne Hektik und konzentriert zu gehen. Hat man Kinder dabei, so ist auch bei ansonsten leichten Wegen im Steilgelände besondere Aufmerksamkeit vonnöten.
- Rutschgefahr: Diese besteht auf lockerem Kies oder Schotter auf Gefällstrecken. Besonders beim Abwärtsgehen sollte man kleine Schritte machen und Vorsicht walten lassen.
- Sich verirren: Das kann leichter passieren, als man denken mag. Deswegen sollte man stets auf Markierungen und Wegspuren achten. Hat man dennoch einmal den Weg verloren, so geht man am besten bis zum letzten bekannten Punkt zurück!
- Dass Gewitter wegen möglicher Blitzschläge eine Gefahr darstellen, ist allgemein bekannt. Eine gute Tourenplanung und Wetterbeobachtung sind hier wichtig. Grundsätzlich sollte man versuchen, vor einem Gewitter den Wald zu verlassen und einen Ort zu erreichen. Auf jeden Fall sind hohe Bäume und Metallzäune zu meiden. Stattdessen ist es sinnvoll, sich in eine Senke zu begeben oder eine Mulde aufzusuchen und sich dort möglichst kleinzumachen und mit zusammengezogenen Beinen hinzuhocken.
- Erschöpfungszustände sind zu vermeiden! Wichtig ist es, sich und andere nicht zu überfordern und viel zu trinken. Zu empfehlen sind mineralreiche Getränke (z. B. Mineralwasser), bei kühler Witterung warmer Tee!

Notfall
Wenn etwas passiert ist: Bewahren Sie Ruhe und handeln Sie überlegt! Sollten Sie alleine sein, versuchen Sie, Hilfe herbeizurufen, anstatt sich verletzt weiterzubewegen. Leisten Sie Erste Hilfe nach eigenem Können und Ihren Möglichkeiten! Sorgen Sie vor allem für Kälteschutz (Alu-Rettungsdecke)! Reden Sie dem Verletzten gut zu, lassen Sie ihn möglichst nicht alleine. Alarmieren Sie den Rettungsdienst; melden Sie den Vorfall nach folgenden »W's«:
- **Wer** meldet? Angabe des eigenen Namens mit Telefonnummer.
- **Was** ist geschehen? Beschreibung des Unfalls.
- **Wo** ist es geschehen? Präzise (!) Angabe des Unfallortes.
- **Wie viele** Verletzte? Angabe der Zahl der Verletzten.
- **Welche** Verletzungen? Lebensbedrohliche Zustände?
  Bei möglicher Hubschrauberbergung zusätzlich:
- **Wie** sind die Wetter-, v. a. Sicht- und Windverhältnisse am Unfallort?
- **Wo** ist ein guter Landeplatz für den Hubschrauber (25 x 25 m)?

Das Augsburger Umland

Westliche Wälder – Tertiärhügelland – Ries – Alb – Ammersee

Das Augsburger Umland bietet mehrere Landschaftsformen, was es als Wandergebiet umso interessanter macht. Ein Großteil des Gebietes zählt zum Alpenvorland, nördlich der Donau schließt die Alb an, wo sich an der Nahtstelle zwischen Schwäbischer und Fränkischer Alb das Ries befindet.
Dieser Wanderführer umfasst also das Gebiet zwischen Riesrand und Donau im Norden, Ammersee – dem Meer der Augsburger – im Süden, reicht im Westen bis zur Grenze nach Baden-Württemberg und im Osten bis nach Altbayern hinein. Geprägt ist das Augsburger Umland von Hügelländern, großen Flusstälern und randlich von der Alb mit Einschlagskrater im Norden sowie der Moränenlandschaft mit dem Zungenbecken des Ammersees im Süden. Allgäu, Fünf-Seen-Land und Pfaffenwinkel schließen hier an. Barocke Kirchen- und Klosterbauten prägen weite Landstriche ebenso wie die Schlösser der Wittelsbacher, der Fugger und anderer Adelsfamilien. So wird der Landkreis Günzburg »Schwäbischer Barockwinkel« genannt, der Landkreis Aichach-Friedberg auch Wittelsbacher Land. Verwaltungsmäßig zählen neben dem Stadt- und Landkreis Augsburg die Landkreise Aichach-Friedberg und Günzburg sowie Teile der schwäbischen Landkreise Donau-Ries, Dillingen a. d. Donau, Neu-Ulm und Unterallgäu sowie der oberbayerischen Landkreise Landsberg am Lech, Dachau und Neuburg-Schrobenhausen zum Wandergebiet.

Über die Entstehung der Landschaft

Grob lässt sich das Gebiet in zwei geologische Teilräume gliedern, nämlich die Schwäbisch-Fränkische Alb mit dem Ries sowie das Alpenvorland, das von tertiären Molasse- und eiszeitlichen Schotterablagerungen geprägt ist.
Die ältesten Gesteine sind im Norden des Gebietes zu finden, wo vor rund 14,5 Millionen Jahren ein Asteroid in die Alb eingeschlagen ist und dabei Gesteine des Grundgebirges an die Oberfläche befördert hat. Diese sind mehrere Hundertmillionen Jahre alt und liegen im Bereich der Alb normalerweise in einer Tiefe von mind. 500–600 m. Die Kalke der Alb selbst sind vor rund 150 Millionen Jahren in dem warmen und relativ flachen Jurameer abgelagert worden. Infolge eines kurzen Meeresvorstoßes in der nachfolgenden Kreidezeit ist das Neuburger Kieselweiß entstanden (Tour 35). Die phasenweise Heraushebung der Alb hängt mit der Alpenbildung zusammen, die vor rund 100 Millionen Jahren begann.
Während sich die Alpen heraushoben, transportierten Flüsse und Bäche Abtragungsmaterial aus diesen ins Alpenvorland. Phasen mit Meeresbedeckung und Festlandsbedingungen wechselten sich ab. So kamen nacheinander die Untere Meeresmolasse, die Untere Süßwassermolasse, die Obere Meeresmo-

lasse sowie die Obere Süßwassermolasse zur Ablagerung. Besonders die sandigen und tonigen Sedimente dieser letzten Phase bestimmen heute die Geologie des Tertiärhügellandes östlich von Augsburg. Von wirtschaftlicher Bedeutung waren im Mittelalter die in ihren gelbbraunen Sanden vorkommenden knollenartigen Eisenerz-Geoden, von deren Abbau heute noch Tausende Gruben in den Wäldern westlich und östlich des Lechs zeugen. Vor etwa 14–15 Millionen Jahren kam es zudem zur Ablagerung von Tuff über Süddeutschland, der den Vulkanausbrüchen am Kaiserstuhl oder im Hegau entstammen könnte. Durch Überlagerung dieser tonreichen Schichten ist Bentonit entstanden, der etwa bei Thannhausen industriell abgebaut wurde oder als Badstein im Krumbad bereits seit dem 15. Jh. zur Heilung bei Rheuma und Gelenkbeschwerden Verwendung findet.

Ebenfalls vor rund 14,5 Millionen Jahren traf auf die Karstlandschaft der Alb der Riesasteroid, der mit seinem Durchmesser von 1,1 bis 1,2 km einen Krater mit etwa 25 Kilometern im Durchmesser schlug (**Ries-Impakt** oder **Ries-Ereignis**) und mehrere Zehnermeter mächtige Auswurfmassen in einem Umkreis von etwa 40 km vom Kraterzentrum aus verteilte (Bunte Trümmermassen bzw. **Bunte Breccie**). Da sie sich nicht mehr am Ort ihrer Entstehung befinden, bezeichnet man diese Gesteine als allochthon. Über die geschlossene Decke hinaus wurde über Süddeutschland eine Schicht sogenannter **Reuterscher Blöcke** verteilt, auf die man im Wandergebiet gelegentlich stößt (Tour 37). Zusätzlich wurde Grundgebirgsmaterial aus einer Tiefe von mind. 600 m hochgeschleudert und teils aufgeschmolzen. In den Krater zurückgefallen und erkaltet, entstand daraus **Suevit**. Seine dunklen **Flädle** sind die aus Gesteinsschmelze erstarrten Bestandteile. In den folgenden 2 Millionen Jahren bestand im Rieskrater ein See, der von den einmündenden Flüssen und Bä-

Blick vom Buchberg über Mönchsdeggingen ins Ries (Tour 32).

chen vollständig verfüllt wurde. Erst als sich die Alpen wieder hoben und mit ihnen ganz Süddeutschland, konnten sich Flüsse und Bäche im ausgehenden Tertiär sowie im nachfolgenden Pleistozän in die weichen Seeablagerungen wie Tone und Mergel eintiefen, diese erodieren und so den Krater wieder herauspräparieren. Als einziger Abfluss des Rieses entstand das Wörnitztal bei Harburg, wo sich der Fluss an der Schnittstelle zwischen Schwäbischer und Fränkischer Alb eingetieft und so einen romantischen Durchbruch geschaffen hat (Tour 33). Die harten Kalke dagegen widerstanden der Erosion und wurden aus den Auswurfmassen herauspräpariert – so entstand etwa das idyllische Kesseltal (Tour 32).

Vor rund 2,5 Millionen Jahren setzte eine allmähliche Abkühlung ein. Während des Pleistozäns wechselten sich mehrere **Eiszeiten** mit Warmzeiten ab. Aus den Alpen heraus breiteten sich mehrmals Gletscher ins Alpenvorland hinein aus, sie erreichten allerdings nur die südlichen Bereiche des Gebietes. Die ältesten Moränen, die aus der drittletzten Eiszeit stammen und auf die wir bei Dorschhausen treffen, sind die Mindelmoränen (Tour 15). Die nördlichsten Moränen sind bei Mering zu finden und stammen aus der vorletzten Eiszeit, der Rißeiszeit, in der der Isar-Loisach-Gletscher am weitesten vorstieß. Das glazial übertiefte Zungenbecken des Ammersees wird von Jungmoränen eingerahmt, die aus der nachfolgenden Würmeiszeit stammen (Touren 55 und 56).

Doch formten auch die Schmelzwasserflüsse sowie die Fließgewässer des Periglazialraumes die Landschaft weiter. Im Tertiärhügelland dominierten die Taleintiefung und die Zerschneidung der Landschaft, wobei das heutige Relief entstand. Im Westen dagegen lagerten Schmelzwasserflüsse Schotter ab. Durch das Wechselspiel von Aufschottern und Eintiefen bei gleichzeitiger Hebung des Gebietes entstanden Terrassen und so kam es auch, dass im Bereich der Iller-Lech-Schotterplatte heute die ältesten Ablagerungen an den höchsten Stellen zu finden sind, während die jüngsten die tiefsten Bereiche bedecken. Die älteren Schotter sind teils durch kalkhaltige Wässer zu Nagelfluh verbacken worden. An der Grenze zwischen eiszeitlichen Schottern und wasserundurchlässiger Flinzschicht aus dem Tertiär sind Schichtquellen zu finden. Beim Austritt des kalkhaltigen Wassers wird Kalk ausgefällt und es bildet sich Tuff, der früher gemeinsam mit dem Nagelfluh ein wichtiges Baumaterial darstellte (z. B. Tour 53).

Die Ur-Iller floss im Pleistozän von Südwest nach Nordost durch das heutige Gebiet der Westlichen Wälder und lagerte Schotter ab. Später schnitt der Lech an der Nordostecke die Aindlinger Terrassentreppe ab. Sein breites Tal ist also eine recht junge Bildung, in die dann auch die Wertach und weitere Gewässer ihr Bett verlegten. So entstand die breite Lech-Wertach-Ebene, die beiderseits von mehr oder weniger steilen, bis zu 50 m hohen Hängen, den sogenannten Leiten begrenzt wird, welche ehemalige Ufer des einst im breiten Tal hin- und herpendelnden Lechs darstellen. Auch die Fließgewäs-

Die seltene, pink- bis lilafarbene Sumpfgladiole (auch Sumpf-Siegwurz) kommt auf der Königsbrunner Heide in großer Zahl vor (Tour 50).

ser in den heutigen Westlichen Wäldern schnitten sich in Süd-Nord-Richtung in die Iller-Lech-Schotterplatte ein – die dabei entstandenen parallelen Höhenzüge zwischen den Tälern nennt man **Riedel**. Als Vorfluter dient die Donau, die durch Flussanzapfungen ihren Verlauf mehrmals verlegte, wobei neben dem Wellheimer Trockental auch der Donaudurchbruch bei Neuburg – letzterer Mitte der vorletzten Eiszeit – entstand (Tour 35).
Während der Eiszeiten wurde zudem feines Gesteinsmaterial, sogenannter Löß, durch südliche bis westliche Winde aus den Moränen- und Schotterbereichen ausgeblasen und im Windschatten vor Hügelzügen abgelagert. Verwittert zu Lehm ist dieser wichtiger Rohstoff für die Ziegelherstellung bzw. dient als sehr fruchtbarer Ackerstandort. Zudem entstand eine **Talhangasymmetrie**, wobei die ostexponierten Hänge flacher ausgeprägt sind als die westexponierten. Hier wurde nämlich Löß abgelagert und aufgrund intensiver Durchfeuchtung konnten hangabwärtige Prozesse wie Solifluktion stärker wirken. Dadurch wurde das süd-nord-verlaufende Fließgewässer an den Ostrand des Tales verlagert, wo es die Hänge unterschneiden und zusätzlich versteilen konnte (z. B. Tour 5).

Pflanzen, Tiere und Schutzgebiete

Auf den unterschiedlichen Gesteinen bildeten sich verschiedene Bodentypen, die neben anderen Faktoren wie Relief, Klima oder menschlichem Einfluss wesentlich die Vegetation bestimmen. Die Jurakalke der Alb tragen häufig teils von Felsen durchsetzte Magerrasen, deren Artenvielfalt – auch seltener Pflanzen – durch Schafbeweidung erhalten wird. In den Lechauen

»Da lässt sich's aushalten.«

ist, allerdings nur noch in Relikten, ein Mosaik aus Feuchtbereichen sowie trockenen Heideflächen auf den Schottern zu finden. Der Lech ist eine wichtige Ausbreitungsbahn für alpine Pflanzen und Tiere und birgt zahlreiche Eiszeitrelikte. Auch wenn durch den Kraftwerksbau der einstige Wildfluss quasi in eine Seenkette umgewandelt ist und nur noch wenige Auwaldreste und Heideflächen vorhanden sind, so sind diese doch hinsichtlich ihrer Artenvielfalt sehr bemerkenswert und umso wertvoller und schützenswerter. Deswegen gibt es in der Lech-Region zahlreiche Naturschutzgebiete (**NSG**). Kleinräumige Bereiche und Einzelbildungen werden als Naturdenkmäler (**ND**) geschützt. Zusätzlich sind Flächen als Fauna-Flora-Habitat- (**FFH**) und Vogelschutzgebiete (**SPA**) als Teil des europäischen Schutzgebietsnetzes NATURA 2000 ausgewiesen. Daneben gibt es großräumig weniger strenge Landschaftsschutzgebiete (**LSG**), welche einerseits einen Puffer für die wertvollsten Bereiche darstellen, andererseits aber auch der Erholung dienen. Ähnliche Intention haben die größeren Naturparke Augsburg – Westliche Wälder und Altmühltal. Kein Schutzgebietstyp ist der Nationale Geopark Ries, der das gesamte, heute noch als vom Einschlagsereignis erkennbar überprägte Gebiet umfasst und spannend und informativ Geowissen vermittelt.

Das Wetter

Die jährliche Niederschlagsmenge nimmt zu den Alpen hin zu: In den Trockenräumen Ries und Donautal betragen die jährlichen Niederschläge 600–750 mm, während es in Zusmarshausen schon 900 mm und in Bad Wörishofen sogar rund 1050 mm pro Jahr sind. Richtung Süden ist besonders im Frühjahr mit länger andauernden Niederschlägen zu rechnen, denn zu dieser Jahreszeit sind Nordwetterlagen häufig, die zu einem Stau der Wolken an den Alpen führen, wo sie sich abregnen. Im Sommer ist auf mögliche Gewittertätigkeit in den Nachmittags- und Abendstunden zu achten.

Geschichtliche Grundzüge

Betrachtet man die Funddichte um Augsburg, so stellt man fest, dass diese sehr heterogen ausgeprägt ist. Während etwa die Iller-Lech-Schotterplatte bis auf die größeren Talungen lange Zeit kaum bis gar nicht besiedelt war, nutzten die steinzeitlichen Menschen bereits die großen Flusstäler von Donau und Lech sowie trockene Beckenlandschaften mit ihren fruchtbaren Lößböden (z. B. Ries). Diese waren leichter zu begehen, zu besiedeln und zu bewirtschaften als hügelige, stark bewaldete und weniger fruchtbare Bereiche. So wird ein Faustkeil, der bei Mündling (Harburg) gefunden worden ist, auf ein Alter von 130.000 Jahren datiert. Der Faustkeil von Wörleschwang bei Zusmarshausen ist vielleicht noch älter. In den Ofnethöhlen südlich von Nördlingen suchten die Neandertaler schon vor 40.000 Jahren Schutz.

Auch die östliche Lechleite war schon früh besiedelt. Hier sind, wie an anderen exponierten Stellen, Freilandstationen aus der mittleren Steinzeit (ca. 9600–4500 v. Chr.) nachgewiesen. Aus der Bronzezeit (1800–1200 v. Chr.) und besonders aus der Hallstattzeit (750–450 v. Chr.) stammen zahlreiche Grabhügel im Gebiet. In die nachfolgende Latènezeit zu datieren sind die Viereckschanzen keltischer Stämme (z. B. die Brennburg bei Willmatshofer, Tour 19).

Kurz vor Christi Geburt kamen die **Römer** über die Alpen, gründeten 15 v. Chr. im Bereich des heutigen Augsburg ein Militärlager und machten in der Folge Augusta Vindelicum zur Hauptstadt der römischen Provinz Raetien, die vom Inn bis in die Schweiz reichte. Der Grund dafür war wohl der hiesige Wasserreichtum an der Mündung der Wertach in den Lech, denn bereits die Römer betrieben Wassermühlen. Als die Römer das Alpenvorland verlassen mussten, nutzten die Alemannen vermutlich die verlassenen Gebäude weiter. Deutliche Spuren hinterließen die Römer außerdem in Form der Römerstraßen, die teils heute noch im Gelände zu sehen sind. Hier ist besonders die Via Claudia Augusta zu nennen, die von Verona über die Alpen nach Augsburg und weiter durch das Lechtal Richtung Limes führte. Nach dem Zusammenbruch des weströmischen Reiches um 476 bildete sich östlich des Lechs aus den einheimischen Kelten, verbliebenen Römern und zugewanderten Stämmen das Volk der Bajuwaren heraus. Westlich des Lechs und im Ries besiedelten Alemannen das Land.

In einem Band am Lech entlang, dem sogenannten Lechrain, entstanden in der Folge besonders viele Grenzburgen, bei denen sich Grenzstädte wie Landsberg oder Friedberg entwickelten. Denn er bildete seit mindestens dem 8. Jh. die Grenze zwischen dem Herzogtum Bayern und dem damaligen Herzogtum Schwaben, das im 13. Jh. zerfiel und sich in einen Fleckerlteppich unterschiedlicher Territorien aufsplitterte. Verschiedene weltliche und geistliche Herrschaftsträger wie Reichsstädte, Grafen, Klöster oder Hochstifte und später auch Patrizier besaßen hier Land oder Rechte. So kauften die Augsburger Fugger, begonnen 1507 mit Jakob Fugger, »dem Reichen«, im 16. und 17. Jh. alles, was es an Herrschaften, Grundbesitz und Rechten in einem Umkreis von ca. 100 km zu erwerben gab. Erst durch Säkularisierung und Mediatisierung sowie die Eingliederung ins spätere Königreich Bayern wurden die äußerst komplizierten Herrschaftsverhältnisse aufgehoben.

Östlich des Lechs, der bis 1802 Landesgrenze blieb, lag dagegen die weltliche Macht anfangs beim bayerischen Stammesherzogtum und ging um 800, als die Grafschaften erbliches Lehen wurden, allmählich an die großen Adelsgeschlechter über. Am Lechrain bei Mering waren es die Welfen und nach deren Aussterben die Staufer, in den anderen Bereichen erlangten spätestens im 11. Jh. die Grafen von Andechs-Meranien sowie die Wittelsbacher, die ihren Stammsitz in Oberwittelsbach bei Aichach hatten, die Macht. Nachdem die Welfen 1191, die Andechs-Meranier 1248 und die Staufer 1268 ausgestorben waren, gelangte nun ein Großteil des Gebietes östlich des Lechs an die Wittelsbacher, deren Einfluss bis 1918 dauerte.

Bereits Ende des 3. Jh. nach Christus hat es in Augsburg eine, wenn auch wohl nur kleine Christengemeinde gegeben, der u. a. die Heilige Afra angehörte. Seit mindestens dem 8. Jh. ist Augsburg Sitz eines Bischofs. Von hier aus wurden viele Klöster gegründet, die wiederum die Besiedlung und Erschließung des Landes vorantrieben. Auch legten sie zahlreiche Weiher an, um die Klosterinsassen mit der wichtigen Fastenspeise Fisch zu versorgen. Nach dem 30-jährigen Krieg wurden nach gebietsweise schweren Zerstörungen prächtige Barockkirchen und neue Klosteranlagen errichtet, Wallfahrten blühten auf. Teils kamen die Baumeister und Stukkateure (Wessobrunn) von auswärts, teils aber auch aus der Region. Das Wittelsbacher Land gilt wegen der Wallfahrtskirche in Sielenbach sogar als Wiege des bayerischen Barocks. Die Aufhebung der Klöster im Zuge der Säkularisierung 1803 bedeutete einen markanten Einschnitt in die Kunst- und Kulturlandschaft. Meist konnte sich in den noch verbliebenen Gebäuden, wenn überhaupt, erst später wieder geistliches Leben entwickeln.

Nachdem Augsburg bereits im 18. Jh. zum »Manchester Deutschlands« aufgestiegen war, wobei Grundlage für die Entwicklung zur Textilmetropole wiederum der Wasserreichtum war, ermöglichte der Bahnanschluss im 19. Jh. die Entwicklung der ländlichen Gebiete. Hierbei spielten auch Juden, die sich z. B. in der einst habsburgischen Markgrafschaft Burgau niedergelassen hatten, nachdem sie im 16. Jh. aus zahlreichen Herrschaftsgebieten, u. a. auch aus der Stadt Augsburg, vertrieben worden waren, eine wichtige Rolle für die Entwicklung von Orten wie Ichenhausen, Krumbach-Hürben oder Fischach.

Dass schon ab 1851 eine direkte Verbindung Wien – Paris realisiert wurde und etwa 1853 Dinkelscherben bereits einen Bahnhof erhielt, hat wesentlich zur Bedeutung der Westlichen Wälder als Ausflugsziel beigetragen. Die Staudenbahn wurde 1907–1912 zwischen Gessertshausen und Ettringen gebaut, und galt als sehr schöne Nebenstrecke – heute ist sie nur noch an ausgewählten Wochenenden in Betrieb, sie soll jedoch zwischen Gessertshausen und Langenneufnach reaktiviert werden (voraussichtlich ab 2021). Die größte touristische Bedeutung für die Augsburger hatte die Ammerseebahn. Mit ihrer Inbetriebnahme 1898 erhielten die schwäbischen Großstädter nun auch ihren Badezug und der Ammersee wurde zu ihrem See, dem »Augsburger Meer«.

Touristische Informationen

Beste Jahreszeit

Rund um Augsburg kann man zu jeder Jahreszeit wandern. Am besten eignen sich die Monate März bis Oktober, wobei an heißen Tagen in schattige Bereiche ausgewichen werden sollte. Besonders reizvoll sind die Übergangsjahreszeiten mit dem Frühjahr, wenn die Natur erwacht, und dem Herbst, wenn sich das Laub verfärbt (Waldwanderungen), zudem die Föhntage, wenn das herrliche Alpenpanorama zu sehen ist. Bei Nässe, Eis und Schnee ist besondere Vorsicht geboten, teils sind die Wege dann nicht nur rutschig, sondern insbesondere die steilen gar nicht begehbar (z. B. Landsberg). Zu den jahreszeitlich bedingten Gefahren zählen u. a. Gewitter im Sommer, deren Häufigkeit und Intensität in Zeiten des Klimawandels zunimmt. Bei der Tourenplanung sollten auch mögliche Extremereignisse in den letzten Wochen vor einer Tour in die Überlegung miteinbezogen werden, da es durchaus vorkommen kann, dass Waldstücke wegen starker Sturmschäden und deswegen nötiger Aufräumarbeiten gesperrt sind. Auch durch Hochwasser können Wege unpassierbar sein. Ebenfalls zu beachten sind saisonal stattfindende Jagden (Herbst) und Baumfällarbeiten (Winter). Gegebenenfalls sind Erkundigungen bei Tourismusbüros, Gemeinden oder Forstämtern einzuholen.

Die Lindenallee zwischen Wallfahrtskirche Altötting und Landsberg (Tour 52).

Anreise/Verkehrsinfrastruktur

Über die Autobahnen A7, A8 und A96 sowie die Bundesstraßen B2, B10, B16, B17, B25 und B300 ist das Gebiet gut zu erreichen. Zusätzlich ist es von einem Netz aus gut ausgebauten Straßen überzogen.

Die Bahnanbindung von Augsburg aus ist sehr gut. Auch von München aus sind zahlreiche Touren mit S-Bahn und Zug gut zu erreichen. Das übrige Gebiet ist größtenteils durch Busse gut erschlossen, oft aber nicht am Wochenende (Fahrpläne unter www.mobilitaetsverbund.de). Teils sind Anrufsammeltaxis (AST) und Rufbusse eingerichtet, was mehr oder weniger Lücken im Fahrplan schließt und bei Buchung spätestens 30–120 Minuten vor Fahrtantritt einen sehr guten Service sicherstellt. Durch den FLEXIBUS, wie es ihn im Landkreis Günzburg gibt, sind nach vorherigem Anruf Fahrten sogar zu fast jeder Tageszeit, auch am Wochenende, möglich.

Im idyllischen Burgwalden gibt es einen schönen Golfplatz (Tour 22).

Sportliche Alternativen zum Wandern
- **Ballonfahren:** AIR-lebnis Ballonfahrten, Ichenhausen, Tel. +49 8223 409981, www.air-lebnis.de, Ballonfahrten Augsburg, Augsburg, Tel. +49 821 44955502, www.ballonfahrten-augsburg.de, Ballonteam Ammersee, Huglfing, Tel +49 8143 444551, www.ammersee-ballonfahrten.de.
- **Bootsverleih:** Restaurant zur Kahnfahrt Augsburg, Riedlerstr. 11, Tel. +49 821 35516 (www.restaurant-zur-kahnfahrt.de), Bootswandern rund um Donauwörth, Purtec Kanu-Laden, Donauwörth, Tel. +49 906 706100, geführte Kanutouren auf Donau und Iller um Ulm, Kanusport Oberschwaben, Franz Haag, Stafflangen, Tel. +49 7357 91122, www.kso-outdoor.de. Daneben gibt es mehrere Bootsverleihe am Ammersee (siehe www.ammersee-lech.de/besuchen/aktivitaeten/boote-schiffe).
- **Fahrradtouren:** Durch das Gebiet rund um Augsburg führen mehrere ausgeschilderte, überregionale Radrouten. Die wichtigsten sind:
– der Donauradweg von Donaueschingen nach Budapest
– der Radfernweg D 9 »Romantische Straße« verbindet Kultur- und Naturlandschaften zwischen Main und Alpen (www.romantischestrasse.de)
– der Radweg Via Claudia verläuft auf den Spuren der alten Römerstraße in seinem deutschen Teil von Donauwörth nach Reutte (www.viaclaudia.org) und weiter nach Venedig/Ostiglia
– der Radwanderweg Via Julia von Günzburg nach Salzburg folgt ebenfalls den Spuren einer Römerstraße (www.viajulia.de)
– die Schwäbische Kartoffeltour verbindet Gasthäuser mit leckeren Kartoffelgerichten in Mittelschwaben (www.radtour-schwaben.de)

- der Radweg DonauTäler erschließt auf ca. 300 km 14 Nebentäler der Donau (https://donautaeler.com)
- **Fahrradverleih:** Zahlreiche Verleihstationen über das Gebiet verteilt (auch E-Bikes).
- **Golf:** Zahlreiche Golfplätze in der näheren und weiteren Umgebung um Augsburg. Einen Überblick bietet www.bayerischer-golfverband.de.
- **Inlineskaten:** Zahlreiche Möglichkeiten, z. B. auf der Trasse der ehemaligen Weldenbahn, jetzt Landrat-Dr.-Frey-Radweg, zwischen Hammel und Welden.
- **Jogging:** In und um Augsburg gibt es zahlreiche, landschaftlich reizvolle Laufstrecken.
- **Klettern:** Zahlreiche Kletterhallen in und um Augsburg. Übersicht unter https://www.alpenverein.de/DAV-Services/Kletterhallen-Suche.
- **Nordic Walking:** Im Naturpark Augsburg – Westliche Wälder sind mittlerweile sechs Stützpunkte mit jeweils drei Strecken eingerichtet (Diedorf-Anhausen, Bobingen-Straßberg, Fischach-Willmatshofen, Neusäß-Aystetten, Zusmarshausen, Deuringen, Broschüren unter www.naturpark-augsburg.de), Landkreis Unterallgäu: 3 Parcours in Bad Wörishofen (Kurse unter Tel. +49 8247 90026).
- **Reiten:** Unzählige Angebote. Übersichten bieten die Tourismusverbände.

Hallen-/Erlebnisbäder, Saunalandschaften

Augsburg/Göggingen:

Hallenbad Göggingen, Anton-Bezler-Str. 2, Tel. +49 821 3249864, www.augsburg.de/freizeit/baden

Augsburg/Haunstetten:

Karl-Rommel-Weg 11, Tel. +49 821 324 9794, www.augsburg.de/freizeit/baden

Bad Wörishofen:

Therme Bad Wörishofen, Thermenallee 1, Tel. +49 8247 399300, www.therme-bad-woerishofen.de

Bobingen:

Hallenbad Aquamarin, Parkstr. 3–5, Tel. +49 8234 3731, www.stadt-bobingen.de

Illertissen:

Nautilla, Gottfried-Hart-Str. 6, Tel. +49 7303 902271, www.nautilla.com

Kaufering:

Lechtalbad Kaufering, Landrat-Müller-Hahl-Str. 15, Tel. +49 8191 1291163, www.lechtalbad.de

Leipheim:

Garter hallenbad, Günzburger Str. 68, Tel. +49 8221 71979, www.hallenbad-leipheim.de

Neu-Ulm:

Donaubad, Wiblinger Str. 55, Tel. +49 731 985990, www.donaubad.de

Neuburg/Donau:

Parkbad, Ludwig-Thoma-Platz 1, Tel. +49 8431 61980, www.stw-nd.de/home/neuburger_baeder/hallenbad

Neusäß:

Titania Neusäß, Birkenallee 1, Tel. +49 821 6506030, www.titania-neusaess.de

Ausflugsziele für Familien mit Kindern

Augsburg:
Augsburger Puppenkiste mit Museum, Spitalgasse 15, Tel. +49 821 450345, www.augsburger-puppenkiste.de; Botanischer Garten mit Kinderspielplatz und »Erlebnispfad der Sinne«, Dr.-Ziegenspeck-Weg 10, Tel. +49 821 3246038, www.augsburg.de/freizeit/ausflugsziele/botanischer-garten; Märchenzelt, Sommestr. 30, Tel. +49 821 24247060, www.maerchenzelt.de; S-Planetarium, Ludwigstr. 14 (Eingang), Tel. +49 821 3246762, www.s-planetarium.de; TIGALAND Indoorspielplatz, Bergiusstr. 5, Tel. +49 821 5433926, www.tigaland.de; Zoo Augsburg, Brehmplatz 1, Tel. +49 821 5671490, www.zoo-augsburg.de

Bad Wörishofen:
Allgäu-Skyline-Park (Bayerns größter Freizeitpark), Skyline-Park-Str. 1, Tel. +49 8245 96690, www.skylinepark.de

Bächingen:
mooseum – Umweltstation Schwäbisches Donautal, Schlossstr. 7, Tel. +49 7325 952583, www.mooseum.net

Bobingen:
Wasserspielplatz an der Singold, Inselweg 5, Tel. +49 8234 800232

Dasing
Fred Rai Western-City, Neulwirth 3, Tel. +49 8205 225, www.western-city.de; Jimmy's FUN PARK, Laimeringer Str. 1, Tel. +49 8205 969492, www.jimmys-funpark.de

Diedorf:
Volkssternwarte, Pestalozzistr. 17a, Tel. +49 8238 7344, www.astronomische-vereinigung-augsburg.de

Günzburg:
Bavaria Kartbahn Kraus, Daimlerstr. 13, Tel. +49 8221 22002, www.bavaria-kart.net; Bertelemühle mit Wildgehege, Käserei und Hofladen, Wasserburger Weg 123, Tel. +49 8221 5125, www.bertelemuehle.de; Indoorspielplatz Kikimondo, Heidenheimer Str. 64, Tel. +49 8221 2047365, www.kikimondo.de; Legoland, LEGOLAND Allee 1, Tel. +49 180 67007 5701, www.legoland.de

Haldenwang/Konzenberg:
Greifvogelpark, Sandbergstr. 15, Tel. +49 8222 42824, www.greifenzucht.de

Horgau/Horgauerkreut:
Westwood Alpakas Horgau, Sandfeld 11, Tel. +49 177 2883451, www.westwood-alpacas.de

Karlshuld:
Freilichtmuseum Haus im Moos (mit Wisentprojekt), Kleinhohenried 108, Tel. +49 8454 95205, www.haus-im-moos.de

Königsbrunn:
»Park der Sinne« mit Barfußpfad, Untere Kreuzstraße, Tel. +49 8231 6060

Landensberg:
Natur- und Barfußpark, Glöttweng, Tel. +49 8222 96760, www.landensberg.de/52

Landsberg/Lech:
Lechpark Pössinger Au mit Naturlehrpfad und Wildpark

Leipheim:
Fussballgolf Schwaben/Leipheim, Bubesheimer Str. 25, Tel. +49 173 9966788, http://56968235.swh.strato-hosting.eu/; Straußenfarm Donaumoos, Herdweg 2, Tel. +49 8221 273209, www.straussenfarm-donaumoos.de

Mindelheim:
miniMax Sport- und Kinderpark, Werner-von-Siemens-Str. 4, Tel. +49 8261 3081, www.minimax-mindelheim.de

Neu-Ulm/Schwaighofen:

Schildkröten- und Reptilienzoo, ein Erlebnis der besonderen Art, Brunnenweg 46, Tel. +49 163 5346093

Oberschönenfeld:

Naturparkhaus Oberschönenfeld, Kloster Oberschönenfeld, Tel. +49 8238 300132, www.naturpark-augsburg.de

Rain:

Naturlehrgarten beim Dehner Blumenpark, Donauwörtherstr. 5, www.dehner.de/blumenpark

Rammingen:

Rammingen: Wandern mit Lamas und Alpakas, Tanzberglamas, Hauptstr. 38, Tel. +49 176 57801026, www.tanzberglamas.de

Rehling/Scherneck:

Kletterwald Schloss Scherneck, Scherneck 2b, Tel. +49 8323 968050, www.kletterwald-scherneck.de

Rettenbach/Remshart:

Wassererlebnisspielplatz Silbersee, www.gemeinde-rettenbach.de/de-user-Silbersee.html

Utting:

Hochseilgarten Ammersee, Fahrmannsbachstr 2, Tel. +49 160 2233364, www.hochseilgarten-ammersee.de

Waldkirch:

Naturspielplatz, Ziegelstraße

Weißenhorn/Wallenhausen:

Waldseilgarten, Habsburgerstr. 59, Tel. +49 7309 425959, www.waldseilgarten-wallenhausen.de

Winterbach:

Ritterspielplatz

Ziemetshausen/Bauhofen:

Sonnenhof Reit- und Naturabenteuer, Lauterbachstr. 7, Tel. +49 8284 928484, www.erlebnisort-sonnenhof.de

Der Wildpark Pössinger Au in Landsberg – ein Erlebnis für Kinder (Tour 53).

Museen und Sehenswürdigkeiten

Aichach:
Stadtmuseum Aichach, Schulstraße 2, Tel. +49 8251 827472, www.stadtmuseum-aichach.de; Wittelsbacher Museum Aichach, Unteres Stadttor, Tel. +49 8251 827471, www.aichach.de

Altomünster:
Museum Altomünster (Museumsgalerie gegenüber Hs. Nr. 2), St. Birgittenhof 6, Tel. +49 8254 9543, www.museum-altomuenster.de

Augsburg:
Forstmuseum »Waldpavillon«, Ilsungstr. 15a, Tel. +49 821 3246118, www.augsburg.de/umwelt-soziales/umwelt/umweltstadt-augsburg/waldpavillon/ Naturmuseum, Ludwigstr. 14, Tel. +49 821 3246740, www.augsburg.de/kultur/museen-galerien; Schwäbisches Handwerkermuseum, Beim Rabenbad 6, www.augsburg.de/kultur/museen-galerien; Textil- und Industriemuseum »tim«, Provinostr. 46, Tel. +49 821 8100150, www.timbayern.de

Babenhausen:
Fuggermuseum im Fuggerschloss Babenhausen, Tel. +49 8333 920926

Bad Wörishofen:
Sebastian Kneipp Museum im Dominikanerinnenkloster, Klosterhof 1, Eingang Schulstraße, Tel. +49 8247 395613, www.kneippmuseum.de; Süddeutsches Fotomuseum, Beethovenweg 1, Tel. +49 8247 34136, www.sueddeutsches-fotomuseum.de

Dillingen a. d. Donau:
Stadt- und Hochstiftmuseum Dillingen, Hafenmarkt 11, Tel. +49 9071 4400, www.historischer-verein-dillingen.de

Donauwörth:
Heimatmuseum auf der Insel Ried, Museumsplatz 2; für Groß und Klein - Käthe-Kruse-Puppen-Museum, Pflegstr. 21a; alle unter: Tel. +49 906 789170, www.donauwoerth.de

Ellzee/Stoffenried:
Kreisheimatstube Stoffenried, Schwaninger Str. 18, Tel. +49 8283 2131 (nur sonntags)

Friedberg:
Museum im Wittelsbacher Schloss Friedberg, Schlossstr. 21, Tel. +49 821 6002681, www.museum-friedberg.de

Gersthofen:
Ballonmuseum Gersthofen, Bahnhofstr. 12, Tel. +49 821 2491 506, www.ballonmuseum-gersthofen.de

Günzburg:
Heimatmuseum, Rathausgasse 2, Tel. +49 8221 38828, www.guenzburg.de (nur Sa + So)

Harburg:
Schloss Harburg, Burgstr. 1, Tel. +49 9080 96860, www.burg-harburg.de

Höchstädt:
Schloss Höchstädt (incl. Museum Deutscher Fayencen), Herzogin-Anna-Str. 52, Tel. +49 9074 9585700, www.schloss-hoechstaedt.de

Holzhausen:
Künstlerhaus Gasteiger, Eduard-Thöny-Str. 43, Tel. +49 8806 699, www.schloesser.bayern.de

Ichenhausen:
Bayerisches Schulmuseum, Schlossplatz 3–5, Tel. +49 8223 6189, www.schulmuseum-ichenhausen.de

Illertissen:
Bayerisches Bienenmuseum – Samm-

lung Forster, Vöhlinschloss, Schlossallee 23, Tel. +49 731 70401614, www.landkreis.neu-ulm-tourismus.de

Kaisheim:

Kaisersaal im Kloster Kaisheim; Museum »Hinter Gittern«, Abteistr. 4, www.kaisheim.de

Kirchheim:

Fuggerschloss (mit Zedernsaal), Marktplatz 1, Tel. +49 151 66742424, www.fuggerschlosskonzerte.com

Köngetried:

Mühlenmuseum in Katzbrui mit Gaststätte in alter Müllerstube, Katzbrui 7, Tel. +49 8269 575, www.katzbrui-muehle.de

Königsbrunn:

Mercateum Königsbrunn, Alter Postweg 1, Tel. +49 8231 606260, www.mercateum.de

Krumbach:

Mittelschwäbisches Heimatmuseum, Heinrich-Sinz-Str. 3–5, Tel. +49 8282 3740, www.museum-krumbach.de

Landsberg/Lech:

Herkomer-Museum mit Mutterturm, Von-Kühlmann-Straße 2, Tel. +49 8191 128251 oder 128360, www.herkomer.de; Neues Stadtmuseum (derzeit geschlossen wegen Sanierung), Von-Helfenstein-Gasse 426, Tel. +49 8191 128360, www.museum-landsberg.de; Historisches Schuhmuseum, Vorderer Anger 274, Tel. +49 8191 42296 (originelle private Sammlung, nur nach telefonischer Vereinbarung), www.schuhhaus-pflanz.de/schuhmuseum.htm

Langweid:

Lechmuseum Bayern im Wasserkraftwerk Langweid, Lechwerkstr. 19, Tel. +49 821 3281658, www.lechmuseum.de

Leipheim:

Heimat- und Bauernkriegsmuseum »Blaue Ente« (nur sonntags) Tel. +49 8221 70742, www.leipheim.de/de/freizeit/kultur/museum

Mindelheim:

Heimatmuseum im Franziskanerinnenkloster Hl. Kreuz, Hauberstraße 2, Tel. +49 8261 9097690; Schwäbisches Krippenmuseum, Südschwäbisches Archäologiemuseum und Textilmuseum/Sandtner-Stiftung im Jesuitenkolleg, Hermelestraße 4; Schwäbisches Turmuhrenmuseum in der ehem. Silvesterkirche, Hungerbachgasse 9; alle unter: Tel. +49 8261 909760, www.mindelheim.de/museen/mindelheimer-museen/

Neu-Ulm:

Edwin Scharff Museum mit Kunst- und interaktivem Kindermuseum, Petrusplatz 4, Tel. +49 731 70502555, www.edwinscharffmuseum.de

Das Herkomermuseum und der Mutterturm in Landsberg/Lech (Tour 52).

Neuburg/Donau:

Schloss Neuburg mit Staatlichem Museum und Staatsgalerie Flämische Barockmalerei (aufgrund von Baumaßnahmen vorübergehend geschlossen). Residenzstraße 2, Tel. +49 8431 64430, www.schloesser.bayern.de; Stadtmuseum Neuburg a.d. Donau, Amalienstraße A 19, Tel. +49 8431 539053, www.stadtmuseum-neuburg.de

Neuburg/Kammel/Naichen:

Hammerschmiedemuseum Naichen, Tel. +49 8238 30010, www.hsn.bezirk-schwaben.de (nur sonntags)

Nördlingen:

Rieskratermuseum, Eugene-Shoemaker-Platz 1, Tel. +49 9081 84710, www.rieskrater-museum.de

Oberschönenfeld:

Volkskundemuseum, Schwäbische Galerie und Staudenhaus Oberschönenfeld, Kloster Oberschönenfeld, Tel. +49 8238 30010, https://mos.bezirk-schwaben.de

Schrobenhausen:

Europäisches Spargelmuseum, Am Hofgraben 1a; Lenbachmuseum, Ulrich-Peißer-Gasse 1; Museum im Pflegschloss, Am Hofgraben 3; Handwerkermuseum im Zeislmairhaus, In der Lachen 1; Tel. +49 8252 90237, www.museen-schrobenhausen.byseum.de

St. Ottilien:

Missionsmuseum der Erzabtei St. Ottilien, Tel. +49 8193 71850, www.missionsmuseum.de, Nähmaschinenmuseum, www.erzabtei.de

Thierhaupten:

Klostermühlenmuseum, Franzengasse 21, Tel. +49 8271 1769, www.klostermuehlenmuseum.de

Türkheim:

Sieben-Schwaben-Museum, Maximilian-Philipp-Straße 32, Tel. +49 8245 5324, www.tuerkheim.de

Ursberg:

Klostermuseum mit Bibliothek, Klosterhof 2, Tel. +49 8281 92-3330 oder -2045, www.st-josefskongregation-ursberg.de

Welden:

Ludwig-Ganghofer-Stätte Welden im Landgasthof Zum Hirsch, Fuggerstraße 1, Tel. +49 8293 227, www.landgasthof-zumhirsch.de

Wertingen:

Heimatmuseum im Schloss (heute Rathaus), Schulstr. 12, Tel. +49 8272 84196, www.wertingen.de

Ziemetshausen:

Park von Schloss Seyfriedsberg mit exotischen Sträuchern und Bäumen

Daneben gibt es zahlreiche Heimat- und Dorfmuseen, die teils nur sehr eingeschränkt bzw. auf Anfrage geöffnet sind.

Schloss Friedberg (Tour 46).

Tourismusverbände
- Dachauer Land, Karlsberg 1a, 85221 Dachau, Tel. +49 8131 2728605, www.tourismus-dachauer-land.de
- Dillinger Land – Verein für Tourismus und Naherholung, Hauptstraße 16, 89431 Bächingen, Tel. +49 7325 9510140, www.dillingerland.de
- Ferienland Donau-Ries, Pflegstr. 2, 86609 Donauwörth, Tel. +49 906 746060, www.ferienland-donau-ries.de
- Kneippland Unterallgäu, Bad Wörishofer Str. 33, 87719 Mindelheim, Tel. +49 8261 995375, www.freizeit-unterallgaeu.de
- Landkreis Neu-Ulm, Kantstraße 8, 89231 Neu-Ulm, Tel. +49 731 7040 4607 oder +49 731 70404608, www.landkreis.neu-ulm-tourismus.de
- Regio Augsburg Tourismus, Schießgrabenstr. 14, 86150 Augsburg, Tel. +49 821 502070, www.augsburg-tourismus.de
- Regionalmarketing Günzburg GbR – Wirtschaft und Tourismus, An der Kapuzinermauer 1, 89312 Günzburg, Tel. +49 8221 95140, www.familien-und-kinderregion.de
- Tourist-Information Landkreis Neuburg-Schrobenhausen, Ottheinrichplatz A 118, 86633 Neuburg a. d. Donau, Tel. +49 8431 908330, www.neuburg-schrobenhausen.de
- Tourismusverband Allgäu/Bayerisch-Schwaben, Schießgrabenstr. 14, 86150 Augsburg, Tel. +49 821 4504010, www.bayerisch-schwaben.de
- Tourismusverband Ammersee-Lech, Hauptplatz 152, 86899 Landsberg am Lech, Tel. +49 8191 128247, www.ammersee-lech.de
- Gesellschaft für Wirtschafts- und Tourismusentwicklung im Landkreis Starnberg mbH, Kirchplatz 3, 82319 Starnberg, Tel. +49 8151 906080, www.starnbergammersee.de
- Wittelsbacher Land, Münchener Str. 9, 86551 Aichach, Tel. +49 8251 92259, www.wittelsbacher-land.de

Notfall/Notruf
112 (Internationaler Notruf, ohne Vorwahl)

Der Maibaum von Druisheim mit der Darstellung verschiedener Berufe (Tour 30).

Der Umwelt zuliebe …

Auch als Wanderer hinterlassen wir einen ökologischen Fußabdruck, aber im Einklang mit der Natur unterwegs zu sein, ist gar nicht so schwer!

VORBEREITUNG UND ANFAHRT
- Sich vorab informieren, worauf in Bezug auf Natur und Umwelt in der jeweiligen Wanderregion besonders zu achten ist.
- Soweit möglich mit Bus und Bahn anreisen, Wander- und Rufbusse nutzen.
- Ist eine Anfahrt mit dem Auto nötig, Fahrgemeinschaften bilden.
- Bei weiten Anfahrten Mehrtagestouren planen oder von einem Quartier vor Ort aus mehrere Touren absolvieren.
- Flugreisen möglichst reduzieren und durch Beiträge zu Klimaschutzprojekten kompensieren.

KLEIDUNG UND AUSRÜSTUNG
- Beim Kauf von Outdoor-Kleidung auf umweltfreundliche und faire Herstellung achten und Kleidungsstücke möglichst viele Jahre nutzen.
- Ausrüstung kann man eventuell auch gebraucht kaufen oder ausleihen.
- Reparieren statt neu kaufen.

VERPFLEGUNG
- Beim Einkauf Bio-Ware, regionale und saisonale Erzeugnisse bevorzugen.
- Hütten und Gasthäuser auswählen, die regionale Produkte verwenden.
- Auf Einwegflaschen und Plastikverpackungen verzichten, stattdessen wiederverwendbare Trinkflaschen und Brotzeitboxen verwenden.

ÜBERNACHTUNG
- Bei lokalen Anbietern buchen, damit Menschen vor Ort profitieren.
- Auf Hütten und in anderen Unterkünften Strom und Wasser sparen.

UNTERWEGS
- Wege benutzen und Abkürzer vermeiden.
- Sperrungen von Wegen und Schutzgebieten respektieren.
- Keine Blumen pflücken und keine Pflanzen entnehmen.
- Waldbrandgefahr beachten.
- Müll wieder mit nach Hause nehmen und dort entsorgen.
- Toilettengänge in freier Natur möglichst vermeiden.
- Lärm vermeiden.
- Hunde an die Leine nehmen.

Literatur und Karten

Wandern/Bergsteigen (Nachbarregionen, verwandte Themen)
- Herbke, Stefan: Altmühltal, Rother Bergverlag, Wanderführer, 2021
- Mayr, Herbert: Allgäu 4, Sonthofen – Füssen – Kempten – Kaufbeuren, Wanderführer, Rother Bergverlag, 2018
- Mayr, Herbert: Schwäbische Alb – Ost, Rother Bergverlag, 2020
- Platteder, Werner & Frei, Hans: Der Freizeitführer für den Naturpark Augsburg – Westliche Wälder, 2010
- Raab, Gabriele & Hubert: Pilgerwege im Wittelsbacher Land, Wißner-Verlag, 2010
- Raab, Gabriele & Hubert: Spurensuche im Wittelsbacher Land, Der Landschaft und Natur auf der Spur, Bd. 1, Wißner-Verlag, 2013; Spurensuche im Wittelsbacher Land, Zeitreisen: Neuzeit, Bd. 2, Wißner-Verlag, 2015
- Rauch, Christian: Ostallgäu, Kulturwandern, Rother Bergverlag, 2015
- Schön, Kathrin & Lehmann, Reinhold: Pfaffenwinkel, Rother Bergverlag, 2021

Fernwanderungen
- Blankenstein, Christel: Die bayerischen Fernwanderwege, Stöppel Freizeit Medien, 2005
- Kluger, Martin & Sisto, Candida: Jakobus-Pilgerweg in Bayerisch-Schwaben, context verlag, 2010
- Lohrmann, Ulrich: Der Bayerisch-Schwäbische Jakobusweg, Stöppel Freizeit Medien, 2008

Radwandern und Mountainbike
- Kluger, Martin: Radwandern in Bayerisch-Schwaben, Context-Verlag, 2007
- Volkmann, Herrmann: Die schönsten Radtouren rund um Augsburg, BVA Bielefelder Verlag, 2009

Wegweiser für Fernwanderwege am Schloßberg bei Mauren (Tour 33).

Literaturtipps zum Weiterlesen
— Frei, Hans & Stettmayer, Friedrich: Die Stauden. Porträt einer Landschaft in Bayerisch-Schwaben, Satz und Grafik Partner, 2006
— Kluger, Martin: Der Lech. Landschaft. Natur. Geschichte. Wirtschaft. Wasserkraft. Welterbe, context verlag, 2020
— Kluger, Martin: Die Fugger um Augsburg, München und Ulm. Adel, Schlösser und Kirchen, context verlag, 2012
— Landkreisbände und Ortschroniken

Karten
Bei den meisten Routen reichen die im Führer abgedruckten Kartenausschnitte aus; sie sind alle im Maßstab 1:50.000, 1:75.000 und 1:100.000 gezeichnet. Für die Anfahrt und zur Erkundung der näheren Umgebung sind jedoch ganze Kartenblätter hilfreich, die es im Buchhandel oder Internet zu kaufen gibt. Folgende Karten sind für das Gebiet rund um Augsburg zu empfehlen:
— Topografische Karten (Bayerisches Landesamt für Digitalisierung, Breitband und Vermessung) im Maßstab 1:50.000: UK 50 – 21 (Ries Nördlingen Dinkelsbühl), UK 50 – 23 (Naturpark Altmühltal – westl. Teil), UK 50 – 31 (Günzburg-Donauried), UK 50 – 34 (Landkreise Pfaffenhofen a. d. Ilm Neuburg-Schrobenhausen), UK 50 – 38 (Kneippland Unterallgäu), UK 50 – 40 (München Nord und West), UK 50 – 41 (Ammersee Starnberger See München-Süd)
— HW-Verlag: Wandern und Radwandern im Naturpark Augsburg – Westliche Wälder, Maßstab 1:50.000

Das Landesamt bietet zusätzlich flächendeckend amtliche topografische Karten im noch genaueren Maßstab 1:25.000 an (»ATK 25«, für die hier vorgestellte Region 30 Blätter, Blattschnitt unter www.ldbv.bayern.de).
Als Übersichts- und Straßenkarte eignet sich die Auto- und Freizeitkarte von Freytag & Berndt »Blatt 1, Bayern Süd« im Maßstab 1:200.000.

GPS-Tracks und Koordinaten der Ausgangspunkte

Zu diesem Wanderführer stehen auf www.rother.de GPS-Tracks und Koordinaten der Ausgangspunkte zum kostenlosen Download bereit.
3. Auflage, Passwort: **444703abs**
Sämtliche GPS-Daten wurden von der Autorin im Gelände erfasst. Verlag und Autorin haben die Tracks und Wegpunkte nach bestem Wissen und Gewissen überprüft. Dennoch können wir Fehler oder Abweichungen nicht ausschließen, außerdem können sich die Gegebenheiten vor Ort zwischenzeitlich verändert haben. GPS-Daten sind zwar eine gute Planungs- und Navigationshilfe, erfordern aber nach wie vor sorgfältige Vorbereitung, eigene Orientierungsfähigkeit sowie Sachverstand in der Beurteilung der jeweiligen (Gelände-)Situation. Man sollte sich für die Orientierung auch niemals ausschließlich auf GPS-Gerät und -Daten verlassen.

1 Von Gundelfingen nach Medlingen und Bächingen

3.50 Std.

Zum Kloster Obermedlingen und die Brenz entlang

Das Kloster Obermedlingen wurde 1260 als Filiale des Klosters Maria Medlingen gegründet. Anfangs war es ein Dominikanerinnenkloster, 1651 zogen nach fast hundertjähriger Unterbrechung Mönche des gleichen Ordens ein. Im Zuge der Säkularisation 1804 aufgehoben, wirkten danach verschiedene Orden in den Klostergebäuden, zeitweise bestand auch eine Missionsschule. Klosterkirche und -gebäude entstanden 1700/17 neu.

Ausgangspunkt: Bahnhof Gundelfingen (432 m), **Navi:** 89423 Gundelfingen, Bahnhofstr. 52).
Höhenunterschied: 30 m.
Anforderungen: Etwas Orientierungsvermögen, da größtenteils nicht beschildert.
Einkehr: Gaststätten in Obermedlingen und Gundelfingen.
Tipp: mooseum in Bächingen (Öffnungszeiten beachten!).

Am Bahnhof **Gundelfingen (1)**, 432 m, gehen wir kurz rechts und folgen dann der Straße »Grottenhofen« nach halb links, bald an einem Arm der Brenz entlang. An der Linde gabelt sich die Straße, wir halten uns rechts, gelangen mittels einer Brücke über den Brenzarm und queren ihn gleich wieder nach links über die hölzerne Fußbrücke. Nun nicht auf dem Fußweg, sondern gleich nach rechts am Flussufer entlang weiter, erreichen wir die **Walkmühle (2)**, 432 m. Über deren Geschichte informiert eine Tafel wenige

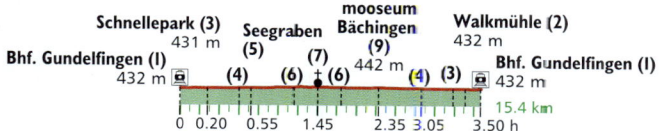

Meter weiter. Wir folgen geradeaus der Walkstraße, den grünen Wegweiser »Walkmühle/Bleichestadel« und auch des Weiteren sämtliche Abzweigungen ignorierend. Die Günzburger Straße überqueren wir, nehmen dann den etwas nach links versetzten Fußweg an einem Brenzarm entlang und an der Kirche St. Salvator vorbei, die, wie viele Kirchen gleichen Namens, auf ein Hostienwunder zurückgeht. Geradeaus erreichen wir über eine Brücke an der Infotafel über den Fischbach den **Schnellepark (3)**, 431 m, wo wir an der Weggabelung nach halb rechts gehen. Über die nächste Holzbrücke, dann sind wir am Kinderspielplatz »Obere Vorstadt« / Schnellepark. Hier dem Fußweg nach rechts gefolgt, erreichen wir in einem Bogen eine Straße, die wir geradewegs überqueren. An den Containern sowie einem Mühlgetriebe mit Infotafel vorbei – jenseits des Flusslaufs die heute noch in Betrieb befindliche Kunst- bzw. Obere Mühle – folgen wir dem Radweg über eine weitere Brenzbrücke aus der Stadt hinaus. Stets geradeaus führt er uns unter der B 16 hindurch und weiter an der Kleinen Brenz, einer Ausleitungsstrecke, entlang. Nach einem Wildgehege mit Teichen erreichen wir an einem Wehr die Ausleitungsstelle. Jenseits der Brücke beginnt unsere Rundtour, für die wir nach rechts starten **(4)**, 434 m. Direkt nach der Stromleitung folgen wir einem Schotterweg nach links. Geradewegs queren wir den ersten Graben, am zweiten Graben – hier Bäume – geht es nach halb rechts weiter. Nach knapp 100 m folgt mit dem **Seegraben (5)**, 434 m, der nächste Graben, vor dem wir nach links in einen gespurten Grasweg einbiegen. Am teils mit Schilf bestandenen Graben entlang sind immer wieder Blicke auf Obermedlingen mit seiner beeindruckenden Klosterkirche möglich. Geradeaus liegen Schloss und Galluskirche von Brenz, bereits in Baden-Württemberg. Wir wandern stets am Graben entlang, bis der mittlerweile gekieste Feldweg eine Rechtskurve macht – links mündet ein weiterer Feldweg ein. Nach zwei weiteren Gräben geht es auf die Hochterrasse hinauf, deren Schotter in der Rißeiszeit abgelagert wurde. Danach haben sich Donau und Brenz eingeschnitten und diese Stufe erzeugt. An der dortigen Kreuzung biegen wir nach links ab. Nun wandern wir mit Blick auf ein Wieserbrütergebiet, das zum europäischen SPA-Gebiet Schwäbisches Donaumoos gehört, auf der Hangkante weiter. An einem Weidezaun erreichen wir eine Kreuzung, wo wir dem asphaltierten Weg nach rechts folgen. Dieser mündet bald in die Verbindungsstraße Bächingen – Obermedlingen **(6)**, 441 m. Von hier aus machen wir nach rechts einen Abstecher über die Südumgehung (Vorsicht auf

Die Walkmühle an der Brenz in Gundelfingen.

Brücke!) nach Obermedlingen, wo wir an der Dorflinde geradeaus gehen und dann am ehemaligen Schulhaus, das 1984 zum Rathaus umgebaut worden ist, mit Brunnen davor dem Straßenverlauf nach rechts folgen. So gelangen wir zur **Kirche Mariä Himmelfahrt (7)**, 443 m, mit angebautem Kloster. Auf dem Hinweg geht es zurück zu (6). Von dort folgen wir weiter geradeaus der kurvigen Straße. Nach einer mächtigen Bergulme (ND) geht es erneut die Geländestufe hinab und wir biegen gleich im Bereich von Weiden links ab. Der von mächtigen Bäumen gesäumte Kiesweg führt uns an Pferdekoppeln vorbei zur Brenz, der wir nach links folgen. An der Einmündung in eine Straße **(8)**, 439 m, überqueren wir für einen Abstecher nach **Bächingen** die Brenz nach rechts. Dann gleich wieder nach rechts – hier Infotafeln – bringt uns die Schloßstraße an der Schlossmauer entlang. Das einstige, wehrhafte Wasserschloss, das durch einen Wassergraben geschützt war, mit seiner kompakten Bauweise und vier runden Ecktürmen ist nur in der laubfreien Zeit sichtbar, ab 1531 als typisches Renaissance-Schloss errichtet. So gelangen wir zum **mooseum (9)**, 442 m, das in der alten Schlossremise untergebracht ist. Auf gleichem Weg zurück zur Wegkreuzung **(8)** jenseits der Brenz, wandern wir nun nach rechts an ihr entlang. Nach der Heimgartenanlage geht es an Fischweihern und Altwasserarmen vorbei, bis wir zu der Stelle **(4)** gelangen, an der wir beim Hinweg die Brenz überquert haben. Auf bekanntem Weg geht es durch den **Schnellepark (3)** zum **Bahnhof Gundelfingen (1)** zurück.

3.40 Std.

Von Echlishausen nach Kissendorf 2

Durch das Bibertal

Das Bauernkriegsdenkmal erinnert an eine der entscheidenden Schlachten des Bauernkrieges, die hier in der Nähe am »Echlishauser Biberhaken« stattfand, der nach der Form des Flusslaufs benannt ist. In dieser wurden am 4. April 1525 mehrere Tausend aufständische Bauern von etwa doppelt so vielen gut ausgebildeten und bewaffneten Landsknechten und Reitern unter der Führung von Georg Truchseß von Waldburg niedergemetzelt, der im Auftrag des Schwäbischen Bundes handelte.

Ausgangspunkt: Bushaltestelle Echlishausen Siedlung (483 m, VVM-Linie 850 Günzburg – Ulm, FLEXIBUS), Parker in angrenzenden Wohnstraßen (**Navi:** 89346 Bibertal, Leipheimer Str. 39).
Höhenunterschied: 100 m.

Anforderungen: Keine. Größtenteils markiert als Runde 2.
Einkehr: Ghs. Hirsch in Echlishausen, Ghs. Traube in Bühl (nur Sa und So mittags).
Tipp: Heimat- und Bauernkriegsmuseum Blaue Ente in Leipheim (nur So 14–17).

Von der **Bushaltestelle Echlishausen (1)**, 483 m, aus folgen wir der Leipheimer Straße nordwärts, bald auf dem linksseitigen Geh- und Radweg. An einer Infotafel für Radfahrer nehmen wir den Kiesweg nach links. An der Weggabelung halten wir uns rechts. Jenseits der B 10 (Vorsicht beim Überqueren!) steht das **Bauernkriegsdenkmal (2)**, 479 m. Wieder zurück an der Weggabelung nehmen wir den Asphaltweg nach rechts. Am Schild »Landschaftsschutzgebiet« nach links, folgen wir dem Graswerg bald nach rechts am Bach entlang. Mündet er in einen gekiesten Spurweg, wandern wir nach links weiter durch das Bibertal. Es ist nach dem Nagetier benannt, das hier bis zu seiner Ausrottung im 19. Jh. sehr verbreitet war. Nach zwischenzeitlich erneuter Ansiedelung ist es mittlerweile leider wieder abgewandert. Wir gelangen kurz an die Biber und an einer großen Pferdekoppel vorbei, dann mündet unser Weg in die Leipheimer Straße, auf der wir für einen Abstecher kurz nach links gehen und gemäß Beschilderung über einen Graswerg in das Laubwäldchen zur **Waldgrotte (3)**, 475 m, mit Lourdes-Madonna gelangen. Zurück an der Straße nehmen wir den jenseitigen Geh- und Radweg nach rechts. In **Bühl** weiter geradeaus auf der Günzburger Straße (hier erster

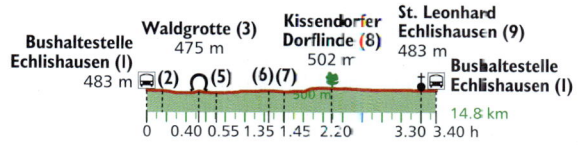

Die mächtige Kissendorfer Linde mit Flurbereinigungskreuz.

Wegweiser, Runde 2), bis wir an einem Wegkreuz **(4)**, 458 m, nach rechts Richtung Ulm/Unterfahlheim abbiegen. Knapp vor dem Ortsschild »Opferstetten« gleich nach der **Biberbrücke (5)**, 457 m, – rechts die Kunstmühle – nach links am Biberkanal entlang weiter, der zur Hochwasserüberleitung dient, ab dem Ortsrand auf dem Grasweg. Links steht erhöht auf einem Riedel die Kirche von Bühl. Dann führt nach rechts eine kleine Brücke (kein Wegweiser) über den Biberkanal. Auf einem Kiesweg gelangen wir etwas hinauf. Nach einer Kurve an der Einmündung nach links, geht es in den Wald hinein, kurz am Waldrand mit Blick ins Bibertal entlang und wieder durch den Wald. Am Waldrand wandern wir mit Blick auf Silheim (im Tal) und Kissendorf (am Hang und auf dem Riedel) geradeaus weiter. Unter einer mächtigen Weide **(6)**, 478 m, stehen ein Wegkreuz und eine Bank mit Aussicht. Dann überqueren wir die Staatsstraße und erreichen geradewegs **Hintersilheim**. Hier halten wir uns an der Einmündung (Lehrer-Stiegele-Platz) links und kommen am Feuerwehrhaus vorbei – dahinter ist ein Kinderspielplatz. An der Einmündung **(7)**, 467 m, folgen wir der Zollstraße nur kurz nach rechts und nehmen dann den Fußweg nach links, am Sportplatz vorbei. Wir halten uns rechts und erreichen an einem modernen Haus im schwäbischen Baustil wieder die Staatsstraße, der wir nach links folgen. Hier, etwas zurückgesetzt, ein markantes Fachwerkhaus aus dem 17. Jh., das ehemalige Gasthaus Zahn. Ab dem Ortsende geht es auf dem Geh- und Radweg weiter, an einer Feldkapelle (Neurokoko-Holzschrein mit Prager Jesuskind) vorbei. Links das Osterbachtal mit Denzelmühle, die Häuser oben gehören zu Kissendorf. Das unruhige Gelände davor ist der Rest eines teils abgerutschten Turmhügels, auf dem im Mittelalter eine kleine Burg stand. In **Kissendorf** wandern wir gleich nach der Osterbachbrücke nach rechts die Mühlbergstraße hinauf, an Dorfweiher und Treppenaufgang zur klassizistischen Kirche St. Mauritius vorbei. An der Einmündung biegen wir

links ab. Vor der Ampel gehen wir auf der Neu-Ulmer Straße kurz nach links weiter, um dann gleich nach rechts in den Ziegeleiweg abzubiegen. Am Ortsrand links auf der Edith-Stein-Straße weiter durch die Wohnsiedlung. An Kindergarten und Schule vorbei, folgen wir an der Einmündung dem Kiesweg nach rechts. Vor dem Aussiedlerhof nach links weiter, auf die mächtige, 300–350 Jahre alte **Kissendorfer Dorflinde (8)**, 502 m, Infotafel, zu. Sie wird auch Napoleonlinde genannt, da der Feldherr hier einst mit seinen Truppen gerastet haben soll. Wir folgen dem Geh- und Radweg mit Blick auf Donautal und ansteigende Schwäbische Alb ein Stück nach rechts und bald der Radwegbeschilderung, die uns zum Waldrand und dann in den Wald hineinführt. Stets auf dem Hauptweg (Radwegbeschilderung) geht es durch schönen, altersgemischten Mischwald gelegentlich an Trimm-dich-Stationen vorbei. Nach einer scharfen Linkskurve im Bereich einer Aufforstungsfläche passieren wir einen kleinen Waldweiher. Ein gutes Stück geradeaus an Sturmwurfflächen vorbei, dann wendet sich der Forstweg nach einem weiteren kleinen Waldweiher nach links und bringt uns an den Waldrand. Wir gehen stets auf dem Kiesweg durch die landwirtschaftliche Flur. Dann biegen wir an der Einmündung nach rechts in den asphaltierten Feldweg ein und wandern auf **Echlishausen** zu, das wir im Bereich von Friedhof und Spielplatz erreichen. Nach dem Pfarrhaus gelangen wir an der **Kirche St. Leonhard (9)**, 483 m, einem 1865/69 in romanisch-gotischen Mischformen errichteten Rohziegelbau, nach rechts auf der Kirchstraße kurz aus dem Ort hinaus und über den nächsten asphaltierten Feldweg nach links gleich wieder in den Ort hinein. Auf der Leipheimer Straße nach rechts geht es zur **Bushaltestelle (1)** zurück.

3 Ichenhausen und Wettenhausen

3.50 Std.

Kelten, ein Kloster und zwei Schlösser

Das Kloster Wettenhausen soll 982 gegründet worden sein, gesichert ist aber erst das Jahr 1130, in dem die Herrin Gertrud von Roggenburg den Ort der Domkirche zu Augsburg stiftete. Bis zur Säkularisierung waren hier Augustinerchorherren ansässig, ab 1865 betrieben die Dominikanerinnen aus dem Augsburger Kloster St. Ursula Schulen und eine Lehrerinnenausbildung. Das daraus hervorgegangene St.-Thomas-Gymnasium gehört heute zum Schulwerk der Diözöse Augsburg, Schulleiter und Lehrkräfte sind mittlerweile weltlich.

Ausgangspunkt: Bahnhof Ichenhausen (469 m, **Navi:** 89335 Ichenhausen, Am Bahnhof 2).
Höhenunterschied: 190 m.
Anforderungen: Ab Parkplatz Friedhof Ichenhausen größtenteils gut beschildert.
Einkehr: Unterwegs keine. Gaststätten und Restaurants in Ichenhausen.

Varianten: Start am Parkplatz Friedhof Ichenhausen. Abstecher weglassen.
Tipps: Jahreskrippe in der Stadtpfarrkirche St. Johannes, Schulmuseum und Synagoge (mit Mikwe und Ausstellung) in Ichenhausen, Kloster Wettenhausen mit Kaisersaal; Tel. für Führungen: +49 8223 40040.

Wir starten am **Bahnhof Ichenhausen (1)**, 469 m, und gehen den Badberg hinauf. An der Einmündung bei der 1964 neu errichteten Pfarrkirche St. Joh. Baptist biegen wir rechts ab, gelangen an Gasthäusern und Denkmälern vorbei zum **Rathaus**, dem ehemaligen **Oberen Schloss (2)**, 486 m, das Hans Friedrich von Roth 1566 errichten ließ, um die Auseinandersetzungen mit seiner im Unteren Schloss wohnenden Mutter zu beenden. Wir nehmen die Von-Stain-Straße nach links, am Rabbinerhaus (Nr. 8) sowie der ehemaligen Synagoge (links in der Vorderen Ostergasse) vorbei. An der Einmündung geht es kurz nach links (Annastraße), an der kleinen Kapelle »Zur

Unteres Schloss von Ichenhausen – heute das Schulmuseum.

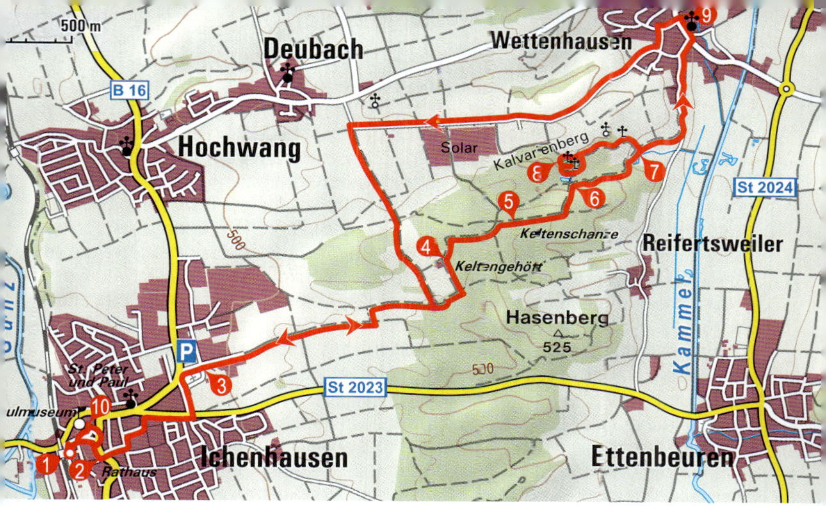

Schwarzen Muttergottes« vorbei, die eine Kopie der Madonna von Altötting ist. Dann gleich nach rechts über die Frühlingstraße bis zu einem Firmengelände, an dem links ein Fußpfad entlangführt. An der Einmündung sehen wir links die evangelische Pfarrkirche St. Peter und Paul, die erst 1920/21 aus einem Wohnhaus umgebaut wurde. Wir wandern nach rechts weiter, bis wir nach links der Friedenstraße folgen – blumenbepflanzte Verkehrsinseln erleichtern die Querung. An der Kapelle St. Willibald nach rechts (Günzburger Straße) und gleich wieder nach rechts. Hier befindet sich der Parkplatz am **Friedhof Ichenhausen (3)**, 488 m, als alternativer Startpunkt mit Infotafeln zum Kalvarienberg und zum Keltenpfad, dessen Wegweisern wir fortan folgen. Geradeaus durch ein Gewerbegebiet und bald auf freier Flur hinauf. Biegt der Asphaltweg auf der Höhe rechts ab, gehen wir geradeaus auf dem Kiesweg weiter. An einem Hochsitz nach links. An der nächsten Tafel geht es rechts weiter auf dem Feldweg zum Waldrand. Hier geradeaus Richtung Kalvarienberg. Führt unser Weg nach links in den Fichtenforst hinein, weist bald eine Tafel auf die Grabhügel hin, von denen noch ein paar auf der Wiese zu sehen sind. Hier links weiter. Am Waldrand entlang gelangen wir an der Tafel zur

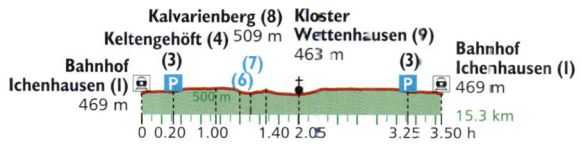

Glaubenswelt vorbei zum nachgebauten **Keltengehöft (4)**, 523 m, mit Tafeln und Bänken. Wir gehen rechts in den Wald hinein, bald geradeaus auf einen Hochsitz zuhaltend. Fortan folgen wir der Beschilderung, teils auf grasigen Pfaden, teils auf Forstwegen. An einer Kreuzung geht es auf dem Forstweg nach rechts, der uns geradewegs zur **Keltenschanze (5)**, 519 m, Infotafel, führt. Im Wald sind weitere Tafeln und Grabhügel aus der Hallstattzeit vorhanden. An einer Kreuzung folgen wir links einem Graspfad Richtung Kalvarienberg hinab zu einem **Waldweiher (6)**, 485 m. Nach rechts führt uns nun ein Kiesweg abwärts, bald über ein kleines Bächlein und schließlich aus dem Wald hinaus. An einem weiteren **Weiher (7)**, 470 m, mit den bekannten Infotafeln bietet sich nach links ein Abstecher an der Abendmahlsstation mit Brunnen und Bänken vorbei zum **Kalvarienberg mit Kreuzigungsgruppe (8)**, 509 m, an. Der ausgeschilderte Weg führt an wunderschönen, großen Kreuzwegstationen vorbei, die vom Leben und Leiden Jesu erzählen, bald als Fußweg hinauf auf den laubwaldbestandenen Hügel, auf dem einst die Burg Roggenstein stand. Sie wurde bereits 1324/25 zerstört, nur noch Wall und Graben sind vorhanden. 1852/53 legten Bürger von Wettenhausen unter Leitung ihres emsigen Pfarrers Georg Mayr, der auch die zahlreichen Spenden gesammelt hatte, den Kreuzweg an. Vom Hügel geht es über Stufen hinab. Wieder zurück am Weiher **(7)**, folgen wir bald nach links der Beschilderung an einer Kapelle vorbei, in der die Geburt Christi dargestellt ist, mit Blick ins Kammeltal, auf Goldbach und Kleinbeuren nach **Wettenhausen**, wo wir an hübschen Häusern vorbei stets auf den weithin das Kammeltal überragenden Turm der ehemaligen Stiftskirche Maria Himmelfahrt zuhalten. Sie ist heute Pfarrkirche und

Eine Station am Kreuzweg bei Wettenhausen.

Wettenhausen mit der barocken Klosterkirche.

birgt sehenswerten Wessobrunner Stuck. Auf der Von-Roggenstein-Straße nach rechts und dann auf der Dossenbergerstraße nach links, gelangen wir zum imposanten **Kloster (9)**, 463 m, mit dem prächtigen Kaisersaal – ebenfalls mit Stuck. An der ehemaligen Vogtei (Nr. 2) die Schulstraße nach links, die uns zur Grundschule sowie zum alten Friedhof bringt. Hier links, zum jetzigen Friedhof hinauf und dann auf dem Ziegelweg durch ein Neubaugebiet. Das Asphaltsträßchen (Fußweg Richtung Deubach) führt uns weiter hinauf – ein gelegentlicher Blick zurück auf den Ort lohnt sich. Auf der Höhe passieren wir eine ehemalige Ziegeleigrube mit Kreuz sowie ein Anwesen. Weiter geht es an einem Solarfeld entlang, stets auf Deubach zu, das halb rechts mit der Kreuzkapelle davor liegt. Biegt das Asphaltsträßchen rechts ab, nehmen wir den Feldweg nach links. Der Blick geht nun schon weit ins Günztal, auch die Schwäbische Alb ist am Horizont erkennbar. Der Kiesweg führt uns nach einem Graben am Waldrand entlang – links das Keltengehöft – und schließlich zur Einmündung am Waldrand zurück. Auf bekanntem Weg aussichtsreich nach **Ichenhausen** hinab – rechts ein weiteres Solarfeld sowie eine im Abbau befindliche Tongrube – kommen wir wieder am **Friedhof (3)** sowie am **Rathaus (2)** vorbei. Von der Heinrich-Sinz-Straße nehmen wir für einen Abstecher zum **Schulmuseum im Unteren Schloss (1)**, 488 m, nach dem Badberg das nächste Sträßchen links, das uns zum Schlossplatz bringt. 1697 wurde dieses im Auftrag von Franz Marquard vom Stain und seiner Gemahlin neu erbaut. Weitere denkmalgeschützte Gebäude sind das ehemalige Vogthaus, das nach dem israelitischen Markthändler Roßkamm, der es 1841 übernahm, auch Roßkammhaus genannt wird, und das Hotel Weißes Roß, an dem wir nun links vorbeigehen. Dann gelangen wir nach rechts den Badberg hinab und zum **Bahnhof (1)** zurück.

4 Von Jettingen-Scheppach zur Wallfahrtskirche Allerheiligen

2.20 Std.

Talbach, Wald und Wallfahrtskirche

Wer still ist und Glück hat, kann auf dieser nicht allzu langen Waldwanderung vielleicht Rehe oder Greifvögel beobachten. Ziel ist die Wallfahrtskirche Allerheiligen, erstmals 1395 erwähnt. Sie steht auf bewaldeter Höhe, wurde im 18. Jh. nach den Plänen des Baumeisters Simpert Kraemer errichtet und weist einen prachtvollen Innenraum auf. Die Geschichte der Wallfahrt ist sehr wechselvoll. War sie bereits im 14. Jh. in ganz Schwaben von großer Bedeutung, kam sie im Dreißigjährigen Krieg zum Erliegen. Einem baldigen Aufblühen nach 1648 folgte nach 1800 allmählich der fast völlige Verlust der Anziehungskraft.

Ausgangspunkt: Bahnhof Jettingen-Scheppach (472 m), **Navi:** 89343 Jettingen-Scheppach, Bahnhofstr. 4).
Höhenunterschied: 80 m.
Anforderungen: Etwas Aufmerksamkeit, da nur teilweise beschildert.
Einkehr: Zum Holgawirt in Allerheiligen, Gaststätten in Jettingen-Scheppach.
Tipp: Arboretum Freihalden, Kuno-Gedenkweg.

Vom **Bahnhof Jettingen-Scheppach (1)**, 472 m, aus – der Zusammenschluss des Marktes Jettingen und der Gemeinde Scheppach erfolgte bei der Gemeindegebietsreform 1970 auf freiwilliger Basis – gehen wir die Bahnhofstraße nach rechts bis zur Einmündung und nehmen dann die Unterführung. Gleich danach biegen wir rechts ab, wobei wir einen Bach queren, dem wir daraufhin geradewegs folgen. Bald geht es mit Blick auf die erhöht stehende Barockkirche Mariä Himmelfahrt am Sportplatz entlang. Der Kiesweg führt uns an einem Bildstock unter zwei mächtigen Eschen vorbei. Auf dem Bahnhofweg gelangen wir zur Kreuzung am **Talbach (2)**, 467 m. Hier beginnt unsere Rundwanderung. Die Talbachstraße mit dem Wanderwegweiser »Freihalden/Oberwaldbach« lassen wir rechts liegen und wandern auf der anderen Talbachstraße durch das Wohngebiet sanft hinauf. An einer

Sanft hügelige Landschaft mit Wiesen und Feldern nahe Scheppach.

Gabelung nehmen wir die rechte Teilstraße. Stets geradeaus schließt am Ortsende ein Kiesweg an, der aber bald wieder in einen asphaltierten Weg mündet. Weiter geradeaus, gelangen wir zu einem Damm, der als **Hochwasserschutzeinrichtung (3)**, 479 m, dient und nicht betreten werden darf. Er ist Teil des Hochwasserschutzkonzeptes, das sich bereits mehrmals bewährt hat. Den Asphaltweg verlassen wir in einer Rechtskurve und wandern nun, weiter geradeaus, auf einem Kiesweg. Rechts befindet sich ein Rotwildgehege. Links sehen wir den Parkplatz unterhalb der Wallfahrtskirche, in den von dort kommenden Kiesweg biegen wir nach rechts ein. Ab hier folgen wir der Beschilderung an einer **weiteren Hochwasserschutzeinrichtung (4)**, 484 m, vorbei und schließlich in den Wald hinein, der teils aus Fichtenhochwald, teils aus Aufforstungen von Fichte, Misch- und Laubwald besteht. Weiter sanft aufwärts. Mündet von links ein Weg ein, folgen wir fortan dem Wegweiser »Rund um das Weihergehau«. Weist uns ein Schild nach links **(5)**, 498 m, queren wir ein meist ausgetrocknetes Bachbett und wandern in ei-

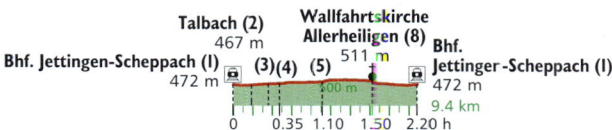

Der Kreuzweg bei der Wallfahrtskirche Allerheiligen.

nem Linksbogen weiter. Nun sanft durch den Wald hinab, stets dem Forstweg folgend. Biegt er an einer Weggabelung **(6)**, 517 m, nach rechts ab, gehen wir geradeaus auf dem Waldweg weiter. Bald verlassen wir den Wald und wandern aussichtsreich über den Höhenrücken auf Graswegen auf die Wallfahrtskirche zu. Vorbei an Pflaumenbäumen, betreten wir nach einer Streuobstwiese, die wir rechts liegen lassen, geradewegs einen Laubwald mit mehrstämmigen Hainbuchen und Linden. Rechts der Halsgraben des **Burgstalls (7)**, 508 m, auf dem im Mittelalter die Burg der Herren von Burgau stand. An der Einmündung folgen wir dem Sträßchen kurz nach rechts hinauf und erreichen die **Wallfahrtskirche Allerheiligen (8)**, 511 m, mit Priesterhaus und rechts dahinter den Kalvarienberg mit Kreuzwegstationen auf dem erwähnten Burgstall. Am Gasthaus geradewegs vorbei, folgen wir dem Fußweg über Treppen steil hinab und treffen am Parkplatz auf eine Tafel mit Wanderwegen und Rastbänken. Wenige Meter weiter eine Infotafel »Honig« **(9)**, 479 m, wo auch ein **Obstlehrpfad** mit heimischen Obstbäumen beginnt. Ein grünes Klassenzimmer sowie eine Rastbank mit einer Tischplatte aus Granit sind ebenso vorhanden. Dann folgen wir der Straße geradeaus eine Ahornreihe entlang nach Scheppach hinein. An der Weggabelung mit Holzkreuz halten wir uns links (Grottenaustraße) und gelangen wieder zum **Talbach (2)**. Auf bekanntem Weg kommen wir zum **Bahnhof (1)** zurück.

Große Runde ab Jettingen-Scheppach 5

4.10 Std.

Stauffenberg-Schloss und Torferlebnispfad Bremental

Um 1480 wurde das Stauffenberg-Schloss als spätgotisches Wasserschloss mit vier Türmen von Hans vom Stain erbaut. Als die Ritter vom Stain verarmten, erwarben es die Freiherren von Stauffenberg. So kam in diesem Schloss 1907 auch Claus Graf Schenk von Stauffenberg zur Welt, der am 20. Juli 1944 nach dem Attentatsversuch auf Hitler erschossen wurde. Heute zählt das seit 2000 Gräflich Wolff Metternichsche Schloss in Jettingen zu den bedeutendsten Schlossanlagen in Mittelschwaben.

Im Bremental, einem einst ausgedehnten Niedermoor und seit 1981 Landschaftsschutzgebiet, wurde in früheren Zeiten Torf zu Heizzwecken abgebaut. Gelagert wurde er in Torfhütten, von denen nur wenige noch stehen. Mit der aufkommenden Eisenbahn wurde er auch zum Betreiben der Dampfloks und sogar in größerem Stil gewerblich abgebaut. Als »Burgauer Torf« war er in ganz Süddeutschland begehrt. Elektrifizierung und Erdöl als Brennstoff führten zur Einstellung des Abbaus nach dem 2. Weltkrieg.

Ausgangspunkt: Bahnhof Jettingen-Scheppach (472 m, **Navi:** 89343 Jettingen-Scheppach, Bahnhofstr. 4).
Höhenunterschied: 100 m.

Anforderungen: Aufmerksamkeit und Orientierungsvermögen, da fast unbeschildert.
Einkehr: Gasthäuser in Jettingen-Scheppach.

Vom **Bahnhof Jettingen-Scheppach (1)**, 472 m, aus nehmen wir an den gegenüberliegenden Parkplätzen den Kiesweg hinauf, der uns bald als Pfad in ein Wohngebiet hineinführt. An der Einmündung unseres Alfred-Delp-Weges geht es nach einem Links-Rechts-Schlenker in der Beethovenstraße weiter. Von links mündet bald ein Feldweg ein **(2)**, 489 m – auf diesem werden wir zurückkommen. Wir gehen jedoch stets geradeaus weiter, bis am Ende der Albert-Einstein-Straße nach rechts die Brunnenstraße anschließt, die wir gleich wieder nach links verlassen. Auf der Jahnstraße in einem Bogen am Sportplatz vorbei, wandern wir an der Einmündung nach rechts weiter, am Friedhof vorbei und hinab. Kurz nach links und wir erreichen die spätgotische **Kapelle St. Leonhard (3)**, 472 m. Hier nach rechts weiter. Am ehemaligen Gasthaus Adler biegen wir nach links in die Hauptstraße ein, gehen am Rathaus mit

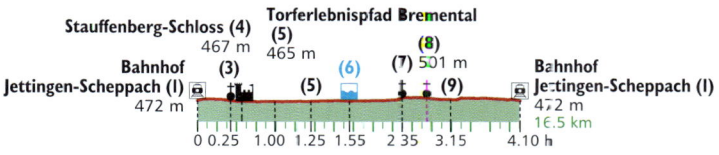

Walmdach und Storchennest (einst Schulhaus) sowie an der Kirche St. Martin und am zurückgesetzten Gänselieselbrunnen vorbei. Dann auf der Schloßstraße nach rechts zum **Stauffenberg-Schloss (4)**, 467 m, mit angrenzendem Schlosspark (privat). Wir folgen dem Straßenverlauf sowie der anschließenden Fischerstraße und an der Einmündung in die Schönenberger Straße der Radwegbeschilderung in einem Links-Rechts-Schwenk. Gleich nach Querung der Mindel geht es nach rechts auf der Brandstraße über den Mindelkanal weiter. Die Umgehungsstraße überquert, folgen wir fortan den Schildern zum liebevoll gestalteten **Torferlebnispfad Bremental (5)**, 465 m, mit Parkplatz und Info- und Bildungshaus Torfstadel. Er beginnt am Schild »Landschaftsschutzgebiet«. Die Beschilderung führt uns in Form einer Acht teils auf federnden Graswegen durch das Moor an Infotafeln, Rastplatz und Aussichtsturm vorbei. Wieder zurück bei (5), nehmen wir den Kiesweg nach rechts und wandern am Rand des Moores, an Wiesen, Äckern und Wäldchen vorbei südwärts durch das breite Mindeltal. Unser Kiesweg biegt rechts ab, wir jedoch gehen stets geradeaus auf dem Grasweg weiter am Graben entlang, bis wir eine Straße erreichen, deren begleitendem Geh- und Radweg wir knapp 500 m nach links folgen, die Abzweigung zum Fischereiverein ignorierend. Erst bei der nächsten Abzweigung nach rechts überqueren wir die Straße und folgen von nun ab der Radwegbeschilderung über die Mindel und dann gleich nach rechts am **Jettinger Baggersee (6)**, 468 m, Badegelegenheit, entlang. Wie alle Seen hier ist er durch Kiesabbau entstanden und wird nach dem Unternehmen auch Heiligmannsee genannt. Zunächst gehen wir an West- und Südufer entlang, dann biegen wir nach rechts in den Kiesweg ein und wandern stets geradeaus südwärts. Nach einem Wäldchen erblickt man links Eberstall. An der Einmündung folgen wir der Straße nach links. Doch bevor sie ansteigt – der Radweg biegt hier an einem Feldkreuz nach rechts ab –, wandern wir nach links teils steil den Riedel hinauf nach **Eberstall**. So gelangen wir an der **Schlosskapelle St. Anna (7)**, 502 m, vorbei – dahinter das Schloss – durch den Weiler. Nach einem Reiterhof überqueren wir die Staatsstraße und nehmen nach links den begleitenden Fuß- und Radweg. Doch verlassen wir diesen bei der nächsten Gelegenheit wieder nach rechts. Das asphaltierte Sträßchen bringt uns zu einem

Torfstich am Torferlebnispfad Bremental.

steinernen Feldkreuz sowie der **Kapelle St. Sebastian (8)**, 501 m, mit Linden (ND). Diese stammt aus der Zeit um 1700 und ist zur Abwendung einer Tierseuche entstanden. Auf einem schattigen Bänkchen lässt sich der Ausblick auf Oberwaldbach sowie Ried mit seinem hübschen Kirchturm genießen. Dann geht es sanfter hinab nach **Ried**, wo wir nach links in die Hauptstraße einbiegen. Sie führt uns an der Kirche St. Peter und Paul vorbei und nach einer scharfen Rechtskurve über der wasserarmen Oberwaldbachgraben. Wir verlassen den Ort und biegen am Wegweiser »Wanderweg nach Jettingen 2 km« links ab **(9)**, 436 m. Der Kiesweg führt uns bald hinauf auf die Anhöhe »Weinberg«. Der Hang des Tals des Rieder Baches weist ein abwechslungsreiches Kleinrelief auf. Wir wandern oberhalb des Baches nach links weiter zwischen Sträuchern und Äckern hindurch. Bei der nächsten Gelegenheit verlassen wir den zwar beschilderten, aber etwas ungepflegten Wanderweg, folgen dem Feldweg nach rechts und biegen dann an der nächsten Kreuzung links ab. Stets geradeaus auf den Wasserbehälter zu, der sich in einer Baumanpflanzung befindet. Direkt nach diesem biegen wir mit dem Feldweg rechts ab und erreichen eine Straße, der wir kurz nach links an einer Grünfläche mit Bildstock und Bänken vorbei zum Kreisverkehr folgen. Hier am Rande eines Neubaugebietes von Jettingen wandern wir nach rechts weiter (»Auf der Ebene«). Etwas nach rechts versetzt führt uns ein Feldweg geradewegs an Stallgebäuden vorbei. An einem Feldgehölz mit Holzkreuz queren wir ein Sträßchen und kommen mit Blick auf die hübsche Kirche von Scheppach sowie die Wallfahrtskirche Allerheiligen in eine Senke hinab. Hier zweigt nach links ein Feldweg ab, der uns etwas hinauf zum Wohngebiet und direkt in die Beethovenstraße führt **(2)** auf der wir rechts zum **Bahnhof (1)** zurückgelangen.

6 Von Neuburg an der Kammel zum Schloss Edelstetten

Schlösser und Freilichtmuseum Hammerschmiede

Zur Entstehung des Stiftes von Edelstetten existiert folgende Sage: 1126 versprach Graf Werinher seiner Schwester, Freifrau von Schwabeck und Balzhausen, die ein Stift gründen wollte, so viel Land, wie sie an einem Tag mit einem Pflug umfahren könne. Darauf nahm diese ein silbernes Schmuckstück in Form eines Pfluges und fuhr mit dem Reisewagen im Morgengrauen los. Bis zum Abend hatte sie weite Teile von Mindel- und Kammeltal eingekreist, die ihr der Bruder nun übergab. Das daraufhin gegründete Chorfrauenstift wurde um 1460 in ein weltliches, adeliges Damenstift umgewandelt – eine Versorgungsstätte für unverheiratete Töchter aus dem schwäbischen Adel. Dass diese sich ihre Frömmigkeit etwas kosten ließen, ist an der 1712 erbauten Stiftskirche zu erkennen, für die die Abtei Ottobeuren als Vorbild diente und die als eine der schönsten Barockkirchen Mittelschwabens gilt. 1804 erwarb Fürst Nikolaus II Esterházy das Schloss, in dessen Familienbesitz es heute noch ist.

Ausgangspunkt: Bahnhof Neuburg (Kammel, 487 m, **Navi:** 86476 Neuburg a. d. Kammel, Ellerbachstr. 1), Parken in den angrenzenden Wohnstraßen.
Höhenunterschied: 160 m.
Anforderungen: Abschnittsweise unbeschildert, aber problemlos.
Einkehr: Landgasthof Bischof Edelstetten, Landhaus Jekle Neuburg (nur So auch mittags).
Variante: Alternativ kann man auch kurz nach Langenhaslach links über ein Sträßchen nach Neuburg zurückwandern.
Tipp: Freilichtmuseum Naichen (nur sonntags!).

Vom **Bahnhof Neuburg a.d. Kammel (1)**, 487 m, aus über die Gleise, biegen wir am Dorfladen links ab, um gleich nach rechts dem Edelstetter Weg durch ein Wohngebiet zu folgen. Auf dem links abzweigenden Langenhaslacher Weg kommen wir zum Ortsrand, wo links die Pia-von-Aretin-Str. abgeht, wir aber nach rechts auf einem Feldweg an den Gärten entlanggehen. Stets geradeaus wandern wir nach einem Flurkreuz leicht ansteigend zu einem hübschen **Bildstock (2)**, 512 m, mit wunderbarem Blick auf Edelstetten und das Haselbachtal. Den Kiesweg hinab, folgen wir ihm erst nach links, kurz

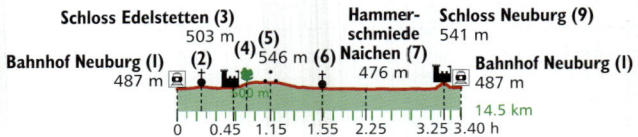

darauf gehen wir an der Einmündung nach rechts an einem Marterl vorbei mit Blick auf Kirche und Schloss weiter auf **Edelstetten** zu. Hier mündet unsere Straße »Am Brühl« ein, wir biegen links ab. Über der Haselbach, dann mündet die Fürst-Esterhazy-Straße ein. Hier halb rechts erreichen wir den Kirchplatz mit Infotafeln, der einstigen Gastwirtschaft zur Krone sowie einem Spielplatz mit Rastbank. Im Dach der heutigen Pfarrkirche befindet sich eine landesweit bedeutsame Mausohrwochenstube, die als FFH-Gebiet ausgewiesen ist. Auf dem Kopfsteinpflastersträßchen am Pfarrhaus (rechts) vorbei zum **Schloss (3)**, 503 m, hinauf. Durch die Schlossanlage hindurch, verlassen wir sie durch das hintere Eingangstor. An der Einmündung folgen wir nach halb links dem Asphaltsträßchen und halten uns an der Weggabelung gleich wieder halb links. Mit Blick auf eine Heckenlandschaft zu einem Wäldchen hinauf, an dessen Rand links eine **Rotbuche (4)**, 537 m, ND, steht. Von der neuen, komfortablen Bank aus bietet sich ein schöner Blick auf Edelstetten mit Schloss. Weiter geradeaus aufwärts endet nach einem Kruzifix unser Asphaltsträßchen. Geradewegs auf den Wald zu, geht es an der nächsten Weggabelung halb links weiter und ein Stück nahe am Waldrand entlang. Dann wandern wir an der Gabelung nach halb links in den Wald hinein. Stets

Das Freilichtmuseum Hammerschmiede in Naichen.

der Beschilderung folgend, erreichen wir in einer Senke den ersten **Grabhügel (5)**, 546 m. Auf dem Kiesweg weiter geradeaus werden wir bei genauem Hinsehen noch weitere entdecken. Weist ein Schild nach rechts, ignorieren wir es und folgen weiterhin dem Hauptweg. An einem tief eingeschnittenen Graben entlang führt er uns hinab. Nachdem wir den Wald verlassen haben, bietet sich bald ein Blick auf Neuburg. Wir queren den Graben, der nun wasserführend ist, kurz vor der Einmündung in die Straße. An einer Streuobstwiese vorbei, führt der Feldweg auf ein Wohngebiet von Langenhaslach zu. Hier nach links eingebogen und hinab zur Edelstetter Straße, die wir in einem Rechts-Links-Schlenker queren. Ein kleiner, romantischer Pfad (Geh- und Radweg) führt uns über den Haselbach – hier ein Bildstock, der dem Brückenheiligen Sebastian geweiht ist – und dann nach rechts ein Stück an ihm entlang. Schmucke Gärten grenzen an. In einem Rechts-Links-Schlenker über die Hauptstraße, setzen wir unseren Weg direkt vor der Brücke auf dem Pfarrer-Baumeister-Weg fort, an einem Spielplatz vorbei. Über eine Brücke (Kirchsteigstraße) können wir einen Abstecher zum **St.-Martin-Platz (6)**, 485 m, mit gleichnamiger Kirche, dem Pfarrhof (heute Kindergarten) sowie dem Zehentstadel (heute FFW) machen. Wieder zurück, wandern wir auf dem Kiesweg weiter am Haselbach entlang. Meist durch Wiesen gelangen wir, bald auch mit Beschilderung, durch das breite Kammeltal (links Blick auf Schloss Neuburg) nach **Naichen**. In einem Rechts-Links-Schlenker den Bach überquert, erreichen wir den Stockerhof sowie das Freilichtmuseum **Hammerschmiede (7)**, 476 m, Infotafeln, das mit den technischen Einrichtungen unter Denkmalschutz steht. Hier wurde ab 1839 mit einem wassergetriebenen Krafthammer Metall, meist Eisen, zu Geräten wie Schaufeln, Beilen, Pickeln und Hacken geformt. Nun wandern wir geradeaus weiter auf einem Fußweg über die Kammel und links durch die Wiesen auf **Keuschlingen** zu. Vor dem ersten Hof gehen wir direkt vor der Hochspannungsleitung nach rechts an einem Graben entlang und an einer Feldscheune vorbei. Nach Weihern mündet der Kiesweg an einem Bildstock in die Straße ein, der wir nach links durch Keuschlingen folgen. An der Kapelle St. Isidor von 1872 mit offenem Glockenstuhl sowie an einigen Bauernhöfen vorbei, bringt uns das kaum befahrene Sträßchen aus dem Weiler hinaus. Links die mäandrierende Kammel, führt es uns an Nasswiesen, Hochstaudenfluren und Großseggenrieden vorbei mit Blick auf Neuburg und Langenhaslach, bald auch an der Eisenbahnlinie entlang, die wir kurz vor **Neuburg** queren. An der Einmündung folgen wir der Radwegbeschilderung. Die Mühlstraße bringt uns an einigen hübschen Denkmälern vorbei, darunter auch das Fachwerkhaus (Nr. 10), in dem der mittelschwäbische Bildhauer Christoph Rodt lebte und wirkte. Kurz vor dem Zentrum befindet sich rechts ein kleiner Parkplatz **(8)**, 492 m, von dem Stufen am Pfarrhaus mit Walmdach von 1725 vorbei hinauf zur Kirche Mariä Himmelfahrt führen, die seit jeher von den Schlossherren und den Untertanen gemeinsam genutzt wurde. Im Friedhof halten wir uns links und folgen dem Sträßchen durch die Steinlindenallee. Die totholzreichen Feldgehölze (ND) hier sind besonders für Totholzbewohner und Höhlenbrüter geeignet. Bänke laden zum Genuss der herrlichen Aussicht aufs Kammeltal ein. Nach rechts führt ein Wanderweg den Hang hinauf zum **Schloss (9)**, 541 m, auf das wir durch das Tor einen Blick werfen können. 1562/67 wurde es durch die reiche Familie Vöhlin erbaut, die hier jahrhundertelang bis zu ihrem Aussterben regierte. Heute finden vornehmlich geschlossene Veranstaltungen statt. Auf gleichem Weg zurück zu **(8)**, dann folgen wir der Vorfahrtsstraße an Schule und Rathaus vorbei über den Marktplatz mit dem ehemaligen Gasthaus zur Sonne (Nr. 3), dem Gemeinschaftsbrunnen sowie dem Landhaus Jekle. Sie führt uns als Bahnhofstraße nach links an der Lourdeskapelle (1883) vorbei zum **Ausgangspunkt (1)** zurück.

Bildstock bei Keuschlingen.

7 Klösterliche Kulturlandschaft um Roggenburg

1.40 Std.

Weiherweg mit Ökorallye, Lauschtour und Bodenerlebnispfad

1130 wurde das Prämonstratenserkloster Roggenburg gegründet. 1544 erhielt es, mittlerweile Abtei, die Reichsunmittelbarkeit und war seitdem also direkt König bzw. Kaiser unterstellt. Die Gebäude des einstigen Reichsstiftes wurden ebenso wie die Kirche ab 1732 im Barockstil komplett neu errichtet. Nach Aufhebung 1802 und mannigfaltiger Nutzung, etwa als königlich-bayerisches Landgericht oder als Gefängnis, haben 1982 Augustinerchorherren das Kloster übernommen, es mit staatlicher Hilfe renoviert und wiederbelebt. 2002 wurde der Neubau des Bildungszentrums für Familie, Umwelt und Kultur eingeweiht.

Ausgangspunkt: Parkplatz P 3 am Waldpavillon beim Kloster Roggenburg 550 m, **Navi:** 89297 Roggenburg, Prälatenhof), Bushaltestelle Kloster (VVM-Linien 812 Weißenhorn – Krumbach, 813 Weißenhorn – Illertissen, 873 Ichenhausen – Weißenhorn).
Höhenunterschied: 100 m.
Anforderungen: Problemlos und kurz. Mit hübschen Holztafeln als Weiherweg markiert (mit Öko-Rallye, Teil als Lauschtour).
Einkehr: Restaurant Alte Mühle am See, Brauereigaststätte Kolb Meßhofen (Öffnungszeiten beachten!), Alte Roggenschenke und Klostergasthof Roggenburg.
Variante: Erweiterung über Bodenerlebnispfad.
Tipps: Begleitende Flyer sind an der Wandertafel (Parkplatz) bzw. der Starttafel der Öko-Rallye (2) erhältlich, Kirchen- und Klosterführungen (siehe www.kloster-roggenburg.de), informative Lauschtour (Stationen 1–7), Bootsverleih im Restaurant Alte Mühle am See, Bademöglichkeit im Klosterweiher.

Vom **Parkplatz P 3 (1)**, 550 m, am **Waldpavillon** beim **Kloster Roggenburg** aus – hier auch Tafel mit Rundwanderungen und Flyern – gehen wir nach links an den Klostergebäuden vorbei Richtung Gemeindeverwaltung und dort nach rechts durch den Prälatenhof. Hier ist rechts die Grundschule, links das »Haus der Kunst und der Kultur«, der sogenannte Prälatengarten, ehemals großes Ökonomiegebäude. Wiederum nach rechts gelangen wir

Die »große Roggenburgerin« mit ihren 4000 Pfeifen.

zur **Klosterkirche Maria Himmelfahrt (2)**, 548 m. Sie ist eine der stilreinsten Rokokokirchen Schwabens mit prächtigen Seitenaltären, vielen Engeln und Goldschmuck und beherbergt eine der schönsten Rokoko-Orgeln Süddeutschlands. Mit ihren 4000 Pfeifen wird sie »die große Roggenburgerin« genannt. Daneben ist der Eingang zum Klostermuseum, links die Startstation der Ökorallye sowie eine große Streuobstwiese mit mehr als 30 standortangepassten Apfelsorten. Geradewegs an Bildungszentrum, Spielplatz und Gasthof vorbei, erreichen wir an einem kleinen Teich die Hauptstraße,

der wir nach links folgen. Ab hier als Weiherweg ausgeschildert, verlassen wir sie an der Straßenkreuzung nach links. Der Abt-Lienhardt-Weg führt uns hinab. Bald schließt ein Kiesweg an, auf dem wir durch den Klosterwald, Wiesen und Weiden hinab zu einer Liegewiese gelangen. Hier können wir eine kleine Erweiterung über den **Bodenerlebnispfad (3)**, 512 m, einbauen – wir verpassen dabei auch keine Station der Öko-Rallye. Er endet vor der **Klostermühle (4)**, 510 m, mit dem Restaurant Alte Mühle am See – hier die beiden ersten Tafeln. Es liegt direkt am **Klosterweiher** (Langweiher), der durch Aufstau der Biber entstanden ist. Folgt man dem Sträßchen weiter, taucht bald im Hintergrund der Kirchturm von Meßhofen auf. Mündet es ein, wandern wir jenseits der Straße geradewegs an der idyllischen Weiherkette der **Stürzenweiher (5)**, 511 m, entlang südwärts. Unterwegs können wir vielleicht die Spuren des Bibers entdecken und Amphibien, Libellen oder Insekten beobachten. Am vorletzten Weiher nach halb rechts, wandern wir weiter durch das Bachtal sanft aufwärts. Dann biegt unser Weg ab und führt auf den Wald zu – hier ein Rastplatz. Nun geht es durch den Wald hinauf zur **Wannenkapelle (6)**, 550 m. Sie ist Maria Hilf geweiht, die laut Legende den Roggenburger Pater Franz Doser 1633, den marodierende schwedische Soldaten an dieser Stelle im Wald an einem Baum aufgehängt hatten, vor dem Tod durch den Strick bewahrt haben soll, bis ein Soldat umkehrte und den Strick abhieb (auf dem großen Gemälde hinter dem Altar dargestellt). Neben einem Kreuzweg-Stationen-Ring ist auch ein Rastplatz vorhanden. Die Lauschtour biegt hier links ab, wir wandern jedoch gera-

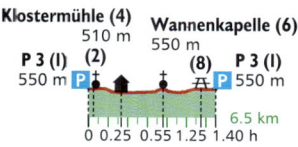

Klostergasthof Roggenburg mit Spielplatz.

deaus weiter. Das Asphaltsträßchen führt uns mit herrlichem Blick auf **Meßhofen** sowie die Klosterkirche hinab und in den Ort hinein. Die Illertisser Straße gequert, folgen wir der Kapellenstraße. An der Einmündung nach halb links auf der Nordholzer Straße weiter und dann geradeaus über die Biber, stets auf die Kirche zu. Dann biegen wir bei der nächsten Gelegenheit links ab, eine Treppe bringt uns zur Pfarrkirche Cosmas und Damian hinauf, in deren östlichem Friedhofsbereich direkt hinter der Kirche sich das sogenannte **Franzosengrab (7)**, 522 m, befindet. Es stammt von französischen Kriegsgefangenen von 1870/71, die an einer Pockenepidemie starben. Wir verlassen den Friedhof durch das hintere Tor und folgen dem Kiesweg, bis er in ein Sträßchen mündet. Auf diesem hinauf, haben wir in der Kurve einen schönen Blick zurück auf Meßhofen. Am Rand eines Mischwaldes entlang führt es weiter hinauf. Auf der Höhe biegen wir nach links in die Straße ein und wandern aussichtsreich am Wasserbehälter sowie am **Rastplatz am Gräuenberg (8)**, 553 m, Grillplatz, vorbei über die Anhöhe zwischen Biber- und Osterbachtal auf die Zwillingstürme von Roggenburg zu, die Wahrzeichen des Ortes sind. Nach links biegen wir in den Prälatenhof ein – rechts das **Schloss des Grafen von Mirbach-Geldern-Egmont (9)**, 551 m, das ehemalige Amtshaus des Reichsstifts mit Park im englischen Stil (19. Jh.) – und gelangen zum **Ausgangspunkt (1)** zurück.

2.45 Std.

Krumbach 8

Durch den idyllischen Laubgang zum ältesten Heilbad Schwabens

Der Sage nach sollen die Quellen 1390 entdeckt worden sein, als man Brandschutt einer Scheune wegräumte, die der eifersüchtige Ritter Ulrich von Ellerbach mit seiner Gemahlin Adelheid darin angezündet hatte. Wie durch ein Wunder blieb der Körper der unschuldig Gestorbenen unversehrt. 1418 erwarb das Reichsstift Ursberg das Bad, bei dem es bis zur Säkularisation 1802 verblieb. 1891 kaufte es Dominikus Ringeisen. Er führte auch die Wasserkuren seines Freundes Sebastian Kneipp ein. Diese stellen neben dem wohl aus vulkanischer Asche entstandenen Badstein (sog. Peloid) und der heilsamen Adelheidquelle, die diesen durchfließt, die Besonderheiten des weithin bekannten Heilbades dar.

Ausgangspunkt: Bahnhof Krumbach (513 m, **Navi:** 86381 Krumbach, Bahnhofstr. 51).
Höhenunterschied: 160 m.
Anforderungen: Problemlos, außerhalb der Stadt größtenteils beschildert.
Einkehr: Café am Heilbad Krumbad. Zahlreiche Gaststätten, Restaurants und Cafés in Krumbach.
Tipp: Lauschtour zum Thema Wasser.

Vom **Bahnhof Krumbach (1)**, 513 m, aus die B 16 überquert, gehen wir auf der Lichtensteinstraße geradeaus. Direkt an der Kammelbrücke mithilfe einer Fußgängerunterführung die Straßenseite gewechselt, wenden wir uns gleich nach rechts, wandern geradeaus durch den Stadtgarten und – an Spielplatz und Kindergarten vorbei – ein kurzes Stück auf der anschließenden Mühlstraße. Dann nehmen wir an der Mühlkapelle die Brücke über die aufgestaute Kammel, von der aus rechts die Untere Mühle zu sehen ist. Bis 1966 war sie in Betrieb, das Mühlrad produziert heute Strom für rund fünf Haushalte. Mit Blick auf die auf dem Schlossberg thronende Pfarrkirche St. Michael – hier oben steht auch das bei starker Belaubung nicht sichtbare Schloss – spazieren wir nach links weiter durch die Parkanlage. Die nächste Brücke gleich wieder überquert, geht es nach rechts weiter die Uferpromenade an der Kammel entlang. An der nächsten Brücke verlassen wir nach links nur dieses idyllische Eck. Am Gesundbrunnen mit Infotafel gehen wir nach links weiter. Die Karl-

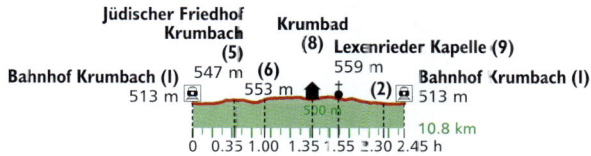

Jüdischer Friedhof von Krumbach-Hürben.

Mantel-Straße führt uns am ehemaligen **Hürbener Wasserschloss (2)**, 508 m, heute Volksmusikberatung, vorbei. Dessen massive Stützmauern ermöglichen Halt im sumpfigen Gelände – im Wasser stand das 1478 errichtete und damit älteste Gebäude der Stadt nie. Nach ca. 200 m folgen wir der Vorfahrtsstraße nach rechts – links das **Mittelschwäbische Heimatmuseum (3)**, 514 m, das teils in einem ehemaligen jüdischen Wohn- und Geschäftshaus (Nr. 5) untergebracht ist – und dann der Heinrich-Sinz-Straße, die bald nach links abbiegt. An der Ampel auf die andere Straßenseite, gelangen wir nun, leicht nach links versetzt, auf dem Badweg geradeaus aufwärts durch ein Wohngebiet. Die Asphaltstraße geht in einen Geh- und Radweg über, dann teils über Stufen hinauf zum **Wasserturm (4)**, 543 m. Weiter auf dem Badweg an den Rand der Bebauung. Hier zweigt gleich halb links ein Spurweg ab, der uns zu einem auf einer Terrasse gelegenen Wäldchen mit Birken hinüberbringt, wo wir uns rechts halten und dann nach links auf einem Grasweg zum ehemaligen **jüdischen Friedhof (5)**, 547 m, mit Tahara-Haus (Reinigungshaus) gelangen. Dieser wurde 1628 am sogenannten Schelmenloh, einer alten Richtstätte, angelegt, sodass die Juden nach über hundert Jahren ihre Toten nun nicht mehr ins ferne Burgau bringen mussten. Wieder zurück, gehen wir kurz auf dem Fußweg weiter, biegen aber an der nächsten Wegkreuzung links ab. Kurz hinauf, dann bringt uns der Feldweg überwiegend durch Wiesen geradeaus hinab zum Weihergraben. Diesen überquert, geht es

Der Laubgang.

– ab hier Beschilderung »Laubgang« und »Fitnessparcours« – nach links durch den Mischwald. Am Waldrand auf einem Kiesweg rechts hinauf. An einer Weggabelung geht es halb links weiter. An der Infotafel zur Keltenschanze beginnt der sogenannte **Laubgang (6)**, 553 m. Stets geradeaus wandern wir auf dem beliebten Spazierweg durch die um 1840 gepflanzte Allee aus Buchen, im zweiten Teil sind auch mächtige Eichen eingestreut. Ab einem Grenzstein (rechts am Wegrand) geht es geradeaus auf einem Fußweg durch die 2008 gepflanzte Fortsetzung. Dann erreichen wir die »Linie« genannte Forststraße (links Bank mit Infotafel), der wir nach rechts folgen, an einer Waldwiese mit **Pavillon (7)**, 568 m, vorbei. Zweigt rechts ein Forstweg ab, folgen wir ihm kurz und nehmen dann am Waldrand den Weg nach halb links durch die Wiesen auf das **Heilbad Krumbad** zu. Kurz am Waldrand entlang, gelangen wir zu der in die Kuranlagen integrierten Kapelle, die der Heiligen Felicitas als Patronin der Kranken geweiht ist. Das **Café (8)**, 555 m, lädt zur Einkehr ein. Auf den Asphaltsträßchen geht es an einer Infotafel über den Badstein sowie am Kräutergarten mit dem Denkmal Adelheidquelle vorbei. Dann auf dem Geh- und Radweg nach links (weitere Infotafeln). Kreuzt ein Forstweg, überqueren wir mit diesem auf einer Brücke die B 300 und wandern an einigen Tafeln des Naturlehrpfades vorbei. Nach gut 300 m folgen wir dem Kiesweg nach rechts Richtung Lexenried. Bald führt er an einer Lichtung entlang zur **Lexenrieder Kapelle (9)**, 559 m, von 1772, die Unserer Lieben Frau geweiht ist (Infotafel). Eine Rastbank bietet Erholung. Weiter die Lichtung entlang, queren wir den kreuzenden Kiesweg geradewegs und folgen dem Pfad Richtung Krumbach über den Weihergraben und dann nach links, kurz am Waldrand entlang. Gleich wieder im Wald, wandern wir nahe seinem Rand an mehreren Kreuzen vorbei. Schimmern schließlich Häuser durch die Bäume, geht es hinab. Am Waldrand steht neben einer Bank ein **Steinkreuz (10)**, 545 m, am Hang sind zwei Terrassenstufen zu erkennen. Dann folgen wir dem Weg hinab, an zwei degradierten Linden mit Kreuz (ND) vorbei. Nach halb links führt uns der Lexenrieder Weg durch ein Wohngebiet sanft hinab. An der Ampel folgen wir der Raunauer Straße nach rechts und nehmen im Kreisverkehr die zweite Abzweigung. Hier befindet sich der Gasthof Munding, in dem eine französische Kanonenkugel steckt, die von den schweren Kämpfen zwischen französischen und österreichischen Soldaten am Fronleichnamstag 1800 stammt. An weiteren Einkehrmöglichkeiten vorbei, gelangen wir wieder in die Heinrich-Sinz-Straße. Ab der Kreuzung vom Hinweg nach links auf bekanntem Weg zum **Bahnhof (1)** zurück.

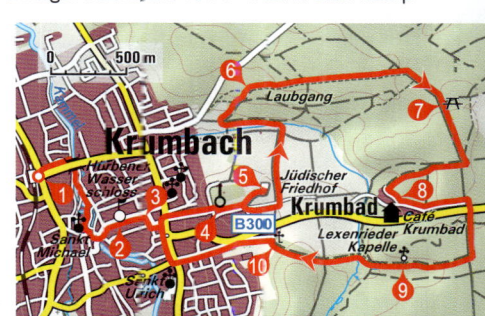

9 Thannhausen

2.00 Std.

Naturerlebnispfad Hansenhohl und Mehlbrünnele

Ebenso wie beim Adelheidbrunnen in Krumbach stammt die heilende Wirkung der Quellen bei Thannhausen vom Badstein, den die Wässer durchfließen. So erhalten sie einen sehr hohen Gehalt an Mineralien (besonders Kieselsäure), was dann auch als sogenanntes Mehl auf der Zunge zu spüren ist – daher der Name Mehlbrünnele. Seit langer Zeit werden die Heilquellen für Trinkkuren genutzt, 1932 wurden sie gefasst und die Brunnentempel errichtet, doch sind sie in der heutigen Zeit in einem Dornröschenschlaf versunken. Die geriebenen Steine verwendete man als Kinderpuder und Badezusatz. Dass dieser Stein auf dem Wasser schwimmt und das Heilwasser häufig Flaschen zersprengt, verlieh ihnen etwas Magisches.
Von Thannhausen im Mindeltal aus geht es durch die Hansenhohl, eine ca. 10 m tiefe, periodisch wasserführende Schlucht, die mit ihrem Hang- und Schluchtwald eine Rarität im Naturraum darstellt, der jedoch durch forstwirtschaftliche Nutzung stark degradiert ist.

Ausgangspunkt: Bushaltestelle Mariä Himmelfahrt Thannhausen (499 m, AVV-Bus 600 Augsburg – Thannhausen/Krumbach), Parken Mo–Fr auf 2 Stunden begrenzt (**Navi:** 86470 Thannhausen, Christoph-von-Schmid-Str. 11).
Höhenunterschied: 110 m.
Anforderungen: Von der Wegbeschaffenheit her problemlose Wanderung. Dafür ist mehr auf die Wegführung zu achten, da teils nicht beschildert. Bei Nässe Rutschgefahr in der Schlucht.
Einkehr: Restaurants und Cafés in Thannhausen.
Tipps: Krimi-App »Sabotage im Hansenhohl«, zahlreiche Sehenswürdigkeiten und Naturfreibad in Thannhausen (www.app.quiztour.de).

Von der **Bushaltestelle Thannhausen (1)**, 499 m, nahe der 1740/41 erbauten, katholischen **Kirche Mariä Himmelfahrt** mit Pyramidenturm gehen wir am neuen Rathaus mit Denkmal für Christoph von Schmid, dem Verfasser des Textes des bekannten Weihnachtslieds »Ihr Kinderlein kommet«, vorbei. Dieser war 1796–1816 Benefiziat in Thannhausen, Schuldirektor und ein großartiger Erzähler. Den Raiffeisenplatz passieren wir geradewegs. Hier steht links das dreigeschossige Alte Rathaus, 1876 in Neurenaissancefor-

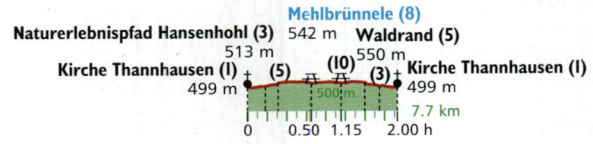

Über Treppen und Brücken geht es abenteuerlich durch die Schlucht Hansenhohl.

men neu erbaut (weitere Denkmäler im Kreuzungsbereich). Die Augsburger Straße bringt uns zum Kreisaltersheim, dem einstigen Krankenhaus, wo sich neben der 1602 erstmals erwähnten St. Leonhardskapelle, einer Wegkapelle mit der schmerzhaften Muttergottes, und einer Bushaltestelle auch eine **Naturpark-Infotafel (2)**, 510 m, befindet. Nun folgen wir dem mit einem Holzgeländer versehenen Fußpfad und gelangen an Hochwasserschutzeinrichtungen sowie den ersten beiden Tafeln vorbei in die bewaldetete Schlucht hinein. An der dritten Tafel des **Naturerlebnispfades** »Die Wege des Wassers« **(3)**, 513 m, wandern wir geradeaus weiter durch den Schluchtwald Hansenhohl, passieren die Infotafel zu typischen Tieren und Pflanzen und eine Holzbrücke, wo wir am Rückweg einmünden werden. Es geht an weiteren Stationen vorbei, über teils steile Treppen hinauf. Zweimal biegen wir links ab. Wegweiser »Rundweg Hansenhohl« zeigen die Route an. Teils geht es auch über Stufen steil hinab und wieder hinauf. Wir gelangen an einer Seitenschlucht vorbei. Dann queren wir eine große Stahlbrücke, die nicht nur für Technikfreaks interessant ist, und bald eine kleine **Brücke (4)**, 529 m. Hier folgen wir den Stufen rechts hinauf und gelangen zum **Waldrand (5)**, 550 m, an

Spiel- und Infotafel am Naturerlebnispfad Hansenhohl.

dem wir nach links entlangwandern. Rechts begleiten uns Birken. Dann stoßen wir auf einen asphaltierten Feldweg, in den wir nach links einbiegen. Wir folgen ihm gut 150 m, dann nehmen wir den grasigen **Feldweg (6)**, 559 m, nach rechts, der uns geradewegs in den nächsten Wald hineinführt. Dieser ist als Fichtenforst ausgestaltet, wird aber derzeit in einen Laubwald umgewandelt. An der Einmündung folgen wir dem Forstweg kurz scharf nach rechts, um ihn nach gut 50 m auf einem anfangs und am Schluss etwas grasigen und feuchten **Naturweg (7)**, 557 m, nach links zu verlassen. Letzterer mündet in einen Forstweg, wo es nach links weitergeht. So gelangen wir zu einer Kreuzung, an der ein Schild nach rechts zum **Mehlbrünnele (8)**, 542 m, weist, das wir über einen Fußpfad erreichen. Dort befinden sich auch ein Wassertretbecken und ein großer Pavillon. Allein die Nähe zur viel befahrenen B 300 trübt die Idylle dieses Rastplatzes. Nun halten wir uns links, ein teils etwas feuchter Fußpfad bringt uns zur Bundesstraße, entlang der wir dem Geh- und Radweg nach links folgen. Nach der Abzweigung von der Umgehungsstraße Richtung Thannhausen treffen wir auf einen von links einmündenden asphaltierten **Feldweg (9)**, 560 m – hier werden wir später abbiegen. Noch ein Stück geradeaus, dann queren wir – links der Hof Ziegelstadel – an einem mächtigen Bildstock die Straße und wandern an der alten Tonfabrik, die früher Gießerei-Bentonite herstellte, vorbei und dann an der Schieberstation nach links. Gleich führt ein Grasweg nach rechts und bald nach der Schranke gelangen wir durch den Wald zu einer **Grillhütte (10)**, 545 m, gelegen auf einem nach drei Seiten abfallenden Sporn. Hier war einst die Hohensteinquelle gefasst. Nun auf gleichem Weg zurück bis zum asphaltierten **Feldweg (9)**, dem wir nach rechts folgen. Schon bald auf bekanntem Weg bis zur kleinen **Brücke (4)** zurück, wo wir jetzt geradeaus weitergehen. Nach Querung des Schluchtgrundes führt der Weg steil hinauf. Dann biegen wir links ab und wandern nun auf breitem Waldweg am Nordhang der Schlucht an der Station zum Bodenleben vorbei weiter, bis uns der Wegweiser nach links weist. Die Holzbrücke überquert, geht es auf bekanntem Weg zum **Ausgangspunkt (1)** zurück.

2.20 Std.

Von Aletshausen über Gaismarkt 10

Durch die Täler von Haselbach und Adelgerngraben zur Lourdesgrotte

Diese Wanderung führt uns aus dem Kammeltal hinaus auf ruhigen Wegen an Wiesen und Feldern vorbei sowie durch Wälder. Wir streifen durch romantische Täler mit sanft sprudelnden Bächlein und erreichen kurz vor Aletshausen die beeindruckende Lourdesgrotte mit Quelle und Kreuzweg. Errichtet wurde sie 1901 in hoffnungsvoller Erwartung auf das neue Jahrhundert.

Ausgangspunkt: Bahnhof Aletshausen (526 m). Autofahrer starten die Tour am besten hinter der Kirche (Parkplätze bei Kammelbrücke, **Navi:** 86480 Aletshausen, Haupeltshofer Str. 2).
Höhenunterschied: 120 m.

Anforderungen: Ein Teil der Tour ist ausgeschildert, doch fehlen zwischendurch immer wieder Schilder, weswegen etwas Orientierungsvermögen erforderlich ist. Auf kurzen Abschnitten ungepflegte Wege.
Einkehr: Gasthaus Hirsch Aletshausen.

Vom **Bahnhof Aletshausen (1)**, 526 m, auf der Bahnhofstraße geradeaus über die Kammel und den von ihr abgeleiteten Mühlkanal. Rechts eine stillgelegte Mühle. An der Einmündung folgen wir der Schulstraße nach links in einem Bogen zur Krumbacher Straße. Hier stehen links zwei Steinlinden (ND), die einen Bildstock aus dem 18. Jh. flankieren. Es geht kurz nach rechts, dann folgen wir nach links dem Gaismarkter Weg, der uns, gleich nochmal nach links, aus dem Ort hinausbringt. Nach dem Sportheim wandern wir an der Kreuzung geradeaus weiter, nun auf gekiestem Spurweg aufwärts. Der Ort links oben ist Hohenraunau, zudem lohnt sich ein Blick zurück. Kurz vor dem Wald geht der Kiesweg in einen Grasweg über. Im Fichtenforst halten wir uns gleich an einer Futterstelle links und folgen kurz einem Pfad durch hohes Gras hinab. Er mündet in einen Waldweg (hier bereits erster Blick auf Niederraunau), dem wir nach links folgen. In der nächsten Rechtskurve befindet sich links ein mittelalterlicher **Burgstall (2)**, 539 m, der aus Vorburg und südlich anschließender Hauptburg besteht und auf dem wohl im 14. Jh. der Ortsadel von Berg saß. Wir folgen weiter dem Weg, der uns an jungen Aufforstungsflächen vorbei zum nächsten Hochwald bringt. Hier wandern wir, entgegen der Wegweisung R5, nach rechts weiter, es geht etwas aufwärts. Bald begleitet uns rechts der Waldrand, und nach links bietet sich ein schöner

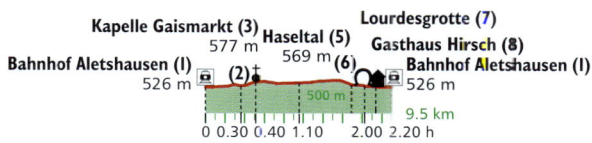

Blick ins Kammeltal mit Niederraunau und Krumbach. Dann weiter hinauf nach **Gaismarkt**, das wir über die Straße »Tobel« erreichen. An der **Kapelle (3)**, 577 m, zunächst kurz nach rechts, gehen wir an der Trafostation nach links auf dem Zeller Weg wieder aus dem kleinen Dorf hinaus.

An Holzstößen und einem Wegkreuz mit Bank sowie Wiesen und Äckern vorbei gelangen wir zu einer Weggabelung (ab hier lückenhaft beschildert) mit Hochsitz, wo wir uns rechts halten und dem asphaltierten Feldweg hinab in ein Tal folgen, das von Gaismarkt herabzieht. Hier folgen wir der Kreisstraße kurz nach rechts und wandern an der nächsten Abzweigung nach links am Waldrand entlang weiter. Dann geht es in den Wald hinein. Anfangs ist der Weg beschildert, doch dann verlassen wir ihn in der nächsten Rechtskurve nach links. Ein Waldweg führt uns durch die Abteilung Weihergehau, deren Namen wir an der nächsten **Wegkreuzung (4)**, 567 m, nachvollziehen können, denn links unten befindet sich ein Weiher. Wir gehen geradeaus weiter, bald schließt ein kurzes, ungepflegtes Wegstück mit hohem Gras an. Doch dann öffnet sich der Wald und wir wandern am Waldrand entlang durch das romantische **Haseltal** mit Blick auf Winzer. An einem Hochsitz erreichen wir einen **asphaltierten Weg (5)**, 569 m, dem wir nach links folgen und den Haselbach überqueren. Wir verlassen ihn, wenn nach einer Feldscheune rechts ein Feldweg abzweigt. Wiederum den Haselbach gequert, geht es nun nach links an ihm entlang auf einem Grasweg. Im Bereich eines frei stehenden, ehemaligen Bauernhofs treffen wir auf die von Winzer kommende Straße, der wir kurz nach rechts folgen, um sie gleich nach dem Anwesen nach links wieder zu verlassen. Der Weg führt uns geradewegs durch die Flur und dann kurz durch Fichtenforst. Nachdem wir diesen wieder verlassen haben, bietet sich uns bei klarer Sicht ein herrlicher Ausblick ins Mindeltal mit Markt Kirchheim (Fuggerschloss) sowie im Süden der mächtigen Kirche von Pfaffenhausen, mit etwas Glück bei Föhn sogar auf die Alpenkette. Wir befinden uns nun übrigens auf dem Karl-Carstens-Weg, auf dem der einstige Bundespräsident während seiner Amtszeit (1979/84) Deutschland von Nord nach Süd durchwanderte. Wir folgen dem Weg nach rechts weiter – die Höfe gehören zur Streusiedlung Wasserberg, der einzigen im Landkreis Günzburg – und biegen dann in der nächsten Linkskurve nach rechts wieder in den Wald hinein ab. Hier halten wir

Blick ins Kammeltal Richtung Niederraunau und Krumbach.

uns gleich links, an zwei eingezäunten Bereichen gehen wir rechts am Zaun entlang. Dann wählen wir sogleich den etwas links versetzt beginnenden, unbeschilderten Grasweg zwischen Aufforstungsflächen hinab, der uns in einem Linksbogen auf einen Waldweg bringt. Mündet dieser in einen weiteren Waldweg, folgen wir zweiterem (nun wieder beschildert) nach rechts hinab. Er bringt uns schließlich aus dem Wald hinaus ins enge Tal des **Adelgerngrabens (6)**, 550 m – links weitere Höfe von Wasserberg. Den Graben überquert, führt uns der gekieste Spurweg mit Blick auf Hohenraunau an Wiesen vorbei hinab. So gelangen wir zum Friedhof, wo sich rechts die umzäunte Anlage mit Lourdesgrotte befindet. Über eine steile Treppe hinab erreichen wir die hölzerne **Lourdesgrotte (7)**, 538 m, mit zahlreichen Votivtafeln unterschiedlichster Datierung und einer Quelle. Dann gehen wir an den Kreuzwegstationen vorbei durch die hübsche Anlage und erreichen wieder das Kammeltal. In Aletshausen queren wir die Krumbacher Straße in einem Rechts-Links-Schlenker. Bald lädt das **Gasthaus Hirsch (8)**, 529, mit Biergarten zur Einkehr. Nach rechts gelangen wir zur **Kirche Heilig Kreuz (9)**, 526 m, wo wir links weitergehen. Über die Kammel mit dem Brückenheiligen Nepomuk und dann direkt vor den Gleisen nach rechts (Radweg/Gewerbegebiet) geht es zum **Bahnhof (1)** zurück.

Detailansicht der Lourdesgrotte.

Auf den Spuren der Fugger

Von Babenhausen nach Reichau

Erstmals ist 1237 ein Schloss in Babenhausen erwähnt. 1538 erwarben es die Fugger zusammen mit der Lehensherrschaft und ließen es ab 1541 fast völlig neu errichten. Umgestaltungen fanden im 18. und 19. Jh. statt. Diese rege Bautätigkeit sorgte für einen merklichen Aufschwung des Ortes. Noch heute ist das weitläufige Schloss mit Fuggermuseum und herrlichen Gartenanlagen im Besitz der fürstlichen Familie Fugger-Babenhausen und Wahrzeichen des Marktes. Direkt an das sogenannte Neue Schloss grenzt die spätgotische Pfarrkirche St. Andreas an. In früheren Zeiten besaß der heutige Marktort die Stadtrechte, die er jedoch bereits im 14. Jh. wieder verlor.

Ausgangspunkt: Busbahnhof Babenhausen (541 m) in der Bahnhofstraße (zahlreiche VVM-Linien), Parkmöglichkeiten »Am Anger« bei Günzbrücke (**Navi:** 87727 Babenhausen, Am Anger 13) oder am Fuggerweiher (**Navi:** 87727 Babenhausen, Memminger Str. 17).
Höhenunterschied: 300 m.
Anforderungen: Ausdauer, da sehr lange Wanderung. Größtenteils beschildert.
Einkehr: Unterwegs keine. Zahlreiche Einkehrmöglichkeiten in Babenhausen.
Variante: Beenden der Tour in Reichau und Boos möglich, Rückfahrt mit Bus (Vorsicht, v. a. am Wochenende Rufbus, www.vvm-online.de).
Tipps: Für Kinder geeignet, aber Varianten wählen/kürzen.

Vom **Busbahnhof Babenhausen (1)**, 541 m, aus gehen wir kurz nach Süden und biegen gleich nach der Feuerwehr rechts ab. An der Einmündung nach links. Auf dem Weiherweg durch ein Mischgebiet sowie an einem Wohngebiet entlang. Dann gelangen wir über den Auerbach zum **Parkplatz (2)**, 546 m, (alternativer Startpunkt, Wanderkarte) am idyllisch gelegenen **Fuggerweiher**, der von ersterem gespeist wird. Nach links am Ostufer entlang, wandern wir, stets Richtung Klosterbeuren, am Bade- und Jugendzeltplatz vorbei. Dann geht es am Rand des Fürst-Fugger-Waldes entlang, später sehen wir rechts Winterrieden liegen. An einem Feldkreuz mit Bank unter einer mächtigen Linde vorbei, erreichen wir **Klosterbeuren** – hier an der Einmündung nach links. Dann folgen wir der Dorfstraße nach rechts. Sie führt uns an einigen hüb-

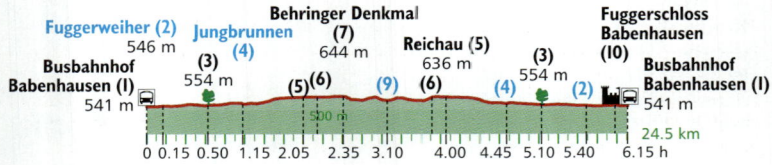

schen, stattlichen Bauernhäusern vorbei zur **Dorflinde (3)**, 554 m, ND, Wandertafel. Nun folgen wir ihr weiter nach rechts. Sie führt uns an der ehemaligen Klosterwirtschaft (Nr. 52) vorbei – gegenüber ein Spielplatz mit Rastbank, dahinter das einstige Gästehaus, mit der ehemaligen Klosterkirche St. Ursus der letzte Rest des einstigen Klosters. In der Kurve geradeaus auf der Reichauer Straße weiter, die wir aber nach ca. 150 m nach links verlassen. Über den Otterbach und in einem Bogen um den Sportplatz herum auf den Hügelsporn hinauf, geht es mit Blick auf das Ziegelwerk von Klosterbeuren weiter. Bis zur Säkularisierung gehörte es dem Kloster, das seit dem 14. Jh. Ton abbaute und zu Ziegeln brannte. An einer Weggabelung halten wir uns rechts.

Die katholische Pfarrkirche St. Michael ist in das Fuggerschloss integriert.

Auf dem Grasweg wandern wir ein Stück am Waldrand entlang und dann nach rechts in den Wald hinein. Etwas hinab erreichen wir den **Jungbrunnen (4)**, 567 m, ein Kneippbecken, das romantisch am Otterbach liegt (Rastmöglichkeit). Nach der feuchten Senke führt uns ein Grasweg etwas hinauf, dann biegen wir links in das Forststräßchen ein. Stets der Beschilderung nach Reichau folgend, wandern wir durch den Wald hinauf – unterschiedliche Waldbilder wechseln sich ab. Schließlich gelangen wir auf eine große Rodungsinsel mit dem Ort **Reichau**. Stets geradeaus auf den Kirchturm zuhaltend, wandern wir an hübschen Anwesen vorbei – für Kinder gibt es hier so einiges zu entdecken. Nach dem ehemaligen Schulhaus befindet sich rechts ein Spielplatz, dann folgen wir in der Kurve vor der **St. Anna-Kirche (5)**, 636 m, der Straße nach links. Nun Richtung Behringer Denkmal geradewegs aus dem Ort hinaus. Am Ortsschild schließt ein Kiessträßchen an, links liegen als Jahrhunderten die Einödhöfe in den Josten. Kurz vor dem Wald befindet sich rechts das in den Nachkriegsjahren erbaute und bis 1999 als solches fungierende fuggersche **Forsthaus (6)**, 637 m, wo wir später einmünden werden. Doch nun wandern wir erst einmal nach links am Waldrand entlang, dann nach rechts in den Wald hinein und schnurgerade auf das **Behringer Denkmal (7)**, 644 m, zu (auch »das Monument« genannt), einem über zwei Meter hohen Obelisken aus Sandstein mit geschmiedeter

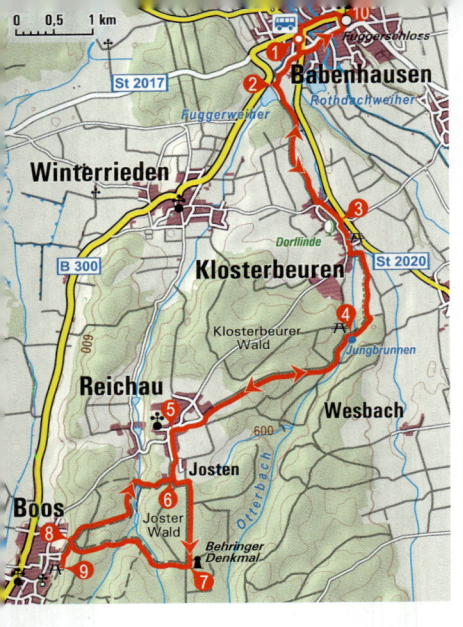

und vergoldeter Fuggerlilie. Nach rechts nun Richtung Kneippanlage Boos. Bald auf einem Grasweg etwas steiler hinab. Nach Querung des Dürrenbachs (selten wasserführend) biegen wir nach rechts in den Kiesweg ein. Dieser mündet bald in einen weiteren Forstweg, dem wir nach rechts folgen. In einer feuchten Senke queren wir den Auerbach, dann geht es durch einen kleinen Hohlweg wieder hinauf. Auf der Höhe queren wir einen Forstweg und wandern bis zur Einmündung **(8)**, 626 m, kurz nach einer Hütte hinab. Von hier aus können wir einen lohnenswerten, da aussichtsreichen Abstecher einlegen. Dafür nach links hinab und an einem Spielplatz mit erster Aussicht nach links am Ortsbzw. Waldrand entlang. Nach einem kurzen Stück durch den Wald erreichen wir die **Kneippanlage Boos (9)**, 601 m. Hier lädt eine Rastbank mit herrlicher Aussicht auf den Ort mit seiner Kirche St. Martin sowie die Illerebene zum Verweilen ein. Auf gleichem Weg zurück zu **(8)**, dann folgen wir jedoch der Beschilderung nach Reichau. Erst hinauf, wieder den Forstweg gequert, dann auf einem Grasweg hinab, gelangen wir zum idyllisch gelegenen Waldweiher. An dessen Damm halten wir uns links, ebenso vor der Schranke und wandern teils durch feuchten Wald oberhalb von weiteren Weihern neueren Datums weiter. An der Einmündung nach rechts, am Ufer eines weiteren Fischweihers entlang – gespeist werden diese Weiher vom Auerbach – und dann durch den Wald wieder in einem Hohlweg hinauf. Ab dem **Forsthaus (6)** wandern wir auf gleichem Weg zurück nach **Babenhausen**, wo wir an der Feuerwehr nicht links abbiegen, sondern geradeaus der Radwegbeschilderung folgen. Über den Klosterbeurener Bach, die Günz sowie den Mühlbach, der im späten Mittelalter von der Günz abgezweigt wurde, um zwei Mühlen anzutreiben, und dann am schmucken Gasthaus Rößle nach links zum Rathaus und **Fuggerschloss (10)**, 552 m. Die belebte Stadtgasse mit vielen denkmalgeschützten Gebäuden nach links bringt uns über den Mühlbach – links die 1395 erstmals erwähnte Stadtmühle mit heute noch betriebenem Sägewerk – und die Günz, dann erreichen wir nach links über die Bahnhofstraße wieder den **Ausgangspunkt (1)**.

2.45 Std.

Auf den Spuren Kneipps ab Bedernau 12

Wallfahrtskirche und Naturtherme

Hier hat es der Untergrund in sich! 1964–95 förderte man Erdöl, das sich in den porösen tertiären Bausteinschichten in etwa 1400 m Tiefe gesammelt hatte. Entstanden ist es aus pflanzlichen und tierischen Resten der darunterliegenden Rupel-Tone unter Temperaturen von bis zu 100°C. Das Erdöl folgte den geologischen Strukturen bis ins besagte Speichergestein, wo es durch toniges Deckgestein und eine anschließende Bruchstruktur am Weiterwandern gehindert wurde. Nach Einstellung der Erdölförderung blieb die ebenfalls erbohrte, 29°C warme Thermalquelle zurück, die anerkannte Heilwasserqualität aufweist. So wurde 2007 eine Naturtherme mit Naturschwimmteich, Dampfbad und Kneippanlage eröffnet. Aufgrund verbesserter Explorationstechniken werden seit 2009 wieder Probebohrungen durchgeführt, um auch das restliche, qualitativ hochwertige Erdöl zu fördern.

Ausgangspunkt: Kirchberg Bedernau (577 m), Parkmöglichkeit nahe Kirche alternativ Naturtherme Bedernau (**Navi:** 87739 Bedernau, Hohenschlauer Str. 25), VVM-Haltestelle Lagerhaus (921 Babenhausen – Mindelheim).
Höhenunterschied: 160 m.

Anforderungen: Keine. Problemlose Wanderung auf Feldwegen, Pfaden und wenig befahrenen Straßen. Fast ausschließlich beschilderte Wege.
Einkehr: Landgasthaus Maucher in Baumgärtle, Schloßwirtschaft in Bedernau (nur So mittags).

Wir starten am Kirchberg, wo zwischen **Kirche** St. Georg und **Schloss (1)**, 577 m, die durch einen Verbindungsgang verknüpft sind, ein beschilderter Fußweg Richtung Baumgärtle abzweigt. Auf diesem hinab, geht es bald am Krumbächlein entlang – links ein Prallhang mit Weide. Leicht nach rechts versetzt, wandern wir nach einer Straße zwischen Krumbächlein und Fischteichen (teils mit Schilf) auf dem Graspfad weiter. An der Einmündung gehen wir kurz nach rechts (nach links ginge es zur Naturtherme), um dann dem Feldweg hinauf zu folgen. In den Wiesen die Dreifaltigkeitskapelle. An einem Bächlein entlang wandern wir auf ein Wäldchen zu, das wir beim Erreichen gleich nach rechts verlassen. Der grasige Feldweg führt uns hinauf zu einer neuen **Erdölbohrung (2)**, 605 m, mit erster Aussicht. Hier nach links weiter. Sanft hinab in ein Bachtal zu einer Feldscheune und dann an Wiesen und ei-

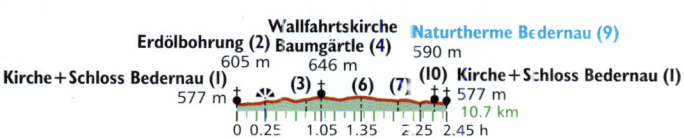

69

nem hölzernen Marterl vorbei wieder aufwärts, wandern wir in einer Rechtskurve halb links weiter zum Waldrand – ein gelegentlicher Blick zurück lohnt sich. Am Waldrand geht es nun aussichtsreich entlang, bis uns die Beschilderung nach links in den Wald hineinweist. Durch diesen hinab, wandern wir in einer Linkskurve geradeaus auf dem Grasweg weiter, der uns hinab zur Vorderen Gutnach führt. Diesen recht naturnahen Bach queren wir auf einem Holzsteg und verlassen geradewegs den Wald. Der grasige Feldweg führt uns an einem Feldkreuz mit Bank vorbei hinauf nach **Brandstetten (3)**, 624 m. An der Einmündung der kaum befahrenen Straße nach rechts gefolgt, verlassen wir nach schmucken Häusern den Weiler und wandern mit herrlichem Blick auf die neubarocke **Wallfahrtskirche Baumgärtle (4)**, 646 m, von 1882/83 weiter, die wir kurz vor der Einmündung nach links über einen Feldweg an einem wunderschönen Kreuzweg mit kindgerechter Version vorbei erreichen. Seit dem 18. Jh. wird eine nach Vorbild der Altöttinger Madonna bekleidete Muttergottesstatue verehrt. Das ab 1735 eingerichtete kleine Franziskanerkloster wurde 1805 aufgehoben. Seit 1872 betreuen die Missionare vom Kostbaren Blut die Wallfahrt. Am ehemaligen Forsthaus (Nr. 8, heute Begegnungsstätte), gegenüber das Landgasthaus Maucher, verlassen wir den Ort nach links. Auf der wenig befahrenen Straße gelangen wir hinab ins landschaftlich reizvolle Tal der Vorderen Gutnach und dann wieder hinauf. Weist uns ein Schild nach links an einer Hecke entlang **(5)**, 640 m, folgen wir dem aussichtsreichen Feldweg, bis er in einen mit Rasengittersteinen befes-

Die Naturtherme von Bedernau mit Kneippanlage.

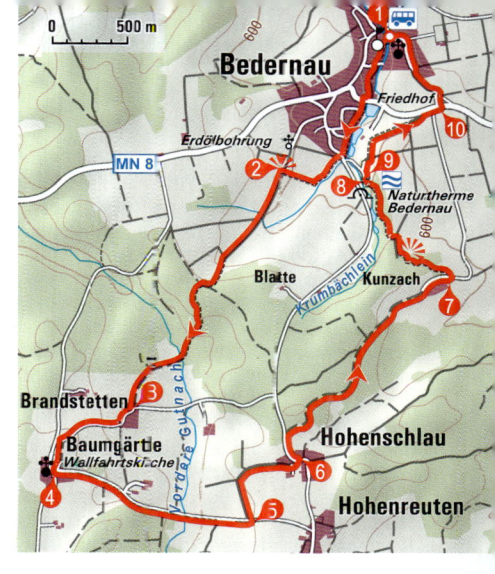

tigten Spurweg einmündet, auf dem wir rechts hinauf nach **Hohenschlau (6)**, 650 m, wandern. Hier halten wir uns links und folgen kurz der Straße nach Bedernau, um sie bereits am Waldrand wieder nach rechts zu verlassen. Am Waldrand entlang, durch den Wald und an Wiesen und Weiden vorbei zur Einöde **Kunzach (7)**, 612 m. Nach den Gebäuden biegen wir links in einen Feldweg ab, der uns kurz am Waldrand entlang hinauf- und dann unbeschildert nach halb rechts in den Wald hineinführt. Der nächste Wegweiser steht unterhalb der Hangkante. Nach der Feuchtstelle halten wir uns rechts und streben Waldrand und Weidezaun zu. Von dort herrliche Aussicht auf die Talungen von Kammel, Mindel und Flossach. Nach links geht es aussichtsreich am Waldrand entlang. Vienweiden grenzen an, dann gelangen wir geradewegs in den Wald hinein. War der Untergrund erst noch feucht, so wird er jetzt sandig. Beides ist Obere Süßwassermolasse, die hier mergelig oder sandig ausgeprägt ist. Rechts befindet sich eine alte Sandgrube im Hang, nach links fällt dieser steil zum Krumbächlein ab, das zu mehreren kleinen Teichen aufgestaut ist. Weiter durch den Hangbuchenwald. Dann führt nach links ein Pfad und anschließend eine Treppe steil hinab (Vorsicht, bei Nässe besser geradeaus weitergehen). Von der nahe des Baches gelegenen **Grotte (8)**, 588 m, aus erreichen wir nach rechts gleich die **Naturtherme Bedernau (9)**, 590 m, davor eine Kneippanlage mit Infotafel. Wenige Meter weiter eine alte Förderpumpe mit Infotafel. Nun gehen wir, von der Beschilderung abweichend, geradeaus weiter und nehmen gleich in der Rechtskurve noch bei den Parkplätzen den von einigen Sträuchern und Ranken gesäumten Grasweg geradeaus. Er führt uns am Rand von Wiesen hinauf und in einem Rechtsbogen aussichtsreich weiter. An der Einmündung streben wir der Straße zu und folgen ihr nach rechts zum **Friedhof (10)**, 592 m. Einst befand sich dieser bei der Kirche, wurde jedoch 1808 hierher an die Stelle des einstigen Pestfriedhofs verlegt. Uns links haltend, wandern wir auf dem Geh- und Radweg direkt auf die Kirche von **Bedernau (1)** zu, die wir am Zehentstadel (1763) vorbei erreichen.

13 Mindelheim

Romantische Altstadt, Mindelburg und Naturlehrgarten

Mindelheim, 1046 erstmals erwähnt, nahm mit seiner Lage an der Salzstraße von München über Landsberg nach Memmingen und weiter zum Bodensee und in die Schweiz eine stetige Entwicklung und erhielt bereits 1250 das Stadtrecht. Über der malerischen historischen Altstadt mit Kirchen, Klöstern, Bürgerhäusern und Resten der mittelalterlichen Stadtbefestigung ragt der einstige Herrschaftssitz, die Mindelburg, auf. Sie hat ihr Aussehen im Wesentlichen durch das Geschlecht der Frundsberg im 15. und 16. Jh. erhalten. Hier lebte auch Georg I. von Frundsberg (1473–1528), der als »Vater der Landsknechte« gilt, welche als zu Fuß kämpfende Söldner im späten 15. und 16. Jh. wegen ihrer fortschrittlichen und disziplinierten Kampfweise gefragt, aber auch als Plünderer und Marodeure gefürchtet waren. Als der letzte Frundsberg 1586 kinderlos starb, fielen zwei Drittel der Herrschaft Mindelheim samt Mindelburg durch Erbe an die Fugger, welche sie aber 1616 nach langwierigen Erbstreitigkeiten wieder an den bayerischen Herzog Max verloren. Heute befindet sich in den Gebäuden ein Verlag, doch die Außenanlagen sind frei zugänglich.

Ausgangspunkt: Bahnhof Mindelheim (608 m, **Navi:** 87719 Mindelheim, Bahnhofstr. 1).
Höhenunterschied: 90 m.
Anforderungen: Keine. Durchgehend beschildert.

Einkehr: Zahlreiche Einkehrmöglichkeiten in Mindelheim, Burggaststätte auf der Mindelburg.
Tipps: Museen in Mindelheim, Mindelburg, Kapellen nur im Rahmen von Stadtführungen zu besichtigen.

Vom **Bahnhof Mindelheim (1)**, 608 m, aus folgen wir stets geradeaus der Bahnhofstraße an einigen denkmalgeschützten Gebäuden aus dem 19. Jh. vorbei. Auf der rechten Straßenseite sind das Postamt mit Treppengiebel und kleinem Walmdachanbau (Nr. 4), eine neubarocke Villa mit Mansardwalmdach (Nr. 10), ein Wohnhaus um 1900 (Nr. 14) sowie das ehemalige Amtsgericht (Nr. 18) zu nennen. Am fahnengeschmückten Kreisverkehr mit dem Europabrunnen als Symbol für völ-

Die Altstadt von Mindelheim.

Aussichtsturm Mindelburg (6) **Naturlehrgarten (8)**
663 m 617 m
Bahnhof Mindelheim (1) (5) (2) **Bahnhof Mindelheim (1)**
608 m (3) 608 m
8.0 km
0 0.30 0.50 1.10 2.00 h

kerverbindende Partnerschaften sehen wir den Gefängnisturm mit Spitzhelm. Wir halten uns rechts und queren an der Ampel die Straße. Hier das schmucke Gasthaus zur Siegeshalle von 1889. Die Maximilianstraße führt uns durch das **Obere Tor (2)**, 604 m, in die Altstadt an vielen weiteren Baudenkmälern sowie am Marienplatz mit Rathaus (lebensgroße Figur Georgs I. von Frundsberg) und Brunnen vorbei. Bevor wir durch das **Untere Tor (3)**, 602 m, die Altstadt verlassen, sehen wir rechts das ehem. Jesuitengymnasium (Nr. 60) sowie anschließend die Jesuitenkirche Mariä Verkündigung. An der Ampel geradeaus – links der Gasthof Dreikönig – gehen wir direkt vor der Mindelbrücke nach rechts zu den Infotafeln der Allgäuer Wandertrilog e. Auf der Holzbrücke über die Mindel. Nach einem Links-Rechts-Schlenker folgen wir der B18 noch ein Stück und verlassen sie in der Linkskurve geradewegs am ehem. Landratsamt vorbei, einem schmucken Bau von 1913, in dem heute Polizei und Vermessungsamt untergebracht sind. Nach der Liebfrauenkapelle, an die das ehemalige Leprosenhaus angebaut ist, können wir gleich nach links auf die **Hermeleallee (4)**, 611 m, wechseln – eine Lindenallee von 1723 (Denkmal und ND), die nach dem Mindelheimer Benefiziaten Johann Hömele (Hermele) benannt ist, der 1718 die Herrgottsruhkapelle am Ende der Allee erbauen ließ. Von Kreuzwegstationen begleitet, wandern wir steil hinauf, an der Lindenbrauerei vorbei, zur **Herrgottsruhkapelle (5)**, 640 m, (Blick durch das Gitter lohnt sich), von wo aus man einer zwar eingeschränkten, aber schönen Ausblick auf Mindelheim hat. Etwas weiter oben steht die Katharinenkapelle, die Maria Fugger erstmals 1606/07 im Gedenken an ihre verstorbene Mutter Katharina errichten ließ. Von hier aus soll man den schönsten Blick über Mindelheim haben! Wir wandern nun nach links durch den eschen-, ulmen- und ahornreichen Hangwald und nehmen nach Querung eines Hohlweges – hier hallenartiger Buchenwald – die Stufen hinauf. Nagelfluh, der wie Beton aussieht, ragt heraus. Ab

Im Naturlehrgarten des Bund Naturschutz in Mindelheim.

der mächtigen Linde mit Tafel geht es am oberen Rand der Mindelleite entlang, an Äckern und Wiesen vorbei. Nach links ist mal ein Abstecher in den Hangwald zu einem Bildstock von 1999 möglich. Bei klarer Sicht tauchen am Horizont die Alpen auf, unser nächstes Ziel, die Mindelburg, ist schon zu sehen. Auf einer Brücke über die viel befahrene B18, wandern wir geradeaus an einem Feldkreuz vorbei zur Brücke über den Burggraben. Über diese können wir einen Abstecher an der Burggaststätte (mit Biergarten) sowie Infotafeln und Burgkapelle vorbei zum **Aussichtsturm (6)**, 663 m, dem einstigen Bergfried der **Mindelburg**, machen und den Ausblick über Stadt und Mindeltal bis zu den Alpen genießen. Wieder zurück, wandern wir weiter am Waldrand entlang und dann nach halb links in den Wald hinein. Durch den artenreichen Hangmischwald gelangen wir hinab zur Eingangstafel des **Walderlebnispfades (7)**, 619 m. Nach links geht es nun an zahlreichen Tafeln vorbei, an denen man etwa sein Wissen über die heimischen Baumarten testen kann. So erreichen wir den liebevoll gestalteten **Naturlehrgarten (8)**, 617 m, in dem wir auf einem Rundweg die heimischen Pflanzen kennenlernen können. Auch ein Rastplatz ist vorhanden und für Kinder gibt es einen eigenen Abenteuer- und Erlebnisbereich. Auf dem Weiterweg passieren wir zahlreiche Bäche, die hier am Hang oberhalb im Bereich eines Quellhorizontes entspringen (»Sieben Quellen«). Am Ende des Walderlebnispfades queren wir nach rechts einen Bach und wandern Richtung Altstadt an Minigolfplatz, Freibad und Tennisanlagen vorbei. Nach dem Parkplatz Schwabenwiese gehen wir auf der Georgenstraße – rechts die Maristenkirche – zwischen Mindelkanal (links) und Mindel (rechts) weiter. Geradeaus schließt ein Fußweg an, der uns idyllisch weiter an der Mindel entlang bald mit Blick auf einen Reiterhof mit Solarmodulen auf dem Dach und zurück auf die Mindelburg schließlich wieder zur B18 bringt. Nach rechts gehen wir auf bekanntem Weg durch die Altstadt zum **Bahnhof (1)** zurück.

4.00 Std.

Bad Wörishofen 14

Große Runde im und um den Wörishofener Wald

Der aus ärmlichen Verhältnissen stammende Pfarrer Sebastian Kneipp hatte die Wasserkuren einst erfolgreich an sich selbst ausprobiert und durch kalte Waschungen, dreimal wöchentliche Bäder in der winterkalten Donau sowie Schlafen bei offenem Fenster im Januar seinen quälenden Bluthusten und seine ständige Müdigkeit geheilt. 1852 zum Priester geweiht, war er später als Pfarrer von Wörishofen tätig und entwickelte seine Wasser- und Kräuterheilkunde weiter. Als naturgemäße Grundlage sah er Luft, Licht, Bewegung, Ruhe und vernünftige Ernährung an. Trotz anfänglicher Skepsis baten bald Arme und Reiche um Kneipps Hilfe, sogar Papst Leo XIII. Dem damals noch beschaulichen Bauerndorf hat er durch sein Wirken zum Aufstieg zum weltbekannten Kurbad innerhalb weniger Jahrzehnte verholfen.

Ausgangspunkt: Bahnhof Bad Wörishofen (623 m). Hier ein kostenpflichtiges Parkhaus (**Navi:** 86825 Bad Wörishofen, Kaufbeurer Str. 4).
Höhenunterschied: 190 m.
Anforderungen: Lange Tour, die etwas Ausdauer erfordert.

Einkehr: Café-Restaurant Rehwinkel Osterlauchdorf, Landhote Hartenthaler Hof, Café Jagdhäusle, zahlreiche Gaststätten, Restaurants und Cafés in Bad Wörishofen.
Variante: Früherer Abbruch dank Bus (Kurlinie) möglich.

Vom **Bahnhof Bad Wörishofen (1)**, 623 m, aus folgen wir der Bahnhofstraße an den Lichtspielen vorbei. Am Luitpold-Leusser-Platz mit blumengeschmückten Inseln geradeaus weiter am Kurhaus mit dem Steinbrunnen vorbei, kommen wir in die Fußgängerzone. Der Bonifaz-Reile-Weg führt uns zur Kneippstraße – links das Kurtheater. Dann nach links auf der Promenade am Wörthbach entlang weiter. Wir gelangen am Kurhaus Sebastianeum, einem Neurenaissancebau aus den 1890er-Jahren, sowie am Denkmal für Pfarrer Sebastian Kneipp vorbei. Dann nach rechts in die Hans-Holzmann-Straße, von nun an den Wegweisern nach Schöneschach (Kneipp-Wanderweg) folgend, an einer Kneippanlage mit Edelsteinen vorbei. Der anschließende Franz-Kleinschrod-Weg bringt uns etwas ansteigend zum **Kurpark (2)**, 629 m – rechts Figuren von Kneipp und seinem Badearzt Alfred Baumgarten, links die Villa Baumgarten. In dem großzügigen Gebäude waren Wohnung und Arztpraxis untergebracht. Dann folgt die Gradieranlage. An zahlreichen Infotafeln vorbei durchwandern wir den Park, der 1890 im englischen Stil auf den Lehmgrubenfeldern der ehemaligen Ziegelei angelegt worden ist, auf breitem Asphaltweg geradeaus. Nach Duft- und Aromagarten sowie einem Infopavillon führt uns der Schöneschacher Weg weiter an St. Leonhard (Bildstock) und teils in einer Allee an zwei der Heiligen Drei Könige (Holzfiguren) vorbei etwas hinauf zum bewaldeten Kirchbichl. Dieser ist ebenso wie der Kurpark Teil eines FFH-Gebietes, dem einzigen Gebiet in Südschwaben, in dem sich die Bechsteinfledermaus fortpflanzt. Kurz auf einem Asphaltweg durch den Nadelwald hinauf, halten wir uns auf der Höhe rechts und wandern, nun auf einem Naturweg am Kreuz vorbei wieder hinab zum Waldrand. An diesem entlang mit Blick auf die Bungalows von Tannenbaum (rechts) sowie den Weiler Schöneschach weiter. Nach einem Feuchtwäldchen mit Eschen rechts durchwandern wir auf einem Pfad das Tälchen mit seinen Wiesen und gelangen dann hinauf nach **Schöneschach**, das auf mindelzeitlichen Moränenablagerungen liegt und wo wir geradewegs auf die 1603 neu errichtete **Kapelle St. Wolfgang (3)**, 673 m, zuhalten. Hier auch die **Dorflinde** (ND), die als Friedenslinde 1648 anlässlich des Endes des Dreißigjährigen Krieges gepflanzt worden ist, deren Äste jedoch 1998 zum 350-jährigen Jubiläum aus Sicherheitsgründen abgesägt werden mussten, sowie ein historischer Wegweiser, an dem wir kurz geradeaus weiterwandern, bevor es an der nächsten Straßengabelung (mit kleiner Blumeninsel) nach halb rechts weitergeht. Damit den Kneippweg verlassen, befinden wir uns nun auf dem »Karl-Carstens-Weg«. Der asphaltierte Feldweg

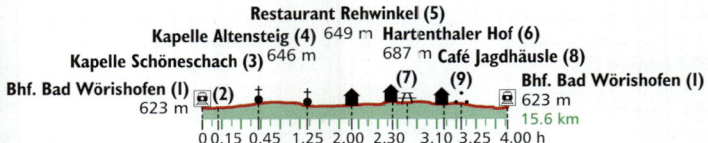

Blick über Altensteig ins breite Tal des Hungerbachs.

geht in einen gekiesten Spurweg über, wir wandern auf den Wald zu. An der Einmündung in einen ebenfalls gekiesten Spurweg geht es nach rechts weiter, erst am Waldrand entlang und dann kurz durch den Wald. Der Straße Bad Wörishofen – Altensteig folgen wir nach links. Sie mündet in die Schwäbische Bäderstraße, die zwischen Bad Wörishofen und Überlingen am Bodensee verläuft (Kreisstraße). Diese bringt uns (Vorsicht, hier links gehen und ggf. Seitenstreifen benutzen) wieder nach links, erst die bewaldete Mincelleite hinab und dann mit Blick auf die Mindelebene, die während Erwärmungsphasen des Eiszeitalters durch Schmelzwasserströme ausgeräumt worden ist, nach **Altensteig**. Das Dorf »An der alten Steige« lag früher an der für den Klosterverkehr bedeutsamen Straße Rettenbach – Ottobeuren. Dort gelangen wir für einen kurzen Abstecher nach rechts über die Adlerstraße und die Holzstufen hinauf zur **Kapelle St. Franziskus und Georg (4)**, 646 m, die an der steilen Mindelleite steht und einen schönen Ausblick auf Dorf und Mindelebene bietet. Wieder zurück an der Abzweigung, folgen wir dann der Brunnenstraße an ortstypischen Bauernhäusern vorbei, gleich links etwa mit Nr. 12 ein typisches Mitterstallhaus mit Wohnhaus, Stall und Scheune unter einem Dach, bis uns das Straßenschild nach Osterlauchdorf weist – rechts ein Brunnen. Über Stocketweg und Alpenstraße (Radwegbeschilderung) verlassen wir den Ort und gehen südwärts (bei klarer Sicht mit Alpenblick!) stets am Fuß der bewaldeten Leite an Wiesen und Weiden vorbei die Straße entlang. An einem weißen Flurkreuz vorbei nach **Osterlauchdorf**, wo wir an der Privatkapelle Heiligste Dreifaltigkeit vorbeikommen. Am Ende des Weilers lädt das **Café und Restaurant Rehwinkel (5)**, 649 m, mit Biergarten zur Einkehr. Gut 50 m weiter folgen wir dem links abzweigenden Wanderweg. Mit Blick auf wiesenreiches Gebiet sowie Lauchdorf, Baisweil und Großried geht es am Rand des buchenreichen Oberkopfwaldes entlang. Schwarze Erde deutet auf ein ehemaliges Niedermoor hin. Dann mündet unser Kiesweg in ein Sträßchen (auch Radweg). Es führt uns nach links hinauf an einem Rastplatz mit Alpenblick vorbei und weiter nach **Hartenthal**, wo wir am **Landhotel Hartenthaler Hof (6)**, 687 m, das traumhafte Alpenpanorama genießen können. Eine Tafel mit Panoramabild ermöglicht die Identifizierung einzelner Gipfel, ebenso ist eine Wetterstation mit Infotafel vorhanden. Nach dem Landhotel biegen wir gleich links ab und verlassen den Weiler an Bushaltestelle und Wanderkarte vorbei. Auf dem Asphaltsträßchen hinab. Endet der Gehsteig, so nehmen wir den grasigen Feldweg nach rechts, der uns nach einem Linksknick zum Waldrand hinaufbringt. Bei ungünstigem Untergrund einfach geradeaus weitergehen und am Waldrand nach rechts. Ab hier folgen wir den Wegweisern zum **Barfußpfad (7)**, 676 m. Neben einigen Quiztafeln des Waldlehrpfades stehen hier Infotafeln sowie eine Rastbank. Wieder zurück auf dem Hauptweg, gehen wir kurz nach links bis zur nächsten Kreuzung. An dieser nach links hinauf, nun auf dem Schwäbisch-Allgäuer-Wanderweg (blaue Andreaskreuze). Geradeaus an Pavillon und Bushaltestelle vorbei, wandern wir weiter durch den Wörishofener Wald. So gelangen wir zu einer großen Wanderwegkreuzung, wo wir dem Terrainkurweg 2 nach rechts folgen. Er führt uns bald hinab und mündet an einem Waldweiher in einen weiteren Forstweg. Auf diesem nach rechts gelangen wir nach dem Denkmal »Roter Keil«, wo das Sturmwurfholz von 1990 liegengelassen wurde, zu einer Kreuzung, von wo aus wir nach rechts durch eine Birkenallee einen Abstecher zum **Café Jagdhäusle (8)**, 655 m, mit Minigolfplatz machen können. Wieder zurück, geht es rechts idyllisch am Waldrand entlang weiter. An Tafeln des Waldlehrpfades vorbei folgen wir dann der Beschilderung zum »**Versunkenen Schloss**« (9), 666 m, deren Graben und Wall unser Waldweg schneidet. Es handelt sich dabei um die Reste eines frühmittelalterlichen Burgstalls (Tafel). Wir folgen weiter, bald am Waldrand mit Blick auf den Kurort entlang, dem Wanderweg, der schließlich in die Straße Bad Wörishofen – Schöneschach (Birkenallee) mündet. Nun dieser nach rechts auf dem begleitenden Fußweg gefolgt, gelangen wir nach links über einen Geh- und Radweg zum Kurpark, wo wir stets geradeaus weitergehen. Links St. Leonhard, erreichen wir an einem großem Teich mit Wasserfontäne vorbei den Infopavillon. Nun nach rechts auf bekanntem Weg durch den Kurpark sowie **Bad Wörishofen** zum **Bahnhof (1)** zurück.

Denkmal für Pfarrer Sebastian Kneipp in Bad Wörishofen.

Von Stadtbergen nach Bad Wörishofen

3 Tage 🚌❌ — **15** TOP

Drei Etappen auf dem Schwäbisch-Allgäuer-Wanderweg

Dieser verbindet seit 1978 Augsburg mit Sonthofen, ein Ast führt auch in die Kneippstadt Bad Wörishofen. Es geht stundenlang durch ausgedehnte Wälder, das idyllische Anhauser Tal mit seinen zahlreichen Fischteichen – eines der schönsten Täler des Naturparks Augsburg Westliche Wälder – und an der bewaldeten Oberkante der Wertachleite entlang. Immer wieder stehen an den Waldrändern Bänke mit schöner Aussicht – bei Föhn teils auch mit herrlichem Alpenpanorama. In Tussenhausen verlassen wir dann den Naturpark und wandern durch die wiesen- und waldreiche Schotter- und Altmoränenlandschaft zur weltbekannten Kurstadt Bad Wörishofen.

Wegweiser am Schwäbisch-Allgäuer-Wanderweg

Ausgangspunkt: Endhaltestelle Straßenbahnlinie 3 Stadtbergen (482 m).
Zielpunkt: Bahnhof Bad Wörishofen (623 m). Von hier aus Rückfahrt mit der Bahn über Türkheim und Buchloe.
Höhenunterschied: 930 m im Aufstieg, 790 m im Abstieg.
Anforderungen: Ausdauer erforderlich. Größtenteils sehr gut ausgeschildert bzw. markiert mit blauem Andreaskeuz (teils Schilder, teils an Bäumen, selten als Aufkleber an Verkehrsschildern). Nur kurze Wegstrecken ohne Beschilderung.

Einkehr: 1. Tag: Waldgaststätte Anhauser Tal, Gut Walden (nur Sa und So auch mittags), Gasthof Zum Grünen Baum, Reinhartshofen (Tel. +49 8203 221),
2. Tag: Wirtshaus beim Füchsle, Kirch-Siebnach, Markt Wald: Gasthof Zum Hirsch (Tel. +49 8262 1347),
3. Tag: Café Berghof, Tussenhausen, Gasthaus Häpfenbräu bei Rammingen, Waldrestaurant St. Anna, Restaurants, Cafés und Gaststätten in Dorschhausen und Bad Wörishofen.
Tipp: V. a. im Frühjahr und Herbst schön.

1. Tag (24,0 km, 300/220 Hm, 6.00 Std): Von der Endhaltestelle der Straßenbahnlinie 3 in **Stadtbergen (1)**, 482 m, aus gehen wir – entgegen der Beschilderung – am roten Backsteingebäude der Kreissparkasse entlang, danach links und queren sogleich an der Ampel die Straße. Nach links an ihr entlang, verlassen wir sie sogleich in der Linkskurve nach halb rechts. An der Einmündung Richtung Deuringen weiter. Nach einer Kleingartenanlage biegen wir direkt vor dem **Golfplatz Stadtbergen (2)**, 491 m, links ab. Auf dem Eibenweg nun südwärts – am abzweigenden Eugen-Rauner-Weg steht eine Naturpark-

Wandertafel. Im Bereich einer Hochspannungsleitung gelangen wir über einen Damm, der die Stadt vor den Wassern des Schlaugrabens schützt. Hier geradeaus, wandern wir an der nächsten Einmündung leicht nach rechts versetzt weiter. Der Kiesweg, von dem aus sich ein schöner Blick auf Stadtbergen und Augsburg mit dem Hotelturm sowie den ehemaligen Wasserturm mit Zinnen bietet, führt uns an einer Pferdekoppel entlang. Kurz auf dem Panoramaweg am Rande eines Wohngebietes entlang, dann wandern wir direkt nach einer mächtigen Eiche nach rechts weiter (Wegweiser). Nach den Wohnhäusern halb links durch den Wald hinauf, passieren wir den Sportplatz von Leitershofen geradewegs. Nach dem Wasserwerk geht es an einem die Aussicht verbauenden modernen Wohngebäude vorbei in den Wald hinein. An der Einmündung biegen wir rechts ab und wandern fortan auf dem gut ausgeschilderten Schwäbisch-Allgäuer-Wanderweg weiter. An einer hölzernen Aussichtskanzel sowie mit Namen versehenen Bäumchen vorbei, die zum Walderlebnispfad Leitershofen gehören, erreichen wir die **Augsburger Hütte (3)**, 540 m – Unterstand und Rastplatz mit Infotafeln zur Flora und Fauna des Waldes. Nun auf einem markierten Waldweg weiter geradeaus, dann biegen wir an der zweiten Kreuzung nach rechts ab und kommen hinab zum **Anhauser Weiher (4)**, 526 m, an dessen Ufer wir in einem Bogen entlanggehen. Weiter der Beschilderung durch den Wald gefolgt, wandern wir an einer Bank sowie einem Totholz erst ein paar Meter geradeaus, dann nach halb links weiter, am Hang eines Einschnitts entlang hinab durch einen großflächigen bodensauren Buchenwald in ein Bachtal. Ab einer weiteren Bank auf dem wurzeligen Pfad weiter. So queren wir den kaum wasserführenden, kleinen Bach und gelangen dann nach rechts weiter auf dem Pfad durch ein Feuchtgebiet und durchs Unterholz ins reizvolle Anhauser Tal. An einer mächtigen Eiche halten wir uns rechts und erreichen an einer weiteren einen besseren Kiesweg, dem wir nach links folgen. Rechts der Anhauser Zwiebelturm, dann queren wir den Anhauser Bach und biegen gleich am Sportplatz links ab **(5)**, 478 m – ca. 150 m nach rechts wäre die Waldgaststätte Anhauser Tal. An Bocciastadl, Parkplatz und Trimm-Dich-Pfad vorbei, geht es das Tal sanft aufwärts, wobei wir zwischendurch die Talseite wechseln und dabei den Anhauser Bach, der hier noch recht naturnah mäandrieren darf und einige Restfeuchtflächen aufweist, überqueren. Auf dem breiten Kiesweg geht es nun oberhalb der steilen Hangkante durch den Wald. In einer Linkskurve weist uns

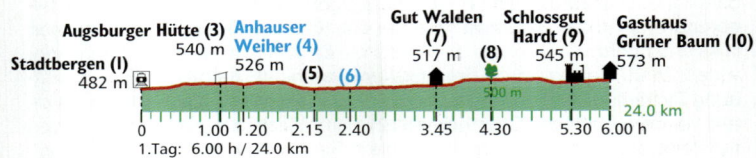

die Beschilderung nach rechts und, gleich nochmals rechts haltend, erreichen wir auf einem Pfad **Webers Brünnele (6)**, 485 m, einen lauschigen Rastplatz an einer Quelle mit Infotafel. Ein paar Stufen hinauf, dann sind wir bald wieder auf einem breiteren Weg, dem wir stets geradewegs durch den Forst folgen. Zwischendurch ein gekiestes Privatsträßchen gequert, streifen wir bald die Aue des Anhauser Baches. Mit Erlenaufforstungen und einzelnen offenen Wasserflächen ist sie ein wertvoller Lebensraum für Amphibien, Schmetterlinge und Vögel. Nach Querung des Anhauser Baches erreichen wir mit dem **Burlafinger Weiher** den nördlichsten der Fuggerschen Anhauser Fischweiher, der in viele kleine Becker aufgespalten ist. Weiter stets geradeaus wandern wir an der Burgwaldener Weiherkette mit Tannet-, Öd- (hier führt Weg idyllisch etwas oberhalb), Bruckmahd- (Bademöglichkeit) und einem namenlosen Weiher entlang. Rechts der Golfplatz, dann erreichen wir das Restaurant **Gut Walden (7)**, 517 m, im idyllisch gelegenen **Burgwalden** mit hübscher Kirche. Geradeaus am Fischhaus vorbei und dann am Schloßweiher entlang, in dem vom 16.–18 Jh. ein Wasserschloss stand. Danach biegen wir links ab und verlassen vorerst, den Anhauser Bach wieder gequert, das Tal an der **Buchkopfquelle**, einer der schönsten Quellen des Naturparks (kein Trinkwasser). Geradewegs durch den Wald hinauf, biegen wir auf der Höhe an der Rastbank rechts ab. An einer größeren Kreuzung etwas versetzt geradewegs weiter, die mit einer Tafel versehene **Bismarcklinde (8)**, 568 m, ND, rechts stehen lassend. Die Straße Straßberg – Reinhartshausen am Lindenberg-Parkplatz (P 63) überquert, wandern wir weiter geradeaus durch Misch- und Nadelwälder. An der Einmündung (mit Bank) erst halb rechts, gehen wir dann an der Kreuzung »Bei den fünf Wegen« (keine Tafel) geradeaus weiter. Nach einem Naturwaldreservat passieren wir im Bereich einer Stromtrasse einen nachhaltigen Christbaumverkauf. Am nächsten Wegedreieck rechts abgebogen, geht es nun hinab. Nach einem Linksknick fällt der Blick auf Reinhartshausen. Wir wandern durch eine Allee sowie an einem kleinen Spielplatz vorbei nach **Hardt** hinein. Beim Rastplatz am Maibaum folgen wir

Gut Walden in Burgwalden (rechts) und Kirche Unsere Liebe Frau und St. Franziskus (links).

weiterhin der Allee (Schloßanger) über den Anhauser Bach und weiter, nun mit Blick auf das Schloss, bis zur Einmündung. Hier links und direkt vor dem **Schlossgut (9)**, 545 m, wieder links. An der Mauer des heutigen Gutshofes entlang, folgen wir dem Weg an der Rückseite der Annakapelle vorbei und dann nach links über den Anhauser Bach – das ganze Tal ist hier von Pferdekoppeln eingenommen. Geht es wieder durch den Wald nahe seinem Rand talaufwärts an einem Erlen-Eschen-Streifen entlang, zweigt bald halb rechts ein anfangs sehr schmaler Pfad ab, der uns durch hohe Vegetation hinab zu den verträumt gelegenen Fischteichen von Hardt führt. Eine Tafel warnt hier vor Bibern, die Wege unterhöhlen, sodass Einsturzgefahr besteht. Nun wandern wir durch das Weihertal, der Reihe nach an Mühl-, Ziegel- (wegen lehmigem Boden hier ehemals Ziegelei), Ulriken- (unter der Ägide des Klosters St. Ulrich Augsburg angelegt) und dem Moosweiher vorbei. Stets geradeaus gelangen wir zuletzt an den Angerweiher, der auch Reinhartshofer Weiher genannt und seit jeher zum Baden genutzt wird. Geradeaus auf einem Pfad am röhrichtbestandenen Ufer entlang, dann durch Ufergebüsch und geradewegs die Wiese hinauf nach **Reinhartshofen**, wo wir an der Einmündung das **Gasthaus Grüner Baum (10)**, 573 m, mit Biergarten erreichen (Übernachtungsmöglichkeit).

2. Tag (25,7 km, 390/320 Hm, 6.30 Std.): Am **Gasthaus Grüner Baum (10)**, 573 m, kurz nach links, folgen wir dann stets der Leitenbergstraße aufwärts. Am Ortsrand geradeaus bis zur Straße weiter. Auf dem Geh- und Radweg kurz nach links, überqueren wir sie an der Rastbank (hier Wanderparkplatz 152). Es geht am Waldrand entlang weiter. Der Blick fällt auf ein Kreuz und das in die Landschaft eingebettete, auf der sogenannten »Sonnleite« gelegene »neue« Reinhartshofen. An der Bank halb links in den Wald hinein und stets geradeaus weiter. Später direkt an der Oberkante der Wertachleite entlang, gelegentlich ist auch ein Blick durch die Bäume ins Tal möglich. Geradewegs passieren wir **Schloss Guggenberg (11)**, 590 m (privat, keine Besichtigung). Weiter geradeaus am Zaun des Schlossparks entlang, dem Forstweg und den Windungen der Holzleite folgend – zwischendurch mit Ausblick ins Wertachtal. Dann verlassen wir in einer Rechtskurve die Leite und bald auch den Radweg nach links. Auf schlechtem Weg durch ein feuchtes Waldstück. An der Einmündung (geradeaus schimmert Leuthau durch), geht es nach rechts weiter, bis unser Weg auf die von dort kommende Straße trifft. Diese überquert folgen wir dem Geh- und Radweg nach rechts an einem Parkplatz vorbei bis zur Abzweigung nach Klimmach mit seiner Wallfahrtskirche Heilig Kreuz. Nach links nun durch den Wald und dann an seinem Rand entlang hinab in das Wiesental der Schwarzach. Diese gequert und kurz am Waldrand entlang, dann wandern wir scharf nach links in den Wald hinein. Kurz aufwärts, dann halten wir uns wieder links und wandern in einem Bogen nahe des Waldrandes – mit Blick auf das Wiesental – weiter, bis wir nahe des Waldrandes auf ei-

nen Querweg treffen. Hier biegen wir, entgegen der Beschilderung, rechts ab und folgen gleich dem Wegweiser »Keltenschanze 0,8 km« nach links. Nach einer Wiese und einer Kurve bringt uns ein beschilderter Pfad ein Stück in den Wald hinein zur **Keltenschanze Buschelgraben (12)**, 600 m, deren Wall mit vorgelagertem Graben noch gut zu erkennen ist. Wieder zurück auf dem Forstweg, wandern wir, jetzt ohne Beschilderung, auf diesem weiter. An der nächsten Wegkreuzung folgen wir dem Wegweiser »Um's Burgholz« nach links und gelangen auf dem etwas verwachsenen Grasweg geradewegs hinab zu einer Wiese, die wir queren. Mittels eines Steges über die Schwarzach und kurz nach links, wandern wir wieder auf dem Fernwanderweg an einem Graben mit Schilf entlang hinauf nach **Schwabegg (13)**, 612 m, wo uns die Leuthaustraße nach rechts zur Hauptstraße bringt. Nach einem Rechts-Links-Schlenker auf der Schloßbergstraße weiter durch den an der steilen Wertachleite gelegenen Ort, bald mit guter Aussicht, bei Föhn bis zu den Alpen. Nach einem Schild zur Herrgottsruhkapelle folgt gleich ein Wanderparkplatz **(14)**, 612 m, wo eine Tafel über den 1 km langen Natur- und Kulturlehrpfad zur **Haldenburg** informiert. Auch wenn wir den Rundweg nicht begehen, können wir auf unserem weiteren Weg am Waldrand entlang nach links einen Blick darauf werfen. Durch den Wald, biegen wir gleich nach dem Funkmast des Digitalen Behördenfunks an der Kreuzung mit Bank links in einen Waldweg ab. Nun stets den Wegweisern bzw. den blauen Kreuzen an den Bäumen gefolgt, gelangen wir auf einem Pfad durch ein Feuchtstück und zu einer Einmündung, wo sich dank Lichtung eine Aussichtsmöglichkeit bietet. Nach rechts hinab an den Waldrand mit Blick auf Forsthofen und Traunried sowie ins Wertachtal und an klaren Tagen bis zu den Bergen. Dann weiter hinab an den Ortsrand von **Forsthofen**, wo wir der Straße kurz nach rechts folgen, um dann links nach **Traunried** hinüberzuwandern. Hier biegen wir kurz vor der **Kapelle St. Wendelin** an einem **Wegkreuz (15)**, 585 m, und einer Wandertafel nach rechts ab und folgen dem Asphaltsträßchen über die aussichtsreiche Flur an einem Kreuz mit Bank vorbei. An der Weggabelung halb links, wandern wir auf den Wald zu. Geradewegs durch das Kirchenholz und nach links hinab nach **Kirch-Siebnach (16)**, 569 m, mit seiner katholischen Pfarrkirche St. Georg. Vom Parkplatz (Infotafeln) aus kann man einen Abstecher zum Gasthaus beim Füchsle machen. An der Einmündung folgen wir dem Sträßchen nach rechts – rechts sehen wir einige Häuser am Hang des einstigen Wertachufers und wirkungsvoll erhöht die Kirche am Rand der Lech-

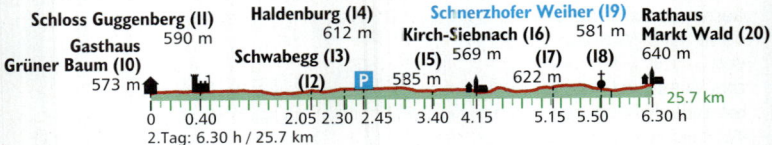

Der reizvolle Schnerzhofer Weiher.

Wertach-Ebene. Bei der nächsten Gelegenheit gleich wieder nach rechts. Nun geht es erst entlang eines Grabens mit Gehölzsaum, dann, an der Weggabelung halb links, am Waldrand entlang hinauf. Auf der Höhe des aussichtsreichen Rückens lassen wir einen einsamen Hof rechts liegen und wandern mit Blick über die bewaldeten Höhenzüge geradewegs hinab ins idyllische Tal zum Waldrand. Nach der 9. Station des Stauden-Meditationsweges überqueren wir die hier noch kleine **Schmutter**. In einer Rechtskurve in den Wald hinein, queren wir gleich die mäandrierende Erzrinne und folgen dann der Beschilderung nach links. Stets geradeaus teils durch Buchen-Mischwald zur Einmündung an der 8. Station des Stauden-Meditationsweges. Hier folgen wir dem Radweg kurz nach links, um ihn nach der Rechtskurve wieder nach links zu verlassen **(17)**, 622 m, kein Schild! Auf dem gekiesten Forstweg geradewegs durch den Wald, bis uns ein Schild nach rechts weist. Ab dem Waldrand mit Aussicht auf Schnerzhofen hinab – nach rechts mit Blick auf das hoch gelegene Markt Wald und den Funkturm – nach **Schnerzhofen**, wo wir nach rechts durch den Ort zur originellen **Wallfahrtskapelle St. Antonius von Padua (18)**, 603 m, gelangen, an die im Westen eine Eremitenwohnung angebaut ist, in der 1686–1781 als Mesner tätige Eremiten lebten. Geradewegs nun auf dem Geh- und Radweg entlang der Kreisstraße mit schönem Blick auf Markt Wald hinab zum **Schnerzhofer Weiher (19)**, 581 m, (Rotlachenweiher) mit Bademöglichkeit, Rastbänken und Grillstelle, im hier noch naturnahen und landschaftlich schönen Tal der Neufnach gelegen. Durch deren Aufstau entstanden, weist der reizvolle Weiher noch einen ökologisch bedeutenden Saum aus Schilf, Seggen und Hochstauden auf, den zahlreiche Vogelarten nutzen. Über den Damm (Hochwasserschutzanlage) und dann wieder auf dem Geh- und Radweg wandern wir weiter an der Kreisstraße entlang. Es geht an einem leider kaum von der Straße abgesetzten, aber dennoch schönen Wassertretbecken mit Rastplatz vorbei aufwärts nach **Markt**

Wald, wo wir kräftig ansteigend die Christoph-Scheiner-Schule passieren. Auf der Schnerzhofer Straße in Kurven zum **Rathaus (20)**, 640 m, dem einstigen Schulhaus, an der Einmündung in die Hauptstraße. Eine Tafel an der Wand erinnert an Christoph Scheiner, den von hier stammenden Jesuitenpater, Mathematiker, Physiker und Astronom. Im Ort gibt es mehrere Übernachtungsmöglichkeiten.

3. Tag (23,2 km, 230/240 Hm, 5.45 Std.): An der Wandertafel beim **Rathaus (20)**, 640 m, nach links und in der Linkskurve geradeaus, nun in der Turnhallenstraße weiter. Geradeaus über Schotter- und Grasweg sowie ein paar Stufen hinab zur schön gelegenen **Kneippanlage (21)**, 615 m. Hier überqueren wir die noch junge Zusam und wandern, den Kiesweg verlassend, direkt am Waldrand entlang, stets Richtung Zusamquelle auf den Funkturm zu. Bald wieder auf einem Kiesweg nahe am Waldrand entlang, führt uns dieser in den Wald hinein. Nun müssen wir aufpassen, um den ausgemähten, aber unbeschilderten Grasweg nicht zu verpassen, der links abzweigt und uns durch den Wald und über ein paar Stufen hinab zur **Zusamquelle (22)**, 627 m, Infotafel, bringt. Wieder zurück auf dem Grasweg, wandern wir geradewegs am **Funkturm** vorbei und folgen dann dem Wegweiser nach rechts. Nach dem Hildenbrand-Parkplatz gehen wir nach rechts im gemähten Seitenstreifen an der Staatsstraße entlang. In **Ziegelstadel (23)**, 639 m, nehmen wir an der Bushaltestelle den Kiesweg nach links durch den Wald. Bis Tussenhausen geht es nun durch den Angelberger Forst, der mit seinen teils naturnahen, laubholzreichen Mischwäldern und größeren Buchenwaldinseln als Jagdgebiet der in der dortigen Kirche ansässigen Mausohrkolonie als FFH-Gebiet geschützt ist. Die Straße beim Schellenberg-Parkplatz (Nr. 75) geradewegs überquert, wandern wir weiter auf dem Forstweg, stoßen an der nächsten Kreuzung auf den Radweg und folgen ihm nach rechts. Stets geradeaus erreichen wir eine Kreuzung mit einem Holzkästchen mit Figur vom Heiligen Antonius mit Kind an einem Baum. Hier sind wieder Wegweiser vorhanden – wir folgen ihnen nach rechts. Am Waldrand steht eine Bank mit hölzernem Krokodil und geschmücktem Marterl sowie schönem Ausblick auf Tussenhausen und ggf. die Berge. Nach links weiter hinab und geradewegs über den Döbeleweg teils mit Aussicht hinab. Rechts befindet

Alpakas im schwäbischen Tussenhausen.

sich mit dem **Café Berghof** eine weitere Einkehrmöglichkeit (Alpakas). Auf der Straße weiter hinab bis zur Einmündung. Hier gehen wir nach rechts durch **Tussenhausen (24)**, 574 m, wo wir kurz nach der **Kirche St. Martin** links in die Straße »Kirchenbächle« abbiegen. Auf dieser über einen von der Flossach abgeleiteten Mühlbach. An der Einmündung nach rechts weiter, bevor wir am Kruzifix (hier Aufkleber an Pfosten) halb links auf der Alten Ramminger Straße den Markt verlassen. Wir wandern mit Blick auf Mattsies – das erhöht stehende Gebäude in Blickrichtung ist das gleichnamige Schloss mit fünfgeschossigem Wohnturm. Zwei alte Weiden flankieren eine Bachbrücke. Im Bereich eines Pferdestalls mit Koppeln geht es an einem Feldgehölz halb rechts. Der weitere Wegverlauf über den landwirtschaftlich genutzten, aus Hochterrassenschotter bestehenden Osterberg ist an der nächsten Feldscheune aufgezeichnet. Über Feldwege gelangen wir links, rechts, geradeaus und wieder rechts über den aussichtsreichen Höhenrücken – auch ein Blick zurück empfiehlt sich. Dann gehen wir auf der nicht verfehlbaren Kreisstraße nach links an einem Feldkreuz vorbei und queren sie. Nun auf dem Feldweg stets südwärts. Links das Straßendorf Rammingen. Durch die wiesenreiche Landschaft und kurz durch den Wald, dann sind wir am **Gasthaus Häpfenbräu (25)**, 609 m, mit Biergarten. Wir queren nach rechts die Gleise und gehen auf dem mittleren Weg geradeaus weiter sanft hinauf. Auch am Waldrand wählen wir den mittleren Weg und wandern dann auf dem gut beschilderten und markierten Waldweg stets geradeaus weiter. Verschiedene Waldbilder wechseln sich ab, rechts sind durch die Bäu-

me immer wieder Blicke ins Tieftal möglich. An einem Wasserschutzgebiet-Schild rechts hinab, führt der Wanderweg uns bald am Waldrand entlang, mit Blick auf **St. Anna**. Dann über die Wiese und durch Wald hinauf zur **Kapelle (26)**, 648 m, mit Infotafel. Sogleich passieren wir das Waldrestaurant (geöffnet Mittwoch bis Sonntag) mit einem Biergarten unter Walnussbäumen – eine lohnenswerte Einkehr. Dann folgen wir dem Sträßchen am Waldrand entlang und queren in einem Rechts-Links-Schlenker die St 2518 (Vorsicht!). Kurz nach links, folgen wir sogleich dem Weg nach rechts, der uns bald nochmals an die Staatsstraße führt, an der wir kurz entlanggehen, bevor wir rechts abbiegen. Dann wandern wir mittels einer Brücke über die A 96 und schließlich, an manchen Tagen mit Alpenpanorama, auf **Katzenhirn** zu. Geradewegs an der bemerkenswerten **Kapelle St. Martin (27)**, 662 m, mit Infoblättern, vorbei. Nach den letzten beiden Anwesen führt uns links ein Feldweg aufwärts mit schönem Blick nach links auf den Weiler. Dann geht es an der Wegkreuzung nach rechts weiter hinauf auf die mindelzeitliche Moräne an Wiesen vorbei, mit weitem Blick auf den Skyline-Park, Türkheim und das Wertachtal. Noch kurz durch den Wald, bevor es durch eine Talsenke, eingetieft in den bogenförmig verlaufenden Mindelmoränenzug, nach **Dorschhausen** hinaufgeht. Über den Eschleweg zur Schwabenstraße **(28)**, 662 m, die wir überqueren und der wir kurz nach links folgen – rechts die Kirche Mariä Heimsuchung, an der vorbei man zu den Gasthäusern gelangt. Wir aber biegen nach nur 50 m rechts ab und folgen der Tannenstraße geradewegs aus dem Ort hinaus. Mit Blick auf die Wälder um Bad Wörishofen etwas hinab, bevor wir an einer großen Feldscheune (mit Solaranlage) rechts abbiegen. Nun stets

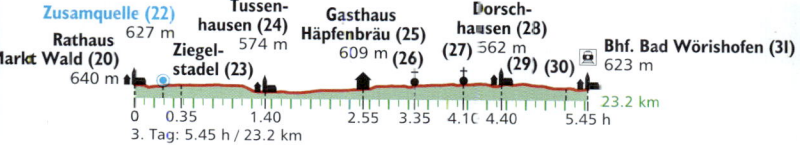

geradeaus auf dem Feldweg, queren wir zwischendurch ein Asphaltsträßchen, bevor wir eine Straße erreichen. In einem Rechts-Links-Schlenker kurz Richtung Schöneschach, bevor wir nach etwa 50 m den Schwäbisch-Allgäuer-Wanderweg verlassen und nun nach links auf dem **Frundsbergweg (29)**, 674 m, weiterwandern. Er führt an zahlreichen Ruhebänken vorbei unweit der Straße – zwischendurch queren wir sie auch – durch den Wald, der zum FFH-Gebiet »Bechsteinfledermaus-Vorkommen um Bad Wörishofen« gehört. Dann wandern wir bald durch eine Birkenallee, auch Frundsbergallee genannt, auf **Bad Wörishofen** zu (zuvor bieten sich noch Abstecher zu Einkehrmöglichkeiten an). Nach den ersten Häusern gehen wir nach rechts auf dem Privatweg am Stutweidbach entlang. An der Einmündung nach links über die Brücke, queren wir beim Parkplatz die Straße und gelangen geradewegs in den **Kurpark (30)**, 628 m, wo wir nach dem Duft- und Aromagarten einen asphaltierten Weg erreichen, dem wir nach links durch den Park folgen. Geradeaus am ehemaligen Kneippianum und an der Gradieranlage vorbei, dann nach links auf der Kneippstraße (Promenade) am Denkmal für Pfarrer Sebastian Kneipp und am Kurhaus Sebastianeum vorbei. Mit dem Bonifaz-Reile-Weg überqueren wir den Wörthbach nach rechts und gehen am Luitpold-Leusser-Platz geradeaus, nun die Fußgängerzone verlassend. Auf der Bahnhofstraße am Sanatorium vorbei zum **Bahnhof (31)**, 623 m.

Eine Birkenallee, auch Frundsbergallee genannt, führt nach Bad Wörishofen.

TOP 16 — Mittel- und Oberneufnach

3.40 Std.

Aussichtsreich zum Christoph-Scheiner-Turm

Dieser ist benannt nach dem 1575 in Markt Wald geborenen Jesuitenpater, Mathematiker, Physiker und Astronomen, der ein berühmter Zeitgenosse von Galileo Galilei war und unter anderem die Sonnenflecken entdeckt hat. Über die Erstentdeckung derer entbrannte in der Folge ein Streit zwischen beiden. Vom Christoph-Scheiner-Turm aus hat man einen weiten Ausblick über das obere Neufnachtal mit seinen idyllischen Ortschaften, bei Föhn sogar bis zu den Allgäuer Alpen.

Ausgangspunkt: Bahnhof Mittelneufnach (550 m), alternativ Parkplatz an der Gaststätte Adler (**Navi:** 86868 Mittelneufnach, Kirchweg 2), Bushaltestelle Mittelneufnach Abzweig Bahnhof (AVV-Linien 604 Markt Wald – Gessertshausen und 704 Mittelneufnach – Schwabmünchen).
Höhenunterschied: 230 m.
Anforderungen: Anfangs- und Endstrecke markiert als »Besinnungsweg«, Abschnitt als »Lueg ins Land«.
Einkehr: Gasthof zum Adler Mittelneufnach.

Vom **Bahnhof Mittelneufnach (1)**, 550 m, mit Wartehäuschen gehen wir an der Infotafel zum Besinnungsweg vorbei nach rechts über die Gleise der Staudenbahn. Links die Kunstmühle, halten wir uns rechts und wandern in der Kirchheimer Straße am **Gasthof zum Adler (2)**, 556 m, vorbei. Gleich zweigt halb rechts die Lindenstraße ab, die uns an hübschen Bauernhäusern vorbeibringt. Nach einer Rechtskurve überqueren wir wieder die Gleise – der Blick fällt auf die Neufnach sowie das heutige Forsthaus, Schlössle genannt, das einst das Obervogtamt der Augsburger Hospitalstiftung beherbergte. Nach Verlassen des Ortes folgen wir dem Wegweiser »Besinnungsweg« bald nach halb rechts. Auf dem geschwungenen Kiesweg nun sanft aufwärts durch die wiesen- und gehölzreiche Landschaft mit Ranken und Hecken – auch ein Blick zurück lohnt sich. Auf diesem alten Wallfahrtsweg nach Klimmach kommen wir immer wieder an Stationen vorbei, die uns zum Nachdenken über das Leben anregen. Am Rand des **Augsburger Spi-**

Ausblick ins obere Neufnachtal. Am Horizont zeichnen sich die Alpen ab.

talwaldes (3), 607 m, geht es nach rechts am Wald entlang. Noch heute gehört er der Stadt Augsburg, Mittelneufnach war um 1500 überwiegend in Besitz des Augsburger Spitals. Hier bietet sich eine herrliche Aussicht auf den Ort und die Staudenlandschaft. Bei klarem Wetter sind sogar die Alpen zu sehen! Der breite Kiesweg, bezeichnet als Oberer Scheidweg, verläuft als alter Hochweg über den Riedel zwischen Neufnach und Schweinbach/Schmuttertal. Schließlich bietet sich nach rechts ein Abstecher zur **14-Nothelfer-Kapelle (4)**, 613 m, an, die 1878 von den drei Schorer-Brüdern zum Dank für eine unversehrte Heimkehr aus dem Krieg von 1870/71 errichtet wurde. Dann weiter am Waldrand entlang. Nach Überqueren der Straße Mittelneufnach – Schwabmünchen führt der Weg in den Wald hinein zu einer weiteren Station des Besinnungsweges, den wir jetzt vorerst aber verlassen. Wir folgen nur noch der Markierung »Lueg ins Land« geradewegs überwiegend durch Mischwald. An einer Wegkreuzung wandern wir nach halb links weiter. Nach einer Waldschneise und einer Aufforstungsfläche halten wir uns rechts. Dann geht es etwas aufwärts zu einer Kreuzung mit mehreren Abzweigungen **(5)**, 621 m. Hier folgen wir dem Schild »Markt Wald Hochweg« nach halb rechts, auf dem Privatweg gelangen wir zum Waldrand mit Aussicht. Nun auch den Fernwanderweg verlassend, wählen wir den mittleren Weg und wandern an Feldgehölzen und Aufforstungsflächen vorbei. Steht links eine Bank **(6)**, 628 m, können wir die Aussicht ins Neufnachtal mit Mittelneufnach sowie nach wenigen Schritten auch nach Süden mit dem Weiler Steinekirch, An-

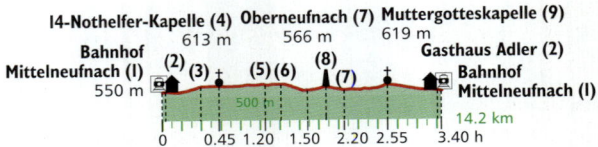

hofen und Markt Wald (Funkturm) sowie mit Glück bis zu den Allgäuer Alpen am Horizont genießen. Weiter hinab, an einem ehemaligen Mittelwald vorbei und durch einen einstigen Hohlweg – links eine kleine Sandgrube – schließlich auch mit Blick auf **Oberneufnach**. Im Ort folgen wir der Radwegbeschilderung an schmucken Bauernhäusern vorbei und gelangen nach Querung von Neufnach und Schienen zur Neufnachtalstraße **(7)**, 566 m, wo uns eine Blumenpracht begegnet. Von hier aus bietet sich ein Abstecher nach links zum **Christoph-Scheiner-Turm (8)**, 601 m, an, den wir, anders als ausgeschildert, am Brunnen über den St.-Josefs-Weg rechts hinauf an der Kapelle St. Joseph mit schindelgedeckter Zwiebelhaube und an Obstwiesen vorbei bald über Feldwege geradeaus hinauf erreichen. Wieder zurück in der Neufnachtalstraße **(7)** folgen wir ihr noch ein Stück nach links bis zum Ortsrand, wo rechts das prächtige, denkmalgeschützte Anwesen des Lenzabauern mit markantem Gesimsgiebel (18. Jh.) steht. Nach dem letzten Häuschen zweigt links ein Radweg ab, der uns dann gleich wieder nach rechts auf einem Spurweg geradewegs Richtung Mittelneufnach führt. Daraufhin in einer Linkskurve hinab durch ein flaches Seitentälchen und entlang von Hecken wieder hinauf. Nochmals hinab in ein Tälchen mit zwei Weiden im Grund, in dem wir dann nach links aufwärts weiterwandern. Diese Rankenlandschaft ist die einzige im Westen von Mittelneufnach, da hier die Morphologie flacher ausgeprägt ist als im Osten des Ortes. Dann biegt nach rechts hinauf ein anfangs asphaltierter Weg ab, der uns, nun wieder als »Besinnungsweg«, zu einer Bank mit Aussicht und geradeaus zur Straße bringt. Diese überqueren wir und steigen die Stufen zur neugotischen **Muttergotteskapelle (9)**, 619 m, von 1856 hinauf. Die schlichte Feldkapelle steht wahrscheinlich an einem alten Kultort, der vielleicht sogar schon von den Kelten genutzt wurde, und wo ein Pestacker aus dem 16. Jh., als halb Mittelneufnach starb, vermutet wird. Wieder hinab und kurz auf der Straße nach rechts, bevor es nach rechts weglos über die Wiesen hinab zum schon sichtbaren Wegweiser geht. Hier links hinauf und dann etwas hinab, führt uns der Kiesweg in einer Rechtskurve an einer Tafel zum Besinnungsweg vorbei weiter. Nach der Klangstation (Nr. 10) wendet er sich nach rechts. Bald wandern wir an einem neuen Bildstock unter einer mächtigen Kastanie vorbei. Nach einem Feuchtgebiet erreichen wir die Staatsstraße, die uns rechts nach **Mittelneufnach** und als Kirchheimer Straße weiter durch den Ort führt. Ab dem **Gasthaus (2)** gehen wir auf bekanntem Weg zum **Bahnhof (1)** zurück.

Walkertshofen und Reichertshofen

4.10 Std. | **17**

Auf aussichtsreichen Wegen zur Staudenkapelle

Dort, wo seiner Meinung nach die Stauden am schönsten sind, hat der ehemalige Landrat Dr. Franz Xaver Frey 1983 die Errichtung der Staudenkapelle initiiert. Erbaut aus Holz von Zimmermann-Azubis, lädt sie zur Rast und Besinnung ein. Typisch für die südlichen Westlichen Wälder sind einzelne, zwischen Wiesen und Feldern stehende Strauchgruppen, die sogenannten Stauden. In Mittelalter und früher Neuzeit waren sie die Überreste von einst vielfältig genutzten Wäldern, die heute wieder einen größeren Raum einnehmen und die Höhen überziehen.

Ausgangspunkt: Bushaltestelle Walkertshofen (526 m) (AVV-Linie 604 Markt Wald – Gessertshausen), Parkplatz bei Raiffeisenbank (**Navi:** 86877 Walkertshofen, Hauptstr. 18). Alternative: Bahnhof Staudenbahn.
Höhenunterschied: 280 m.
Anforderungen: Teilstrecken als »Um den Hölden«, Stauden-Meditationsweg bzw. Fernwanderweg »Lueg ins Land« markiert. Großteil der Tour auf markierten, gut beschilderten Wegen.
Einkehr: Einkehrmöglichkeiten in Walkertshofen, Gaststätte »Bürgerhaus« in Reichertshofen (nur am Wochenende).

Von der **Bushaltestelle vor der Raiffeisenbank Walkertshofen (1)**, 526 m, aus – hier auch ein großer Parkplatz – gehen wir gemäß Wegweiser »Um den Hölden« jenseits des Platzes den Asphaltweg hinauf. An der Schule mündet die Schulgasse an Altstetter's Hofladen ein. Einen Rechts-Links-Schlenker, dann führt uns der Staudenweg, zuletzt als Geh- und Radweg, zum Ortsrand

Die Staudenlandschaft im morgendlichen Dunst.

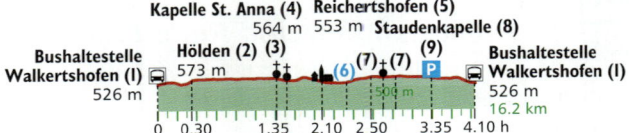

hinauf. An der Einmündung folgen wir dem asphaltierten Feldweg geradeaus an einem hübschen Feldkreuz vorbei. Es eröffnen sich erste Ausblicke ins Neufnachtal und, wenn es wieder hinabgeht, auf die Wiesen- und Heckenlandschaft der Stauden. Der hoch gelegene Weiler Hölden ist schon zu sehen. Weiter »Um den Hölden« – auch der bewaldete Hügel wird so genannt –, gelangen wir über ein Bächlein und dann auf einem Feldweg links hinauf – ein Blick zurück lohnt sich – nach **Hölden (2)**, 573 m. An der Einmündung nach links an hübschen Häusern vorbei. Dann tauchen wir in den Wald ein. Hier folgen wir weiterhin dem Wegweiser »Um den Hölden«. Biegt dieser nach links ab, so wandern wir geradeaus nun stets Richtung »Reichertshofen« weiter. So gelangen wir durch Fichten-, Misch- und Laubwaldbestände, queren die Kreisstraße nahe der Grenze zwischen den Landkreisen Günzburg und Augsburger Land und wandern weiter über den waldbestandenen Höhenzug. Zwischendurch queren wir eine weitere Straße. Nach einem schönen Buchenwald erreichen wir den Waldrand, wo rechts etwas abgesetzt vom

Die Staudenkapelle steht direkt am Waldrand.

Weg ein **Bildstock (3)**, 592 m, mit zwei Bänken steht. Von h er lässt sich die Aussicht auf die Staudenlandschaft und nach Südwesten ins Zusamtal genießen. Weiter hinab, hat man auch von dem Feldkreuz aus noch einen schönen Blick. Dann geht es halb links hinab nach **Lutzenberg**. An der **Kapelle St. Anna (4)**, 564 m, vorbei, wandern wir am Ortsrand in der Kurve geradeaus auf einem etwas eingetieften Feldweg weiter. Er führt uns – wieder aussichtsreich – an einem Feldkreuz und geschwungen an einer Waldinsel vorbei hinauf. Ein Steinkreuz passiert, wandern wir am Waldrand entlang und dann – wieder mit herrlichem Blick, diesma ins Neufnachtal sowie nach links in ein Seitentälchen, das ein Feldgehölz mit Feuchtbiotop aufweist – hinab. Haben wir **Reichertshofen** erreicht, halten wir uns erst halb links, dann folgen wir entgegen der Beschilderung, dem **Eschenweg (5)**, 553 m, nach rechts. An der Einmündung – rechts die erhöht stehende Kirche, an der vorbei es auch zur Gaststätte »Bürgerhaus« ginge – gehen wir nach links an hübschen Häusern vorbei weiter. Dann queren wir die Staatsstraße, die Gleise der Staudenbahn mit Wartehäuschen sowie die Neufnach und wandern nach der Pension »Zur Mühle« nun Richtung »Walkertshofen« halb links weiter. Der Kiesweg schlängelt sich durch das idyllische Wiesental der Neufnach – auch ein Blick zurück lohnt sich. Dann sanft aufwärts. Kurz vor dem Wald weist uns ein Schild auf den **Bergbrunnen (6)**, 545 m, hin, den wir über die Wiese am Bächlein entlang erreichen können. Das beruhigende Plätschern des Wassers (Wassertretstelle) können wir auf Bänken genießen. Wieder zurück, wandern wir nun durch den Wald hinauf. Die Wegweisung führt uns zum asphal-

Walkertshofen im Neufnachtal mit der Pfarrkirche St. Alban.

tierten, kaum befahrenen **Hochweg** auf der Höhe, dem wir nur gut 100 m nach links folgen, um ihn dann wieder nach rechts **(7)**, 602 m, zu verlassen und auf dem Kiesweg zur **Staudenkapelle (8)**, 597 m, zu gelangen. Hier am Waldrand hat man einen schönen Ausblick auf Grimoldsried und das Schweinbachtal bis nach Münster. Wieder zurück, wandern wir weiter auf dem Hochweg (Vorsicht, Verkehr!), bald aus dem Wald hinaus und aussichtsreich über die Höhe. Nach rechts können wir einen Blick auf die am Waldrand gelegene Staudenkapelle erhaschen, dann wandern wir an der Bushaltestelle Grimoldsried (mit Bildstock von St. Josef) vorbei. Nach links blicken wir ins Neufnachtal. Links ein Obstgarten mit Vogelscheuche, rechts befinden sich Holzskulpturen. Wir folgen stets der Beschilderung nach Walkertshofen, doch nach einem Bildstock weichen wir am Waldrand von dieser ab und gehen noch ein Stück auf der Straße durch das Wäldchen hinab, um dann am unbeschilderten **Parkplatz (9)**, 583 m, nach rechts abzubiegen. Nun wandern wir wieder mit herrlicher Aussicht immer am Waldrand entlang und auch mal kurz durch den Wald um das Jungtal und am Mühlberg vorbei. Wir passieren auch eine Station des Stauden-Meditationsweges sowie einen schönen Aussichtspunkt (bis nach Markt Wald) mit Bank und Grab mit eisernem Kreuz sowie zwei Wasserspeichern. Weiter am Waldrand entlang gelangen wir schließlich zum Burgberg, auf dem einst eine Burg stand. Dann geht es mit Blick auf den Ort hinab nach **Walkertshofen**. Dort nach dem Hotel Burgberg an der Einmündung nach rechts (Bioland Hofladen), dann nach links über die Neufnach sowie die Schienen geradewegs zum **Ausgangspunkt (1)** zurück.

Mickhauser Alm 18

3.30 Std.

Fuggerschloss Mickhausen und Langenneufnach

Das Renaissanceschloss ist 1535 von Anton Fugger anstelle des Jagdschlosses, das Kaiser Maximilian 1498 von den Herren von Freiberg erworben hatte, als Wasserschloss errichtet und seitdem mehrmals ausgebaut worden. Bis 1804 gab es sogar eine Fuggersche Linie, die sich nach Mickhausen benannte. Die verschuldeten Fugger zu Nordendorf verkauften 1843 die Besitzungen an Graf Albert Rechberg-Rothenlöwen. Dessen Nachkommen waren aber vorwiegend an den Waldungen interessiert, weswegen die Gebäude herunterkamen. Heute ist das zurückgesetzte vierflügelige Herrenhaus eines der bedeutendsten Baudenkmäler im Landkreis Augsburg und wurde stark sanierungsbedürftig 2016 an die Hermann Messerschmidt Kulturerbe-Stiftung verkauft, die es seitdem wissenschaftlich untersucht und in seinem ursprünglichen Zustand wiederherstellt, so dass es zukünftig kulturell genutzt werden kann.

Ausgangspunkt: Parkplatz an der Mickhauser Alm (567 m, **Navi:** 86866 Mickhausen, Waldesruh 1) westlich Mickhausen, alternativ Bushaltestelle Mickhausen Nord (mehrere AVV-Linien).
Höhenunterschied: 260 m.

Anforderungen: Größtenteils beschildert.
Einkehr: Mickhauser Alm, Gasthaus Zur Sonne Unterrothan, Gaststätten und Restaurants in Langenneufnach.
Tipp: Wanderung für einen nicht zu sonnigen Tag, nur wenig Schatten.

Vom Parkplatz an der **Mickhauser Alm (1)**, 567 m, gehen wir ein kleines Stück zurück und biegen am Holzzaun scharf nach rechts ab. Der gekieste Spurweg führt uns anfangs am Waldrand entlang, dann geht es hinab, an einem Feldkreuz vorbei. Den asphaltierten Kreuzungsbereich passieren wir geradewegs. Auf und ab durch das Tal des Kruckenbächle sowie ein weiteres Tälchen – die Kirchtürme von Mickhausen und Siegertshofen spitzen aus dem nächsten Tal schon hervor. Nochmals hinauf, dann geht es in einem teils verfüllten Hohlweg und bald auf einem Asphaltweg hinab (rechts Blick auf Mickhausen und Münster) nach **Mickhausen**, wo wir geradeaus die Schmutter queren und links in die Hauptstraße einbiegen. Nach der Raiffeisenbank passieren wir das große gelbe Ökonomiegebäude, hinter dem sich das imposante, ehemalige **Fuggerschloss (2)**, 518 m, verbirgt. An der Ein-

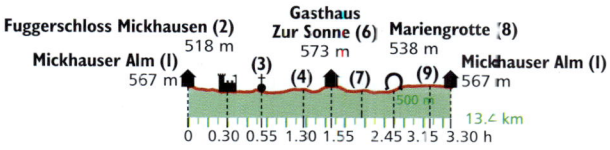

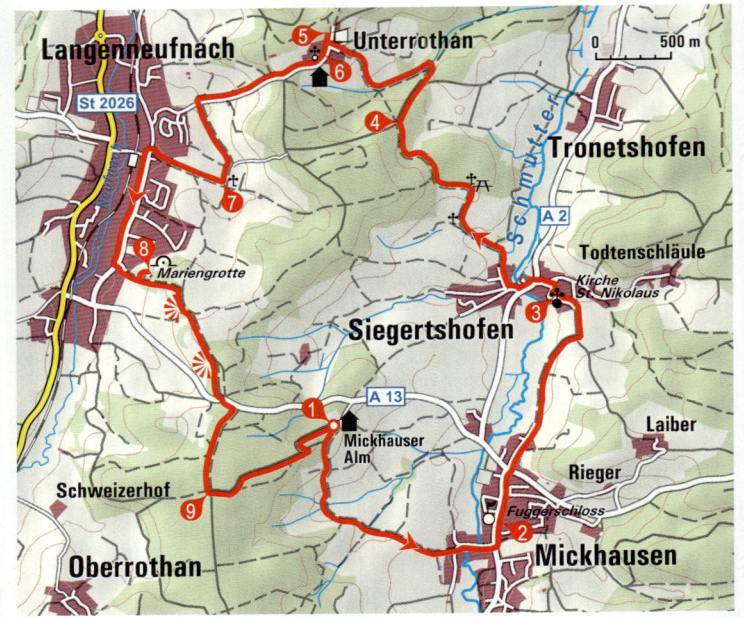

mündung weiter in der Rosenstraße, die am Ortsende in einen Kiesweg übergeht. Auf diesem wandern wir durch das Wiesental der Schmutter, die hier noch mäandriert. Kurz auf einem Grasweg, Siegertshofen ist schon zu sehen. Nun an einem Laubwäldchen hinauf und an einigen Streuobstbäumen vorbei, wenden wir uns an der Einmündung nach links und gelangen nach **Siegertshofen**, wo wir gleich an der sonnengegerbten Holzscheune dem Asphaltsträßchen nach links folgen. Es führt uns zur 1495 geweihten **Kirche St. Nikolaus (3)**, 520 m, hinab. Wir folgen dem Straßenverlauf und wandern an der Verkehrsinsel nach links weiter. Gleich nach der Schmutterbrücke geht es rechts in den Plattenweg und wieder rechts in den Steigerweg, der am Ortsrand in einen Kiesweg übergeht. Diesem folgen wir in einer Linkskurve. In einem Tälchen geht es nun sanft aufwärts, an einem Feldkreuz halten wir uns rechts. Am Waldrand, wo sich neben einer Eiche und einem Feldkreuz eine Rastbank befindet, wandern wir nach links. Erst geht es am Wald entlang mit Ausblick auf das Schmuttertal mit Siegertshofen und dahinter Mickhausen, und dann in den Wald hinein, wo wir uns rechts haltend, dem Hauptweg folgen. Bogenförmig geht es an einem kleinen Waldweiher vorbei weiter, bis wir zu einer Kreuzung **(4)**, 545 m, gelangen (Waldabteilung Mittelgehren, Wegweiser zeigt hier auf einen zugewachsenen Pfad). Hier folgen wir dem Kiesweg nach halb rechts hinab, bis sich an einer weiteren Kreuzung links der Wald öffnet. Auf dem Spurweg nach links am Waldrand entlang durch das Tal, dann führt ein Asphaltweg steil hinauf nach **Unterrothan** mit seinen schmucken Anwesen. Für einen Abstecher zur **Brotzeithütte (5)**, 574 m, biegen wir an der Einmündung rechts ab und erreichen sie nach knapp 80 m. Wieder zurück, kommen wir geradeaus am **Gasthaus Zur Sonne (6)**, 573 m, vorbei, das mit seinem Biergarten zur Einkehr lädt. Gegenüber die 1836 errichtete Kapelle. Dann verlassen wir den Weiler wieder und folgen dem Sträßchen weiter zum Waldrand – hier ist links eine Bank mit Blick in das Tal, durch das wir gekommen sind. Durch den Wald, dann führt uns aussichtsreich und von Birken begleitet die kaum befahrene Straße Richtung Langenneufnach hinab. Im Talgrund nehmen wir direkt vor der Brücke den Kiesweg nach links, der uns am Bächlein entlang sanft aufwärtsführt. An Koppeln und einem hölzernen Stall vorbei geradeaus weiter. An einem Wegkreuz **(7)**, 533 m, mit drei mächtigen Bäumen gehen wir auf dem Kiesweg rechts hinauf und dann hinab durch einen Hohlweg.

Ausblick von der Kneippanlage auf die Kirche von Langenneufnach.

Ein anschließendes Asphaltsträßchen bringt uns nach **Langenneufnach**. An der Einmündung nehmen wir die Rathausstraße nach links. Nach Ortszentrum, Sportplatz und Friedhof biegen wir knapp vor der Kirche St. Martin links in den Grotteweg ab. Das Sträßchen bringt uns zum Martinsbrünnele hinauf – rechts befindet sich eine Wassertretstelle. Hinter dem Brunnen führt ein Weg zur **Mariengrotte (8)**, 538 m, die mit ihren Sitzbänken schön in das Tälchen eingepasst ist. Wieder zurück, geht es jetzt auf dem Kiesweg weiter steil hinauf durch den Wald. Oben wandern wir nach rechts am Waldrand entlang. Bald steht rechts eine Bank mit Aussicht auf Langenneufnach. Stets geradeaus, kommen wir an einer weiterer Bank mit Aussicht vorbei. Der Kreisstraße folgen wir etwa 100 m nach links und nehmen dann den Radweg nach rechts. Es geht weiterhin durch den Wald. Nach einer lang gezogenen Linkskurve und einer Aufforstungsfläche gelangen wir zu einer beschilderten Kreuzung **(9)**, 586 m. Wir folgen dem Grasweg nach links, der bald als Spurweg meist durch Fichtenforst führt. Stets auf dem beschilderten Hauptweg bleibend, erreichen wir nach einem schlechten Wegstück (Auffüllung mit Ziegelbruch) eine Wegkreuzung. Nach links führt uns nun ein Grasweg hinab zur **Mickhauser Alm (1)**, die wir an einem Bildstock vorbei erreichen und welche zur Einkehr lädt.

Die Mickhauser Alm – Einkehrmöglichkeit am Ende der Wanderung.

4.20 Std.

Rund um Fischach 19

Schloss, Mozarthaus, jüdische Gemeinde – Spuren der Geschichte entdecken

Bereits im 16. Jh. sind die ersten Juden in Fischach nachzuweisen. Sie trugen wesentlich, besonders dank der schrittweisen Gleichstellung im 19. Jh., zur Entwicklung des Ortes bei. Zahlenmäßig waren sie stark vertreten – 1860 etwa gab es 390 Christen und 283 Juden in Fischach. Heute zeugen der erst 1774 angelegte jüdische Friedhof (zuvor mussten die Toten nach Kriegshaber oder Burgau überführt werden), die einstige Schule sowie die ehemalige Synagoge von der einst großen jüdischen Gemeinde, die bis 1938 bestand. Ein Teil der jüdischen Bevölkerung wanderte während der NS-Zeit aus, über 60 Menschen wurden 1942 deportiert.

Die Wanderung führt außerdem in den Weiler Heimberg, in dem mit Ändris Motzhart der erste direkte Vorfahre von Wolfgang Amadeus Mozart 1486 als Hausbesitzer erwähnt ist. Auf dem Rückweg besuchen wir die bedeutende Ringwallanlage auf dem Buschelberg, die aus mehreren befestigten Abschnitten besteht.

Ausgangspunkt: Parkplatz beim Restaurant FeuerWerk Fischach (492 m, **Navi:** 86850 Fischach, Buschelbergstr. 13). Bei Anfahrt mit dem Bus am besten an der AVV-Haltestelle Marktplatz starten.
Höhenunterschied: 310 m.
Anforderungen: Etwas Ausdauer, da lang. Größtenteils auf beschilderten Wanderwegen.
Einkehr: Restaurant FeuerWerk, Gasthaus Sonne Unterrothan, weitere Einkehrmöglichkeiten in Fischach.
Variante: Schleife nach Heimberg und auf den Buschelberg weglassen.
Tipp: Alternative Anreise mit der Staudenbahn.

Ab dem Parkplatz beim **Restaurant FeuerWerk** nördlich **Fischach (1)**, 492 m, (Naturpark-Infotafel, Ortsplan) wandern wir Richtung Elmischwang auf der Straße am Fußballfeld entlang. Nach diesem folgen wir dem Schotterweg nach links und gehen an einem weiteren Spielfeld entlang – davor ein Spielplatz. Bei der Eisstockschützenbahn gabelt sich der Weg, wir wandern halb links weiter, kurz etwas steiler durch den Wald hinauf. Dann auf einer Asphaltstraße nach rechts an der **Kölberbergkapelle (2)**, 526 m, vorbei in den Wald hinein (Richtung Riec). Nun folgen wir ihr auf gekiestem Untergrund stets hinauf. Auf der Höhe erinnert das **Hansatäfele (3)**, 568 m, an den Mord an dem Fischacher Mühlknecht Hans Ertle 1754. Hier nach links weiter auf dem gut beschilderten Forstweg sanft hinab. Dann verlassen wir ihn nach rechts am Wegweiser zur Infotafel Hattenberg. Ein grasiger Waldweg führt uns durch den mächtigen Wall der Vorburg mit vorgelagertem Graben. An einem Nagelfluhbruch (Felsblöcke) erreichen wir die Infotafel zum **Burgstall Hattenberg (4)**, 551 m. Die einstige hochmittelalterliche Burganlage war Stammsitz des Geschlechts der Hattenberger, die einen bedeutenden Einfluss im Gebiet um Fischach hatten. Weiter auf dem Pfad durch das immer noch beeindruckende Wall-Graben-System der Hauptburg. Wir halten uns links und folgen dem nun unbeschilderten Pfad steil hinab. Dann auf dem Kiesweg kurz nach links. Direkt vor der Schranke nach links auf dem Waldweg an der steilen Flanke des Hartenberges entlang. Nahe dem Waldrand schimmern die Häuser von Wollmetshofen durch. Wieder tiefer im Wald stoßen wir bald wieder auf den beschilderten Weg. Geradeaus auf diesem hinab, verlassen wir den Wald und gelangen mit schönem Blick auf Wollmetshofen zur mit Eschen gesäumten Staatsstraße. Diese überquert, folgen wir ihr knapp 200 m nach rechts. An der Bushaltestelle biegen wir links ab (Freiherr-von-Aufseß-Straße), überqueren auf einer Allee ein Bächlein, dann die Neufnach sowie die Staudenbahn und gelangen an einem Parkplatz nach rechts zum 1902 in einer Mischung von Neo-Renaissance und Jugendstil neu erbauten **Schloss Elmischwang (5)**, 508 m, in dem heute ein Altenheim untergebracht ist. Nach dem Forsthaus geht es an der mächtigen **Linde** – dahinter die ehemalige Ökonomie Lindenhof – nach links, erst am

Der jüdische Friedhof von Fischach.

Waldrand entlang und dann durch den Wald hinauf, an allen Wegkreuzungen geradeaus. Auf der Höhe schon nahe am Waldrand mündet schließlich unser Weg an einer Buche ein. Hier links und an der nächsten Kreuzung geradeaus, dann folgen wir nach 30 m dem Hauptweg nach rechts und wandern nun stets geradeaus aus dem Wald hinaus. Am schmalen Waldstreifen entlang, durch den die Häuser von Langenneufnach schimmern, erreichen wir **Unterrothan**. Auf der Keltenstraße am **Gasthof Zur Sonne (6)**, 573 m, und der Kapelle vorbei. Weiter geradeaus passieren wir die Unterrothaner Brotzeithütte und wandern dann am aussichtsreichen Waldrand entlang (Tafel 2 des Stauden-Meditationsweges), bevor der Weg wieder in den Wald hineinführt. Stets geradeaus (auch an einer großen Kreuzung) erreichen wir die noch gut sichtbare **Keltenschanze »Brennburg« (7)**, 523 m, mit Infotafel und Tafel 1 des Meditationsweges. Bald hinab und aus dem Wald hinaus. An der Einmündung links – rechts Tronetshofen – wandern wir auf **Willmatshofen** zu, dahinter der bewaldete Buschelberg. Am Spielplatz mit Rastbank halten wir uns rechts, sogleich den Wanderweg nach Fischach verlassend. Über die Schmutter – mit Blick auf die Kirche – wandern wir nach links an der 1843 neu erbauten **Pfarrkirche (8)**, 499 m, einem Backsteinbau mit Terrakottafriesen am Turm, vorbei. Dann folgen wir der Hauptstraße ca. 200 m nach links und verlassen sie wieder über die Straße »Am Steingrüble« nach rechts hinauf. Gleich nach der Bergstraße nehmen wir den Geh- und Radweg nach links hinauf, der in die Nebelhornstraße mündet der wir weiter hinauf an einem Eichen-Hainbuchen-Bestand (ND) vorbei folgen. An der Einmündung kurz rechts, dann verlassen wir die Willmannstraße gleich wieder nach links (Am Ährenfeld). Auf einem Fußpfad an der Mauer des ehemaligen **jüdischen Friedhofs** von **Fischach** entlang bis zum Eingangstor mit Infotafel **(9)**, 522 m. Weiter geradeaus am Tahara-Haus (Reinigungshaus) vorbei

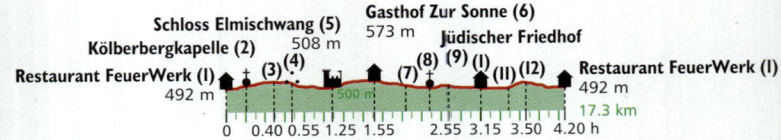

mündet unser Fußpfad ein – wir nehmen das Asphaltsträßchen hinab. Dann geradeaus durch die Triebgasse und an deren Einmündung nach links zum Mahnmal für die Juden Fischachs und zur **Thomalinde (10)**, 503 m. Letztere erinnert an den 1864 in Fischach geborenen Leonhard Thoma, einen berühmten Kirchenmaler. Nun geht es an Rathaus und Gasthäusern vorbei etwa 250 m an der viel befahrenen Hauptstraße entlang, die wir an einer Fußgängerampel queren können. Hier am Marktplatz gehen wir durch die Straße »Am Judenhof« und passieren die ehemalige Synagoge (Nr. 4) sowie das einstige Rabbiner- und Schulhaus (Nr. 6). Nach links bringt uns die Kirchstraße zur Pfarrkirche St. Michael mit Storchennest, wo wir nach rechts weiterwandern. Die Mühlstraße führt uns über die zwei Arme der Schmutter – dazwischen ein hochwassergefährdeter Parkplatz. Dann nehmen wir sogleich an der Kreuzung den Geh- und Radweg nach rechts, der uns am zweiten Schmutterarm entlang und dann in einem Bogen über die Neufnach bringt. Über die Straße »An der Sägemühle« gelangen wir zur Neufnachstraße, die wir gleich der Radwegweisung queren. Ein Stück an den Gleisen entlang, wandern wir Richtung Heimberg weiter, den Friedhof links liegen lassend. An der Kreisstraße entlang, die wir bald queren müssen, weil der Gehsteig links endet, passieren wir unseren **Ausgangspunkt (1)**, wo wir die Tour ab- oder sonntags für eine Einkehr unterbrechen können. Ansonsten wandern wir auf dem begleitenden Geh- und Radweg weiter an der Feuerwehr vorbei und folgen dann nach rechts der kaum befahrenen Straße nach Heimberg, die am Fuße des bewaldeten, teils recht steilen Buschelberges mit Blick auf die Wiesen des Schmuttertales mit naturnahem Flusslauf (FFH-Gebiet) entlangführt (Bänke). In **Heimberg** (Mozartstraße) gelangen wir nach links zum **Mozarthaus (11)**, 493 m, mit grünem Geländer und kleiner Tafel an der Hauswand. Aus diesem stammen die direkten Vorfahren des berühmten Musikgenies, die einst ein Geschlecht von Baumeistern waren. Dann folgen wir der Beschilderung »Um den Buschelberg – Geschichtlicher Lehrpfad« nach links. Stets geradeaus auf Feldwegen an einer Eiche mit Kreuz vorbei hinauf – zwischendurch lohnt sich ein Umdrehen (Aussicht) – zum Waldrand. Hier nach links in den Wald hinein führt uns der beschilderte Rundweg an der ersten Infotafel zu den Ringwällen auf dem **Buschelberg (12)**, 546 m, sowie zwei weiteren Infotafeln vorbei. Am Waldrand geht es nach rechts steil hinab zur Straße Heimberg – Fischach und nach rechts auf bekanntem Weg zum **Ausgangspunkt (1)** zurück.

4.40 Std.

Rund um Schwabmünchen 20

Aussichtspunkte, Wertachaue, Afrawald und Luitpoldpark

Im Jahr 1956 ging das Stützschwellenkraftwerk Schwabmünchen als erstes von insgesamt vier an der unteren Wertach in Betrieb. Dies war damals auch dringend nötig, denn durch die seit 1852 erfolgten Flusskorrektionen mit enormer Laufverkürzung war es zu einer starken Eintiefung des Gewässers und damit zum Absinken des Grundwasserspiegels gekommen, sodass landwirtschaftlich genutzte Böden austrockneten. Durch den nun entstandenen Stau konnte dieses Problem im Oberlauf gelöst werden. Zudem entstanden in der Aue auch wieder Feuchtbereiche – die natürlichen Schwankungen mit gelegentlichen Überschwemmungen können durch den Kraftwerksbetrieb allerdings nicht nachgeahmt werden. Heute in Zeiten der Europäischen Wasserrahmenrichtlinie steht besonders die Herstellung der Durchgängigkeit für Fische im Mittelpunkt.

Ausgangspunkt: Bahnhof Schwabmünchen (560 m, **Navi:** 86830 Schwabmünchen, Bahnhofstr. 40).
Höhenunterschied: 60 m.
Anforderungen: Der Wegverlauf ist größtenteils ausgeschildert, jedoch fehlen gelegentlich Wegweiser.

Einkehr: Hiltenfinger Keller, Biergarten im Luitpoldpark, zahlreiche weitere Einkehrmöglichkeiten in Schwabmünchen.
Varianten: Erweiterung an Wertach entlang weglassen, für Kinder Runde aus Westteil der Tour mit Spielplätzen kombinieren.

Vom **Bahnhof Schwabmünchen (1)**, 560 m, aus gehen wir nach links an der »Gastwirtschaft & Restauration« vorbei. An der Einmündung – hier ein ehemaliger Gutshof mit Mälzerei, in der Malz zum Bierbrauen hergestellt wurde – biegen wir links in die Landsberger Straße ein. Nach den Gleisen **(2)**, 560 m, gleich nach rechts weiter – hier der erste Wegweiser – auf dem gekiesten Spurweg zwischen Bahnlinie und Gewerbebetrieben hindurch. Direkt vor dem Laubwäldchen halten wir uns links und wandern in dieses hinein, bereits an einem ersten Rastplatz mit Grillmöglichkeit vorbei. Uns rechts haltend, erreichen wir eine Straße. Mit ihr nach rechts durch die Unterführung, dann geht es gleich nach links auf einem kurzen Fußweg weiter. Wir folgen der Straße »Dreizehnlinden« bis zur Einmündung. Kurz links zum Aussichtspunkt **Dreizehnlinden (3)**, 563 m, direkt am Sied-

Die Singold mit ihrem recht naturnahen Lauf.

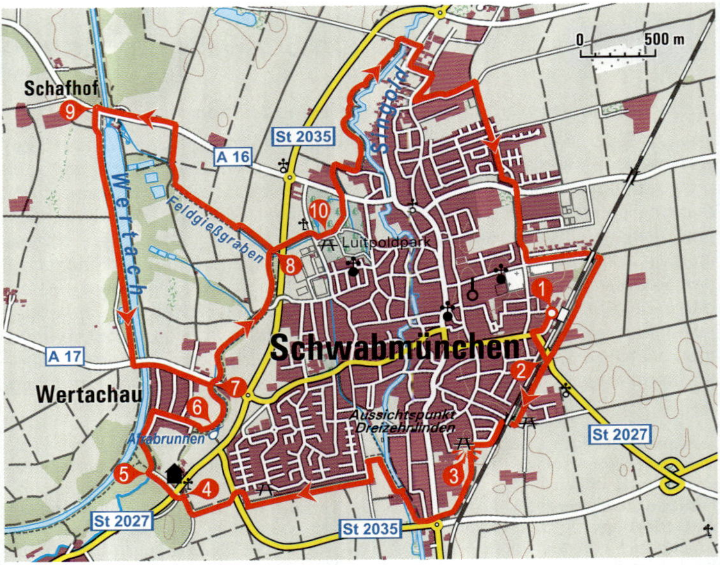

lungsrand. Bei Föhn bietet der Rastplatz einen herrlichen Alpenblick, eine überdachte Panoramatafel hilft bei der Orientierung. Nun weiter auf dem Feldweg, der bald an den Schienen entlangführt. Biegt er nach rechts ab, gelangen wir hinab zu einem Kreisverkehr, den wir geradewegs passieren. Direkt vor der Brücke über die Singold nach rechts (Geh- und Radweg). Erst ein Stück an ihrem rechten Ufer entlang, dann queren wir sie, die von Galerieauwald gesäumt wird, nach einem Bildstock mit Blick auf die Kirchturmspitze von Hiltenfingen. Weiter auf dem Kiesweg am linken Ufer entlang. Kurz nach einem Wehr biegt er links ab und führt auf eine Wohnstraße zu. Nach links in diese eingebogen, verlassen wir sie gleich an der übernächsten Straße nach rechts wieder. Am Siedlungsrand entlang zwischen Gärten und Feldern weiter,

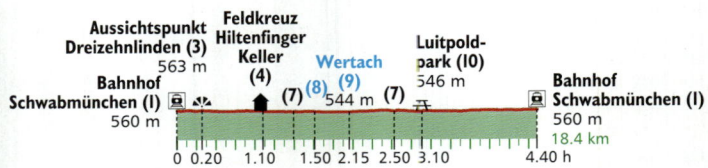

bei Föhn mit herrlichem Alpenpanorama. Wir passieren einen Bildstock der Kolpingfamilie Schwabmünchen. Das Fabrikgebäude gehört zu Malteurop bei Langerringen, dem wohl größten Mälzer weltweit. Nach einem Spielplatz nehmen wir vor der Südspange den Geh- und Radweg nach rechts. An der Dompfaffstraße überqueren wir sie nach links und folgen dem Feldweg nach einem Links-Rechts-Schlenker geradewegs. Am Zaun des Wasserschutzgebietes nach rechts erreichen wir bei einem **Feldkreuz (4)**, 555 m, nahe dem Gasthof/Hotel **Hiltenfinger Keller** eine Straße. Hier nach links, queren wir sie am Wasserwerk Schwabmünchen von 1909/10. Das Schottersträßchen geradeaus bringt uns in die **Wertachaue (5)**, 549 m, wo direkt an der Hiltenfinger-Keller-Brücke eine Tafel über das bedeutende Biotopverbundsystem informiert. Kurz zurück, nehmen wir den Pfad nach links durch den Wald an den Rand der Wohnsiedlung Wertachau. Hier nach rechts durch die Wohnstraße. An einem Spielplatz rechts in den Gennachweg, dem wir bis zu seinem Ende folgen. Hier betreten wir geradeaus den Afrawald, wo wir gleich halb links, nun wieder beschildert, weitergehen. Ein schöner Wanderweg führt uns am **Afrabrunnen (6)**, 548 m, mit Figur der Heiligen in einer Grotte vorbei. Weiter am Hang entlang oberhalb des Afragrabens durch den **Afrawald** genannten Buchen-Mischwald, der auf einer Niederterrassenkante stockt. Eine Straße überquert **(7)**, 549 m, weiter auf dem schönen Wanderweg geradeaus. Dann verlässt uns der Afragraben, auch die nächste Straße überqueren wir geradewegs. Wer die Tour abkürzen will, wandert nach der Brücke über den **Feldgießgraben (8)**, 547 m, nach rechts weiter. Ohne Abkürzung geht es nach links weiter. Stets am von Bäumen begleiteten Feldgießgraben, den wir zwei-

Ländliche Idylle am Feldgießgraben bei Schwabmünchen.

Der Niedrigseilgarten im Schwabmünchener Luitpoldpark.

mal überqueren, entlang. Gleich nach der zweiten Brücke geradewegs auf die Straße zu, an der wir nach links entlang zur Kläranlage gelangen, wo es eine Fischtreppe gibt. Über die **Wertach (9)**, 544 m, die hier zur Stromgewinnung aufgestaut ist, dann nach links (Infotafel) auf dem Damm flussaufwärts weiter. Nach einem großen Altwasser, das von der Jugend des örtlichen Fischereivereins genutzt und Hirschwangweiher genannt wird, folgen wir der Straße nach links. Wieder am **Afragraben (7)**, wandern wir auf bekanntem Weg zum **Feldgießgraben (8)**, wo wir jetzt rechts abbiegen. Unter der Westentlastungsstraße hindurch erreichen wir an einer Birkenreihe entlang, die den Feldgießgraben begleitet, an Infotafel und Flurbereinigungskreuz eine Straße, die wir nach rechts versetzt überqueren. Im Bereich von Parkplatz und Infotafeln betreten wir den **Luitpoldpark (10)**, 546 m, benannt nach dem beliebten bayerischen Prinzregenten Luitpold, wo sich die nächste Rast- bzw. Einkehrmöglichkeit mit einem Biergarten bietet. Die Anfänge dieser immer wieder vergrößerten und umgestalteten Anlage gehen auf das ausgehende 19. Jh. zurück. Am Niedrigseilgarten vorbei und an der großen Kreuzung halb links, bald an einem Bachlauf entlang. Dann erreichen wir eine Straße, die wir nach rechts versetzt überqueren. Auf dem Kiessträßchen geht es weiter, an der Einmündung halten wir uns rechts. Vor dem Zaun weist uns ein Schild auf einen schmalen Fußweg nach links, der uns an die Singold führt, deren mäandrierendem, recht naturnahem Lauf wir folgen. Dann nach rechts über die Brücke und an den Heimgärten gleich wieder nach rechts in die Augsburger Straße. Noch vor der Tankstelle überqueren wir sie (Vorsicht, Verkehr!) und nehmen den Osramweg zum gleichnamigen Werk hinauf. Dort rechts, dann nach links auf dem Dreifaltigkeitsweg bis zum Stadtrand. Auf dem Kiesweg nun nach rechts. Stets geradeaus schließen Geh- und Radwege an, die uns durch ein Wohngebiet führen. Nach einer Bretterwand gelangen wir zu einem Kreisverkehr, wo wir nach rechts Richtung Sporthalle weitergehen. Vor der Friedhofsmauer queren wir nach links die Straße. An hübschen Heimgärten vorbei zu einer Unterführung, nach der wir nach rechts weiterwandern – vielleicht nochmals mit Alpenblick. Wir sehen schon das Bahnhofsgebäude, doch müssen wir bis zum Bahnübergang **(2)** weitergehen, um den **Bahnhof (1)** zu erreichen.

3.15 Std.

Straßberg 21

In die Westlichen Wälder – Wald und Wasser

Diese Wanderung führt uns durch ruhige Wälder ins naturnahe Tal des Anhauser Baches. Südlich an die heute noch genutzte Weiherkette von Burgwalden, deren Weiher wohl zu den schönsten der Westlichen Wälder gehören, schließt das sogenannte Teufelstal an, in dem der Anhauser Bach noch recht naturnah mäandrieren darf. Feuchtgebiete sowie extensiv genutzte Wiesen säumen ihn, Eisvogel und Biber haben hier ihren Lebensraum. Das Teufelstal hieß übrigens einst Weihental, was auf einen alemannischen Kultort hindeutet. Um diesen nach der Christianisierung zu tilgen, fand die Umbenennung statt.

Ausgangspunkt: Bushaltestelle Gasthof Reichsadler Straßberg (542 m) (AVV-Linien 721 Göggingen-Post – Schwabmünchen, 722 Bobingen – Münster, **Navi:** 86399 Bobingen, Schloßberg 10), Parken in Seitenstraßen.
Höhenunterschied: 230 m.

Anforderungen: Gut beschildert. Teilstrecken markiert als »Um den Buchkopf« bzw. »Durch das Teufelstal«.
Einkehr: Abstecher zum Gut Walden in Burgwalden (nur Sa und So auch mittags).
Varianten: Zweiteilung der Tour möglich. Alternativer Start: Burgwalden.

Wir starten an der **Bushaltestelle** in **Straßberg (1)**, 542 m, gegenüber dem ehemaligen Gasthof Reichsadler, von wo aus das Schloss zu sehen ist, das erst lange dem Bischof von Augsburg gehörte, dann im Besitz von Augsburger Familien, Patriziern und später Industriellen war und seine Blütezeit ab 1880 hatte, als Frieda Forster, die Frau eines Augsburger Fabrikanten, es im italienischen Renaissancestil neu erbauen ließ. Doch wurde es 1930 durch einen Brand wieder teils zerstört und beherbergt heute exklusive Wohnungen. Wir wenden uns nach links und gehen an der Frieda-Forster-Straße entlang. Sie führt uns an der 1956/58 in großen Teilen abgebrochenen und neu erbauten Kirche Hl. Kreuz vorbei. Macht sie eine Linkskurve, so verlassen wir sie nach halb rechts und gehen an dem von zwei Linden flankierten **Holzkreuz (2)**, 563 m, die Reinhartshauser Straße hinab ins Tal des Diebelbachs, von nun an der Beschilderung »Um den Buchkopf« folgend. Am Ortsrand schließt ein Kiesweg an. Den Diebelbach gequert, gelangen wir geradewegs in den Wald hinein. Etwas hinauf folgen wir stets dem Hauptweg. So lassen

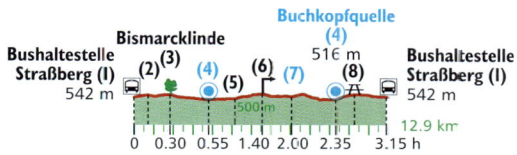

Waldweg bei Straßberg. Fichten dominieren, doch erhalten auch Laubbäume Einzug.

wir die **Bismarcklinde (3)**, 568 m, (ND) links stehen und nehmen gleich den markierten Kiesweg nach rechts. Er führt uns hinab durch ein Tälchen, an einer Abzweigung halten wir uns rechts. Schließlich wendet er sich nach rechts und wir wandern oberhalb des Anhauser Baches weiter durch den Wald. Ist links zwischen den Sträuchern der Kotweiher – der Name kommt übrigens von Kot = Erde, denn wenn kein Wasser floss, blieb nur der Sumpf zurück – zu erkennen, so gelangen wir bald an einem idyllischen Waldweiher vorbei zu einer Einmündung. Nur wenige Meter nach links und wir sind an der gefassten **Buchkopfquelle (4)**, 516 m, einer der schönsten Quellen des Naturparks (kein Trinkwasser). Hier laden Rastbänke zu einer Pause ein – auch am Rückweg werden wir hier vorbeikommen. Nun an einem trockenen Weiher vorbei – der Weiher dahinter ist der Kotweiher. Nach Querung des Anhauser Baches wandern wir nach links auf dem Kiesweg weiter »Durch das Teufelstal«, wie sein idyllisches Wiesental auch genannt wird, stets am Waldrand entlang. Kurz durch den Wald, dann weist uns die Beschilderung nach rechts **(5)**, 525 m. Der grasige Kiesweg führt durch den Wald hinauf. Er mündet schließlich in die Hochstraße, auf der wir nach links ein kurzes Stück bis zur nächsten **Abzweigung (6)**, 575 m, gehen. Links steht ein Marterl, geradeaus kann man einen Abstecher nach Reinhartshausen mit seiner sehenswerten Kirche St. Laurentius machen. Wir folgen nun dem Kiesweg nach rechts hinab ins Tal des Engelshofer Bachs. Nach dessen Querung halten wir uns rechts und folgen dem Kiesweg bis zu den **Scheppacher Weihern (7)**, 545 m, wo sich Wasservögel und Libellen beobachten lassen. Am Oberen Scheppacher Weiher ist auch eine Bank vorhanden. Die Weiher gehörten einst zum Scheppa-

cher Hof und wurden, als dieser noch im Besitz des Klosters Oberschönenfeld war, vom jeweiligen Klosterfischer selbst bewirtschaftet. Weiter geht es geradewegs hinauf, wobei man noch einen Blick auf den zuvor durch eine Fichtenreihe verdeckten Unteren Scheppacher Weiher werfen kann. Den kreuzenden Forstweg geradeaus überquert, wandern wir bald

Tafel an einem Feldkreuz oberhalb von Straßberg.

durch ein idyllisches Seitentälchen mit kleinem Rinnsal hinab ins Teufelstal. An der Einmündung geht es nach links auf bereits bekanntem Weg zurück bis zur **Buchkopfquelle (4)** mit Rastmöglichkeit. Dann wandern wir, nun wieder »Um den Buchkopf«, geradeaus durch den Wald hinauf. An einer **Kreuzung mit Rastbank (8)**, 569 m, geradeaus weiter, bis wir nach einem Funkmasten direkt vor Einmündung in die Straße der Kiesweg nach rechts nehmen, der uns geradewegs aus dem Wald hinausbringt. Mit Blick auf Straßberg und das Diebelbachtal gehen wir bis zum **Feldkreuz (9)**, 564 m, das von zwei jungen Ahornbäumen flankiert wird. Zwei Bänke laden zum Ausruhen und Schauen ein. Dann wandern wir den Grasweg hinab, an Wiesen und einer Streuobstwiese vorbei. Diese wurde 1991 vom Bund Naturschutz unter tatkräftiger Unterstützung eines einheimischen Biobauern, der auch die Fläche unentgeltlich zur Verfügung stellte, mit Zwetschgen-, Birn- und Apfelbäumen, darunter auch alten Sorten, bepflanzt. So wird die »berühmte« Obstbautradition von Straßberg fortgeführt, denn schon der ehemalige Schlossbesitzer Michael Schöppler hat bis 1839 weit mehr als 1500 Obstbäume pflanzen lassen. Dann über den Diebelbach mit angrenzender Feuchtwiese kurz hinauf nach Straßberg. Der Lindenweg bringt uns an einigen schmucken Häusern und Gärten vorbei geradewegs zurück zur **Bushaltestelle** nach **Straßberg (1)** am ehemaligen Gasthof Reichsadler.

22 Oberschönenfeld

Vom Naturparkhaus durch den »Großen Wald« zum Engelshof

Kloster Oberschönenfeld, das älteste noch bestehende Zisterzienserinnenkloster Deutschlands, soll seinen Ursprung etwa 1211 haben, als sich an der Stelle des heutigen Weiherhofes fromme Frauen angesiedelt haben sollen; belegt ist es jedoch erst 1248. Es beeindruckt durch die Einheitlichkeit seiner Gebäude aus der ersten Hälfte des 18. Jh. Nach umfangreichen Renovierungen sind hier heute das Schwäbische Volkskundemuseum, Klosterladen und -bäckerei, die Schwäbische Galerie, das Naturparkhaus mit Ausstellung »Natur und Mensch im Naturpark« sowie wechselnden Sonderausstellungen untergebracht. Die Rokoko-Kirche Mariä Himmelfahrt komplettiert das Ensemble.

Ziel der Wanderung ist Burgwalden mit seinen Fürst-Fuggerschen Weihern. Im großen Weiher, dem Schlossweiher, errichtete ab 1606 der Augsburger Kaufmann Ambrosius Hoechstätter ein Wasserschloss, das die Fugger samt der Weiher 1628/29 erwarben. Nach wechselvoller Geschichte mit mehrmaliger Trockenlegung und Wiederanlage wird seit Mitte des 20. Jh. wieder Fischzucht betrieben.

Ausgangspunkt: Parkplatz am Kloster Oberschönenfeld (491 m, **Navi:** 86459 Gessertshausen, Oberschönenfeld). Zum Bahnhof Gessertshausen sind es einfach ca. 2,5 km.
Höhenunterschied: 290 m.
Anforderungen: Problemlose Wanderung mit durchgehender Beschilderung.

Einkehr: Gut Walden in Burgwalden (nur Sa und So auch mittags), Klosterstüble Oberschönenfeld (alle mit Biergarten!).
Varianten: Abkürzung zum Engelshof bzw. Zweiteilung der Tour.
Tipps: Grillplatz (Anmeldung unter Tel. +49 8291 8584115), Badeweiher NE Burgwalden (Bruckmahdweiher).

Vom **Parkplatz (1)**, 491 m, mit Übersichtskarte an der Nordostseite des **Klosters Oberschönenfeld** gehen wir am Naturpark-Häusle mit Infotafeln und großem Spielplatz geradeaus vorbei. Über die Schwarzach zum Staudenhaus, das als allerletztes mit Roggenstroh bedecktes Gebäude im Landkreis Augsburg im nahen Döpshofen stand, dann abgetragen und 1975 hierher versetzt wurde. Als typischer, vollständig ausgestatteter kleinbäuerlicher Mitterstallbau steht es stellvertretend für die einst weit verbreiteten Söldneranwesen, die

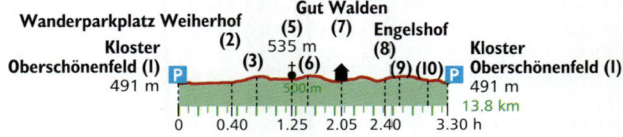

Wohnen und Wirtschaften unter einem Dach vereinigten. Ab hier Richtung Weiherhof nach rechts durch den Wald und an einigen Stationen des Walderlebnispfades vorbei und dann etwas hinab zum Schilfbereich des Klosterweihers mit Beobachtungsturm. Weiter auf dem Kiesweg wandern wir unterhalb der Grillstelle vorbei. Dann stets geradeaus am Waldrand entlang durch das Wiesental der Schwarzach. Sanft ansteigend erreichen wir nach Streuwiesen und Blick auf den 9-Loch-Naturgolfplatz am gegenüberliegenden Hang den **Wanderparkplatz Weiherhof (2)**, 499 m.

Nun nach links in den Wald hinauf, gleich an der Weggabelung links haltend. Mündet unser Weg ein, gehen wir kurz links zur **Dreifaltigkeitstafel (3)**, 561 m, (Renovierungen auf Rückseite eingraviert) mit Schutzpavillon. Scharf nach rechts weiter, bald hinab durch den lichten, grasreichen Laubwald in eine Senke, **Bernhardsschlucht (4)**, 531 m, genannt, wo nach links eine Abkürzung zum Engelshof abzweigt (Variante). Wir aber folgen geradeaus weiter stets dem beschilderten Hauptweg durch den Fichtenwald zu einem kleinen Waldweiher, dem früheren Hausweiher des Scheppacher Hofes, welcher einst an seinem Südrand stand. Für das Kloster Oberschönenfeld erfüllte er zusammen mit dem Engelshof sowie dem Klostergut die wichtige Funktion der Selbstversorgung. Hier kurz nach links, gehen wir am Feldkreuz mit gemalter Gebetstafel nach rechts zu der auf einer Wiese mit Bänken stehenden **Scheppacher Kapelle (5)**, 535 m, von 1602. Es handelt sich hierbei um eine der ältesten Loretokapellen nördlich der Alpen. Wieder zurück an der Tafel, geht es weiter auf dem zuvor eingeschlagenen Kiesweg. Nach Querung des unscheinbaren Engelshofer Baches, der dennoch große Überschwemmungen verursachen kann, geht es wieder aufwärts zur Kreuzung auf dem **Galgenberg (6)**, 570 m. In diesem Wald hat man früher die Missetäter bestattet, welche zum Tod am Galgen verurteilt worden waren. Weiter geradeaus Richtung Burgwalden, nach Aufforstungsflächen hinab ins Anhauser Tal. An der Einmündung links, an kleinen Fischweihern vorbei sowie am großen Schlossweiher entlang, in dem vom 16. bis ins 18. Jh. das Wasserschloss stand. Ist das Wasser abgelassen, sind die Grundmauern noch sichtbar. So erreichen wir das idyllisch gelegene **Burgwalden**. Nach dem Fischhaus wandern wir

Burgwalden liegt idyllisch am Schloßweiher.

kurz vor dem Parkplatz an der Übersichtskarte nach links zwischen **Restaurant Gut Walden (7)**, 517 m, das im ehemaligen fürstlichen Gutshof untergebracht ist, und der Kirche Unsere Liebe Frau und St. Franziskus, die sich heute noch im Privatbesitz der Fugger befindet, wieder bergauf durch eine Kastanienallee über den Golfplatz des Golfklubs Augsburg. Hier ist das Talent des aus dem nahen Anhausen stammenden Bernhard Langer, der sich hier als Achtjähriger als Caddie betätigte, entdeckt und gefördert worden. An einem Holzkreuz in den Wald hinein und an der Kreuzung geradeaus weiter. In Kürze wieder hinab und zum Waldrand, wo wir wiederum den Engelshofer Bach überqueren. Wir wandern auf den idyllisch gelegenen **Engelshof (8)**, 532 m, zu. An dem kleinen Häuschen, der sogenannten Waldteufelhütte, die ehemals Schmiede war und um 1900 zur mietbaren Wanderhütte umfunktioniert wurde, mündet die Abkürzung ein. Nun nach rechts hinauf und wieder in den Wald hinein. So gelangen wir zur beschilderten Kreuzung mit der **Hochstraße (9)**, 560 m, einem Forstweg. Dieser folgen wir etwa 600 m nach rechts und biegen dann an der nächsten großen Kreuzung (mit Schutzpavillon) links ab. Es geht hinab in ein kleines Seitental. Stets auf dem Hauptweg an einem **Brunnen (10)**, 513 m, mit Bank vorbei, biegen wir an der kleinen Lichtung mit Hochsitz links ab. Schließlich gelangen wir nach einem Links-Rechts-Schlenker steil hinab an einem kleinen Wildgehege sowie dem Staudenhaus und Spielplatz vorbei zum **Ausgangspunkt (1)** zurück, wo sich mit der **Klostergaststätte** mit Biergarten eine weitere Einkehrmöglichkeit bietet.

3.15 Std.

Von Diedorf nach Wellenburg 23

Der Wellenburger Exotenwald

Diesen begann um 1880 der Augsburger Oberforstrat Franz Ganghofer, ein Onkel des Schriftstellers Ludwig Ganghofer, anzupflanzen. Heute wachsen hier auf relativ kleiner Fläche zahlreiche verschiedene Baumarten, darunter rund 50 asiatische und nordamerikanische Arten, teils stattliche Exemplare. Er dient der Waldforschung und als Vorzeigeobjekt guter Forstarbeit. Betreten werden kann das umzäunte Areal nur im Rahmen von Führungen.

Ausgangspunkt: Bahnhof Diedorf (473 m, **Navi:** 86420 Diedorf, Bahnhofstr. 12).
Höhenunterschied: 190 m.
Anforderungen: Problemlos. Teilstrecke als »Rund um den Exotenwald« ausgeschildert.
Einkehr: Schlossgaststätte Wellenburg, Gaststätten in Anhausen und Diedorf.

Varianten: Start/Abbruch in Wellenburg (AVV-Haltestelle der Linie 72AST Wellenburg/Radegundis – Pfersee/Göggingen).
Tipps: Führungen im Exotenwald durchs Forstamt Diedorf (Tel. +49 8238 2281, revier.diedorf@augsburg.de), Lehrpfad Wald und Klimawandel (Start kurz nach WP 2, weißen Pfeilen mit Symbol folgen, auch hier werden Führungen angeboten).

Vom **Bahnhof Diedorf (1)**, 473 m, nach rechts über die Bahnhofstraße zur Einmündung in die Hauptstraße. Mittels Fußgängerampel über die viel befahrene B 300, an der Gaststätte Adler die Ulrich-Geh-Straße hinauf, die in einer Linkskurve am Treppenaufgang zur alten katholischen Pfarrkirche, 1736 neu erbaut als St. Bartholomäus Kirche, vorbeiführt. Dann halb links haltend, am Bürgerhaus, dem ehemaligen Schulhaus, und am Friedhof vorbei. Nun wandern wir auf den spitzen Turm der neuen, 1967 eingeweihten Pfarrkirche Herz Mariä zu, bis unsere Straße in die Wellenburger Straße mündet. Dieser folgen wir nach rechts bis zum Ortsrand, wo sie in einen breiten Kiesweg übergeht. Rechts befinden sich nicht mehr genutzte Weiher sowie eine junge Streuobstwiese. Richtung Wellenburg auf dem Kiesweg **(2)**, 487 m, nach rechts in den Wald. An der Starttafel des Lehrpfades »Wald und Klima« vorbei aufwärts. Kurz nach der Tafel »Wald ist aktiver Klimaschutz« geht es an der großen Kreuzung mit Bank rechts weiter. Dann folgen wir, noch bevor der Kiesweg wieder ansteigt, einem Pfad **(3)**, 522 m, nach halb links (ab hier Beschilderung »Rund

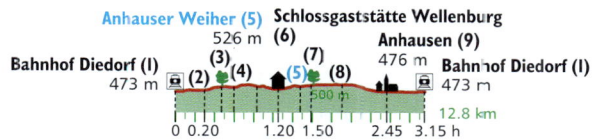

um den Exotenwald«). Es empfangen uns mit Tulpenbäumen gleich die ersten Exoten. Bald folgen Lebensbäume (Tuja). Wir wandern bald geradeaus am umzäunten **Wellenburger Exotenwald** entlang und an einigen Tümpeln vorbei – es geht hinab in das schattige Bachtal des **Schwarzbachs**, wo ein Eschen-Bachrinnenwald ausgebildet ist, in dem z. B. die Erdkröte lebt. Um den Bach zu queren, biegen wir an der Einmündung **(4)**, 517 m, links ab. Nun steigt der Schotterweg wieder an, teils ist er leicht in den eiszeitlichen Schotter eingeschnitten. Nach lichten Aufforstungsflächen wandern wir an einer großen Kreuzung geradeaus auf dem Kiesweg wieder sanft hinab. An der Einmündung gehen wir links und folgen dem Weg nach rechts am Nordufer des **Anhauser Weihers (5)**, 526 m, der auch Wellenburger Weiher heißt, entlang. Nun stets geradeaus, erst hinauf durch einen naturnahen Buchen-Eichen-Hangwald und dann wieder hinab, bis sich der Wald öffnet. Jetzt führt uns eine Bergahornallee, die gelegentlich den Blick auf den zinnenbekrönten, achteckigen Turm des Fuggerschlosses freigibt, das von Bäumen eines Laubmischwaldes verdeckt wird, sanft hinab und dann nach rechts am mächtigen Ökonomiegebäude vorbei zum Biergarten der **Schlossgaststätte Wellenburg (6)**, 499 m. Hier befinden sich auch eine Minigolfanlage, eine Bushaltestelle sowie ein Hofladen im ehem. fürstlichen Gut Wellenburg aus dem 17. Jh., das als Ökonomiegebäude für das Fuggerschloss diente. Seit 1764 ist das Schloss im Besitz der fürstlichen Familie Fugger-Babenhausen, weswegen es nicht besichtigt werden kann. Zurück am **Anhauser Weiher**, wandern wir nun an

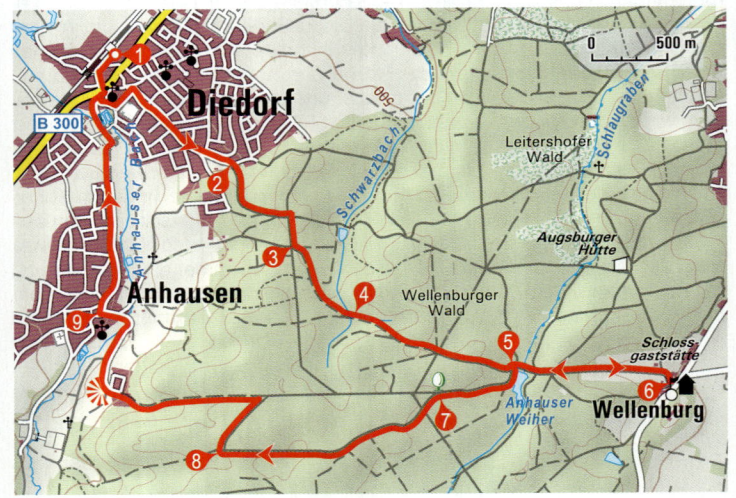

Im Wellenburger Exotenwald.

der Einmündung von vorhin **(5)** vorbei und folgen dem Kiesweg, wieder auf dem Rundweg, größtenteils durch Aufforstungsflächen und dann zwischen Fichten- und Laubhochwald hindurch. Gleich an einer Eiche **(7)**, 539 m, wählen wir den Spurweg nach halb links. Nun stets geradeaus durch sonnige Mischwaldaufforstungen, wo wir auf Ruderalpflanzen wie Disteln verschiedene Schmetterlinge beobachten können, bis unser Kiesweg eine scharfe Rechtskurve **(8)**, 544 m, macht, in der auch eine Bank sowie ein Totholz stehen. An dieser Stelle verlassen wir den Rundweg, der hier über einen schlechten Pfad (hohes Gras) durch den Wald weiterführt, und folgen stattdessen dem gekiesten Spurweg nach rechts, der bald in einen Radweg einmündet. Dieser bringt uns nach links hinab durch das Firmental, das eigentlich Würmtal heißt, und dann geradeaus durch die gleichnamige Wochenendsiedlung. Nun aus dem Wald hinaus zum Bildstock der FFW und zu einer Bank mit herrlichem Blick ins idyllische Anhauser Tal sowie auf den Ort. Bald auf einem Sträßchen an prächtigen Gärten vorbei – schon früher befanden sich hier die Krautgärten – und über den Anhauser Bach hinein ins schmucke **Anhausen (9)**, 476 m, mit seiner sehenswerten Kirche St. Adelgundis – das Langhaus stammt von Hans Georg Mozart (1716), Urgroßonkel von Wolfgang Amadeus Mozart. An der Einmündung gehen wir rechts weiter und dann stets geradeaus über Bach- und Mühlenstraße, teils an prächtigen Häusern und Gärten vorbei an den Ortsrand – rechts ein Tierparacies. Der Geh- und Radweg bringt uns mit Blick auf **Diedorf** mit seinen beiden Kirchen durch das Tal des Anhauser Baches zum Sportplatz und zu einem Spielplatz (Naturpark-Infotafel). Durch den Park geradeaus an einem großen Teich mit Wasserfontäne vorbei. Ein schmales Sträßchen kurz hinauf, gelangen wir nach links zur Gaststätte Adler, von wo wir auf bekanntem Weg zum **Ausgangspunkt (1)** zurückgelangen.

24 Geschichtliches bei Dinkelscherben

3.30 Std.

Auf dem Otto-Schneider-Rundweg

Ende des 19. Jh. war der Schloss- bzw. Kalvarienberg noch unbewaldet. Nur einzelne Bäume säumten den 1846 angelegten Kreuzweg. So stand die Kapelle weithin sichtbar auf der Anhöhe nördlich von Dinkelscherben, die aufgrund ihrer Exponiertheit schon früh als Siedlungsplatz genutzt wurde. Bereits vor ca. 4000 Jahren befand sich hier eine jungsteinzeitliche Siedlung, im 1. Jh. v. Chr. entstand ein spätkeltischer Herrensitz mit Pfostenschlitzmauer und Spitzgraben. Im Mittelalter folgte eine hölzerne Turmhügelburg, die dann im 11. und 12. Jh. von einer ersten steinernen Burg abgelöst wurde. Sie wurde 1231–1301 von den Rittern von Zusameck bewohnt, die als markgräflich-burgauische Dienstmannen fungierten. 1333/34 gelangte die Anlage an das Hochstift Augsburg, wo sie bis zur Säkularisation verblieb. Heute ist neben Wall- und Grabenresten nur noch die 1850 in neugotischem Stil restaurierte spätgotische Burgkapelle vollständig erhalten.

Ausgangspunkt: Bahnhof Dinkelscherben (462 m, **Navi:** 86424 Dinkelscherben, Bahnhofsplatz 6a).
Alternative: Parkplatz nahe Waldfreibad (**Navi:** 86424 Dinkelscherben, Burggasse 15).
Höhenunterschied: 250 m.
Anforderungen: Keine. Der Rundweg ist als Otto-Schneider-Rundweg ausgeschildert, anfangs als »Lueg ins Land«.
Einkehr: Gaststätten und Cafés in Dinkelscherben.
Varianten: Erweiterung über Waldlehrpfad (zusätzlich 2,0 km) und kurzer Abstecher zu Geotop am Uhlenberg.
Tipp: Waldfreibad Dinkelscherben.

Vom **Bahnhof Dinkelscherben (1)**, 462 m, über den Bahnhofsplatz geradeaus in die Bahnhofstraße. An der großen Kreuzung in der Ortsmitte – rechts der **Gasthof Schwarzer Adler (2)**, 462 m – geht es geradewegs hinauf, an den **Kirchen** St. Anna (barockisiert, mit Storchennest und Infotafel) und dahinter St. Simpert vorbei. Das ehemalige Spital links, heute Alten- und Pflegeheim, hat seinen Ursprung in der Zeit um 1600, als eine Ruhrepidemie grassierte, und verhalf aufgrund seiner weit ausstrahlenden Bedeutung als Krankenpflegeeinrichtung Dinkelscherben, zum zentralen Ort der Reischenau zu

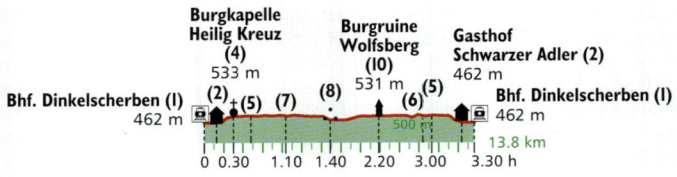

werden. Weiter folgen wir dem Verlauf der Burggasse aufwärts bis zur Straßengabelung. Hier nehmen wir das rechte Strääßchen (Pfarrer-Egger-Weg/Sackgasse). Bald bringt uns ein steiler Fußweg an ersten Kreuzwegstationen vorbei zur **Mariengrotte (3)**, 522 m, hinauf. Nun nach rechts auf dem unteren Weg an weiteren Kreuzwegstationen vorbei, bald auch mit Blick auf die Burgkapelle, durch den lindenreichen Laubmischwald um den Burgberg herum. Links hinauf erreichen wir die **Burgkapelle Heilig Kreuz (4)**, 533 m, mit wenigen Resten der **Burg Zusameck** (Infotafel) und eine Kreuzigungsgruppe. Wieder kurz hinab, dann geradeaus über die Wiese am ehemaligen Burgbrunnen vorbei (Infotafel). Am Sportplatz halten wir uns erst rechts und wandern dann am Eck links zwischen den Sportanlagen hindurch auf das Sportheim zu. Vor diesem gehen wir nach rechts, nehmen

dann das Sträßchen hinauf und folgen fortan dem beschilderten Otto-Schneider-Rundweg nach rechts. Dieser ist benannt nach dem inzwischen verstorbenen Fachheimatpfleger und Leiter des Arbeitskreises für Vor- und Frühgeschichte im Landkreis Augsburg. Am Kreisjugendheim, am Eingang zum **Waldlehrpfad** sowie an zwei Waldweihern **(5)**, 536 m, vorbei. Am Waldrand entlang eröffnet sich die Aussicht auf das Zusamtal mit Fleinhausen (links) und Grünenbaindt am Gegenhang. An der nächsten Kreuzung geradeaus, kommen wir gleich zu einer Weggabelung **(6)**, 532 m, wo wir unseren Rundweg geradeaus in den Wald hinein starten. An der Einmündung folgen wir der Forststraße nach links, fortan alle Abzweigungen ignorierend. Durch Fichtenhochwald wandern wir über den Uhlenberg, rechts macht eine Infotafel auf ein Hügelgrab aufmerksam. Dann sanft abwärts, bis ein Schild **(7)**, 528 m, nach links zu einem der 100 schönsten Geotope in Bayern weist, zu dem sich ein Abstecher lohnt. Hier ist Schieferkohle aufgeschlossen. Weiter folgen wir

Einstiger Burgbrunnen von Zusameck.

dem Kiesweg sanft aufwärts. Am höchsten Punkt gabelt sich der Weg, wir nehmen den Forstweg nach links. Zwischen Mischwald und Fichtenaufforstung hindurch zu einer Querstraße, wo wir nach rechts Richtung Zusmarshausen weiterwandern. Stets auf dem Hauptweg, halten wir uns links und gelangen zu einem Schutzpavillon mit Wetterhahn (Rastmöglichkeit). Hier geht es nach halb rechts weiter. Auf dem gekiesten Spurweg zu einem Hochsitz an der Weggabelung »Am Rondell«, wo es links weitergeht. Bald auf Gras- und Schotterweg steil hinab. Wendet sich der Weg nach rechts, müssen wir auf den links abzweigenden Grasweg achten, der uns an den Waldrand hinabbringt. Kurz nach links an ihm entlang, erreichen wir eine Bank mit Aussicht auf das Tal des Bettenbachs (gegenüber bewaldetes Horn) sowie links das Zusamtal mit dem Weiler Kleinried und Gabelbach (mit Kirchturm). Gleich nach links führt der Wanderpfad als holunderbewachsener Hohlweg wieder in den Wald hinein, welcher wohl einst zur mächtigen Burganlage auf dem **Schlösslesberg** gehörte. Links sehen wir schon die Stelle der einstigen **Turmhügelburg (8)**, 492 m. Wir bleiben stets geradeaus auf dem Graspfad und kommen an zwei Infotafeln vorbei. Weiter geradeaus auf dem teils etwas eingewachsenen Weg wandern wir am steilen Hang entlang, links ist teils feiner Sand aufgeschlossen, rechts unten schimmern Teiche durch. Schließlich mündet unser Weg in eine Forststraße. Auf dieser nach links, ein Stück aufwärts, dann geht es gleich an der nächsten Abzweigung nach rechts weiter über den unscheinbaren Gabelbach. Uns stets rechts haltend, auf dem Hauptweg aufwärts und dann geradeaus über die unbewaldete Hochfläche (rechts Blick auf Zusmarshausen) gelangen wir auf dem Kiesweg an einem

Hochsitz vorbei. Kurz vor dem nächsten Waldrand folgen wir an der Einmündung dem gekiesten Feldweg nach links an einem Feldkreuz vorbei in den Wald hinein, wo wir uns links halten. Mündet der Weg in das von Steinekirch heraufkommende Sträßchen **(9)**, 528 m, wandern wir für einen Abstecher zur ehemaligen **Burg Wolfsberg (10)**, 531 m, geradewegs weiter und erreichen nach knapp 500 m an einem Bildstock vorbei die malerische Ruine – eine von nur ganz wenigen im Landkreis Augsburg. Wohl im 12. Jh. auf dem runden Hügel aus Schotter erbaut, saß hier das Geschlecht der Fraße, wohl ab Mitte 14. Jh. das der Schwelcher. Letztere sollen als Raubritter Augsburger Kaufmannszüge ausgeraubt haben, weswegen die Augsburger mehrmals die Burg angriffen und der im Auftrag der Stadt agierende Wilhelm von Rechberg sie mit einem Söldnertrupp 1462 zerstörte. 1852 verwendete man mächtige Nagelfluhquader daraus für den Bau des Eisenbahndammes. Den einst maximal 11 m hohen Bergfried konnte der Historische Verein für Schwaben durch raschen Ankauf retten. Daneben sind umfangreiche Gräben und Wälle erhalten. Wieder zurück **(9)**, folgen wir dem Sträßchen nach rechts. Bald gekiest, führt es uns am Waldrand entlang und an einem Wildgehege vorbei. Schließlich geht es in den Wald hinein, wo wir, uns rechts haltend, Richtung Dinkelscherben weiterwandern. Auf einem Schotterweg steil hinab in ein Wiesental mit Hecken und in einem Rechts-Links-Schlenker gleich wieder den Grasweg am Gegenhang hinauf. Am Waldrand halten wir uns rechts und wandern stets an ihm entlang. Dann kurz nach rechts durch den Wald gegangen, erreichen wir ein steinernes Feldkreuz mit herrlicher Aussicht ins Zusamtal mit Fleinhausen und dem Straßendorf Grünenbaindt. Nach links kommen wir bald zur Weggabelung vom Hinweg **(6)**. Nun auf bekanntem Weg zurück, bis direkt vor den beiden Weihern uns ein Schild nach rechts zum Natur- bzw. **Waldlehrpfad (5)** gegen die Beschilderungsrichtung einlädt (Variante). Dieser mündet am eigentlichen Eingang ca. 200 m weiter wieder in unser Sträßchen, dem wir ansonsten nun weiter abwärts folgen. Am Sportheim vorbei über die Wiese, nehmen wir kurz vor der Burgkapelle gleich rechts den Pfad zur **Mariengrotte (3)**. Weiter hinab und zurück zum **Bahnhof Dinkelscherben (1)**.

Reste der einstigen Burg Wolfsberg.

25 Biburg

Quellen sowie vor- und frühgeschichtliche Spuren

Die Antoniusquelle bei Biburg war in der ersten Hälfte des 20. Jh. ein beliebtes Naherholungsziel der Augsburger Bevölkerung. Hier befanden sich zahlreiche holzgezimmerte Tische und Bänke sowie ein Blockhaus mit Bierausschank. Die damals noch vorhandene Bahnstation Biburg spielte dabei eine wichtige Rolle. Die Wanderung führt uns weiter durch die nördlich von Biburg gelegenen Wälder, in denen im Frühmittelalter Brauneisenerz in Trichtergruben gewonnen wurde.

Ausgangspunkt: Kirche Biburg (488 m) AVV-Bushaltestelle Post (506 Augsburg – Zusmarshausen/Wollbach/Steinekirch, Wörleschwang/Baiershofen, 507 Augsburg – Au). Wer mit dem PKW kommt, startet am besten am Parkplatz Föhrenberg an der Kreisstraße A1 (**Navi:** 86420 Biburg, Rommelsrieder Str.).
Höhenunterschied: 240 m.
Anforderungen: Problemlos, fast durchgehend beschildert. Schattige Wanderung für heiße Sommertage.
Einkehr: Abstecher nach Aystetten (Hotel/Restaurant Grüner Hirsch, Hauptstr. 47 sowie Cafés). Zum Hirsch in Biburg (nur So auch mittags).
Variante: Erweiterung über Eisentalweg.
Tipp: Waldspielplatz Waldwiese mit Grillmöglichkeit (Anmeldung unter Tel. +49 8291 85840).

Für diese Wanderung starten wir direkt an der B 10 bei der Kirche St. Andreas in **Biburg (1)**, 488 m, die auf einem künstlichen Hügel steht und bei der die alte Bauweise erhalten geblieben ist, weshalb sich der Chor im Erdgeschoss des Turmes befindet. Wir überqueren die viel befahrene Bundesstraße (Vorsicht, Verkehr!). Kurz nach links an dieser entlang, biegen wir sogleich beim Autohaus nach rechts Richtung Aystetten in die Buchenbergstraße ab. Wir folgen ihr hinab, dann nach links an den Koppeln vorbei und sogleich nach rechts zum Waldrand hinauf. Hier nach links weiter. Im Bereich der Stromtrasse stoßen wir auf die links direkt am Weg befindliche **Antoniusquelle (2)**, 489 m, daneben eine Rastbank. Nun geht es weiter in den Wald hinein und gleich an einer **Infotafel zur Köhlerei (3)**, 496 m, vorbei – der Rest eines Mauerwerks ist auch noch vorhanden. Wir wandern weiter in den Wald hinauf, stets dem Hauptweg folgend, und gelangen an kurzen, teils wassergefüllten

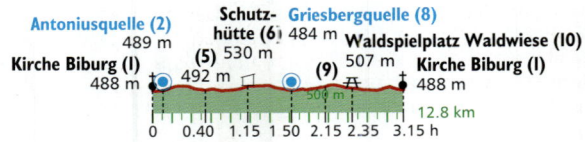

Die Antoniusquelle bei Biburg – früher ein beliebtes Ausflugsziel.

Gräben vorbei. In einer weiten Kehre gehen wir weiter hinauf und passieren bald auch trichterförmige Hohlformen. Entstehung und Aufbau dieser **Trichtergruben** auf dem hiesigen Dachsberg erklärt bald eine **Infotafel (4)**, 532 m. An der folgenden Kreuzung mit Bank wandern wir geradeaus weiter auf einem Kiesweg. Anfangs hinab, dann geht es an der Einmündung auf dem schnurgeraden Forststräßchen, das auch Radweg ist, nach rechts weiter. Nach ca. 500 m nehmen wir den Kiesweg nach halb links **(5)**, 492 m. Wieder etwas hinauf und anschließend wieder hinab. Dann folgen wir nach links einem Kiesweg bis zu seiner Einmündung (Bank). In die schnurgerade Forststraße biegen wir nach links ein und wandern sanft hinauf, an einem Marterl vorbei. An der Einmündung mit **Schutzhütte (6)**, 530 m gehen wir nach links weiter – rechts ginge es nach Aystetten mit Einkehrmöglichkeiten – an einer kleinen Mariengrotte vorbei. Wir nehmen die nächste Abzweigung nach rechts und biegen an der Einmündung nach links ab. Der Kiesweg bringt uns zum **Schwarzen Reiter (7)**, 518 m – die Tafel steht etwas versteckt links. Hier folgen wir dem gekiesten Hauptweg nach rechts sanft hinab und treffen am Waldrand gegenüber einer Schutzhütte auf die **Griesbergquelle (8)**, 484 m, für deren Wasserqualität keine Garantie gegeben wird. Weiter auf dem Kiesweg queren wir bald die B 10 und wandern, leicht nach rechts versetzt, gera-

dewegs wieder durch den Wald. Auf und ab gelangen wir schließlich zu einer beschilderten Kreuzung, an der wir nach links Richtung Biburg weitergehen – hier wieder eine Trichtergrube direkt am Weg. Nach einer Hütte links im Wald wandern wir an der Einmündung (9), 525 m, nun ohne Beschilderung, nach rechts weiter hinauf auf den Steineberg. Geht es wieder bergab – seitlich des teils eingeschnittenen Weges sind biberzeitliche Schotterreste aufgeschlossen –, gelangen wir zu einer Kreuzung mit Linden und einer Eiche, an der wir nach links Richtung Parkplatz Föhrenberg abbiegen. Die Straße überqueren wir geradeaus und sind schon am Parkplatz angelangt. Dort nehmen wir den Weg links entlang des **Waldspielplatzes Waldwiese (10)**, 507 m, wo sich neben Rastplätzen und einer Schutzhütte auch eine Grillmöglichkeit bietet. Weiter geradeaus auf einem Grasweg durch den Wald stoßen wir auf einen Kiesweg, an dem ein Schild auf die Gefahr von angreifenden Greifvögeln hinweist. Hier wandern wir geradewegs sanft hinab ins Lindenfeldtal, meist auf sonnigem Weg am Waldrand entlang. Dann wendet sich der Kiesweg nach links und es geht hinauf, nun wieder im Wald, dem Hauptweg folgend, bald wieder an länglichen, kurzen Gruben vorbei. So gelangen wir auf den Kapellenberg, wo sich ein hübscher Bildstock befindet und sich eine schöne Aussicht von Westheim bis Diedorf (mit alter und moderner Kirche) bietet – vorausgesetzt, der Mais steht gerade nicht zu hoch! Dann wandern wir hinab nach **Biburg**, das wir über die Willishauser Straße erreichen. Dieser folgen wir nach rechts. An der Einmündung geht es über einen Links-Rechts-Schlenker zur Ulmer Straße und zurück zur **Kirche (1)**.

2.00 Std.

Bonstetten 26

Der Geologische Landschaftspfad am Staufenberg

Der Staufenberg ist bekannt für seine bibereiszeitlichen Gerölle, die nach dem Biberbach benannt sind, der nur wenige Kilometer weiter östlich an seinem Nordfuß entspringt. Ihre besondere Bedeutung liegt darin, dass sie die ältesten Schotterablagerungen von eiszeitlichen Schmelzwasserflüssen im gesamten nördlichen Alpenvorland sind. Dass sie trotzdem heute in derart hoher Lage auf dem Staufenberg zu finden sind, liegt zum einen an der fortdauernden Hebung des Alpenvorlandes während des gesamten Eiszeitalters, zum anderen an ihrer Widerständigkeit.

Die Wanderung führt größtenteils durch den Wald, wo es einiges zu erleben gibt. Allerdings sollte man nicht zu spät aufbrechen, denn auf Bonstettens Hausberg soll sich zur Nachtzeit der Kapellebergpudel herumtreiben – ein großer schwarzer, geisterhafter Hund, der schon zahlreiche Passanten erschreckt und ihnen den Weg verstellt haben soll…

Ausgangspunkt: Bushaltestelle Bonstetten Kirche (496 m) in der Bahnhofstraße (AVV-Linie 501 Augsburg – Emersacker/Hegnenbach), Parkplatz direkt oberhalb der Kirche (**Navi:** 86486 Bonstetten, Kirchstr. 4).

Höhenunterschied: 150 m.
Anforderungen: Keine. Diese Tour ist teils als »Rund um Bonstetten«, teils als Geologischer Landschaftspfad beschildert.
Einkehr: Bräustüble Bonstetten.

Von der **Bushaltestelle Bonstetten (1)**, 496 m, in der Bahnhofstraße aus nehmen wir die Kirchstraße und wandern an der **Kirche St. Stephan (2)**, 500 m, vorbei, deren Langhaus zusammen mit dem Pfarrhof 1980/82 neu an Kirchturm und Chor angefügt wurde, geradeaus zum Friedhof hinauf. Die Straße führt hier durch einen beeindruckenden Hohlweg (ND). Direkt nach der **Lourdeskapelle (3)**, 522 m, unter dem mächtigen Kastanienbaum, die 1885 auf Betreiben des damaligen Bonstetter Pfarrers nach dem südwestfranzösischen Original erbaut worden ist und

Die katholische Pfarrkirche St. Stephan.

Hübsche Lourdeskapelle unter einem mächtigen Kastanienbaum bei Bonstetten.

zu der jährlich am 1. Mai eine Lichterprozession führt, sind bereits die Infotafeln 2 und 3 – Nr. 1 befindet sich am Dorfplatz – sowie die zu Nagelfluh verbackenen Biberschotter anzutreffen. Hier biegen wir nach rechts Richtung Sportplatz ab – der Funkturm ist schon zu sehen. Doch bereits beim Feldkreuz, wo einst die Ziegelei war, geht es nach links weiter hinauf durch einen kleineren heckengesäumten Hohlweg – nun stets der Beschilderung »Rund um Bonstetten« folgend. Kurz im Wald, gelangen wir zu einer großen Kreuzung mit zwei Eichen, wo wir nach rechts und gleich geradeaus weitergehen. Uns fortan links haltend, wandern wir durch Fichtenforste, Nadel- und Laubholzaufforstungen sanft hinab. In einer kleinen Senke geht der Kiesweg kurz in einen Grasweg über, welcher sogleich in einen Schotterweg mündet. In diesen biegen wir links ein. Bald erreichen wir einen kleinen **Weiher (4)**, 500 m, mit Seerosen und Sumpf-Schwertlilien. Auch Libellen kann man hier beobachten. Nach diesem geht es sanft bergauf und dann nach rechts weiter. Wir wandern auf der Forststraße geradeaus, halten uns sodann rechts und folgen weiter der Beschilderung. Biegt der Hauptweg scharf nach rechts ab, folgen wir ihm.

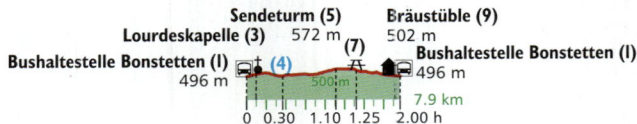

Geht es wieder bergab, biegen wir nach links in einen Kiesweg ein. Bald gibt der Wald den Blick auf den Funkturm frei. Unser Weg führt zum eingezäunten **Sendeturm (5)**, 572 m, der Deutschen Telekom. Auch die Amerikaner hatten auf dem Staufenberg lange einen Funkturm. An der Einmündung folgen wir dem Sträßchen für einen Abstecher nach rechts. So erreichen wir die Tafel 4 auf dem **Staufenberg (6)**, 573 m, der mit seinen 575 m der höchste Punkt des nördlichen Naturparks ist. Daneben steht die hübsche Herrgottsruh-Kapelle, die 1977 einen Vorgängerbau ersetzte. Von hier gehen wir das Sträßchen wieder zurück, geradewegs am Funkturm vorbei und folgen dann dem Wegweiser »Geologischer Lehrpfad« nach rechts. Im Wald geht es nun hinab, an einem schönen **Rastplatz (7)**, 558 m, mit Gedenkkreuz vorbei. Kurz vor dem Waldrand – rechts beginnt ein umzäuntes Wochenendgrundstück – müssen wir aufmerksam sein, denn die Beschilderung für den nach links abzweigenden Abstecher zu Tafel 6 (50 m) ist etwas versteckt. Von **Tafel 6 (8)**, 547 m, aus bietet sich ein herrlicher Blick auf das Adelsrieder Ausräumungsbecken, das u. a. von der Laugna geschaffen worden ist. Unter einer Wurzel am Wegesrand ist tertiärer Sand zu erkennen. Wieder zurück, folgen wir dem Weg weiter hinab und aussichtsreich an weiteren Obstgärten sowie an der Kompostieranlage vorbei, wo der Belag von Kies zu Asphalt wechselt. Gera-

dewegs gelangen wir zu den schon sichtbaren Häusern von Bonstetten hinauf – rechts ist wieder der Funkturm zu sehen. Am Ortsrand geht es in einem Links-Rechts-Schlenker in einen Hohlweg hinein. Diesem folgen wir hinab, an einem hübschen Neubaugebiet vorbei. Er endet knapp oberhalb der Hauptstraße, wo wir unsere Wanderung an der Bushaltestelle Bonstetten Fernsehturm beenden können. Ansonsten gehen wir ortseinwärts an ihr entlang und gelangen am **Bräustüble (9)**, 502 m, sowie am Dorfplatz mit der Tafel 1 vorbei zurück zum **Ausgangspunkt (1)**.

Der Sendeturm auf dem Staufenberg mit einer Höhe von fast 160 m.

27 Welden

1.50 Std.

Auf den Spuren Ludwig Ganghofers

Mit 40 Millionen verkauften Büchern gehört er wohl zu den erfolgreichsten deutschen Bestsellerautoren. 1855 in Kaufbeuren geboren, verbrachte er als Sohn des Revierförsters August Ganghofer und später wegen seiner Erfindung des praktischen Holzrechners sogar geadelten höchsten bayerischen Forstbeamten 1859–65 einen Teil seiner Kindheit in Welden. In Wald und Flur sammelte er prägende Kindheitserlebnisse, die er in zahlreichen Romanen verarbeitete, in denen die Heimat immer im Mittelpunkt stand. Viele wurden auch verfilmt. Von den Nationalsozialisten für Propagandazwecke missbraucht, geriet er später in Vergessenheit.

Ausgangspunkt: Landgasthof zum Hirsch Welden (462 m), Bushaltestelle am Rathaus (501 Augsburg – Emersacker/Hegnenbach, 521 Wertingen – Reutern), Parkplatz am Festplatz (**Navi:** 86465 Welden, Ganghoferstr. 7).
Höhenunterschied: 150 m.
Anforderungen: Kurzer Abschnitt von der Schneeburg hinunter kann matschig und etwas rutschig sein, sonst problemlos. Ganghofer-Rundweg mit Zitaten und Anekdoten von und über Ludwig Ganghofer gegen die Gehrichtung ausgeschildert.
Einkehr: Landgasthof zum Hirsch.
Variante: Erweiterung der Tour über die Pirschwege Jägersteig und Hubertussteig
Tipp: Lauschtour.

Wir starten in **Welden** am **Landgasthof zum Hirsch (1)**, 462 m und folgen am Marktplatz nach rechts dem Theklasteig, der bald als Fußweg am Rand eines Mischwaldes zur Klosterkirche **St. Thekla (2)**, 503 m, steil hinaufführt, von wo man die Aussicht auf Welden genießen kann. Das Relief im oberen Bereich ist unruhig, da sich hier einst die Stammburg der Herren von Welden befand, die im Dreißigjährigen Krieg zerstört wurde. An der Kirche, die der Graf Joseph Maria Fugger anlässlich eines Gelübdes nach einem Blutsturz während einer Jagd 1756 errichten ließ, halten wir uns rechts und gehen an den 1928/31 angebauten Klostergebäuden der Unbeschuhten Karmelitinnen vorbei, wo einst das Jagdschloss des Fuggers stand. Die schon beim Bau teure Kirche zählt zu den feinsten Rokokoschöpfungen Bayerisch-Schwabens und zu dessen bedeutendsten Sakralbauten. Rechts führt die Ganghoferallee (ND) am Parkplatz vorbei, deren Linden Ludwigs Vater 1869 pflanzen ließ. An der Einmündung rechts hinab, teils ist das Sträßchen eingeschnitten. Gleich nach der Leitplanke steigen wir links die Stufen hinab (Privatweg) und gelangen am Schützenheim mit Freilichtbühne vorbei. An der Einmündung biegen wir nach links in die Fuggerstraße und verlassen sie an einem Wegkreuz mit lateinischer Inschrifttafel nach rechts. Ab hier ist der Weg gegen die Gehrichtung ausgeschildert. Auf der Hutstraße halten wir uns an einer Gabelung links, am

Vom Theklaberg aus, auf der die gleichnamige Rokokokirche steht, bietet sich ein herrlicher Blick über Welden.

Ortsrand geht sie an einem kleinen Mischwäldchen in einen Kiesweg über. Auf diesem – ein Blick zurück lohnt sich – zum Waldrand hinauf. Hier halten wir uns links und wandern geradewegs durch den Wald, alle Abzweigungen ignorierend, an einer Rastbank vorbei. Nach einer Linkskurve bei einer Waldarbeiterhütte folgen wir dem Forstweg noch gut 200 m. Dann weist uns das Schild »Geologischer Pfad Staufenberg – zusätzlicher Weg« nach rechts, wir nehmen den Grasweg nach rechts hinab zur **Ganghofer-Quelle (3)**, 498 m. Nun ein kleines Stück wieder zurück hinauf, wandern wir auf dem schmäleren, beschilderten Weg nach links. An der Einmündung den Geologischen Pfad verlassend, gelangen wir nach links zu einer kleinen Lichtung mit der **August-Ganghofer-Hütte (4)**, 498 m, die Vater August als Diensthütte errichten ließ. Hier Infotafel und ein Rastplatz. Rechts des Weges beginnt, etwas versteckt unter den Fichten, ein beschilderter Fußweg. Wir folgen dem Waldpfad, bis er nach zwei weiteren Tafeln in einen Schotterweg mündet. In diesen links eingebogen, wandern wir stets geradeaus. Ist er in einen besseren Waldweg übergegangen, haben wir das Wall-Graben-System der ehemaligen **Schneeburg** erreicht. Wir durchwandern sie geradewegs und erreichen nach einem weiteren Wall-Graben-System

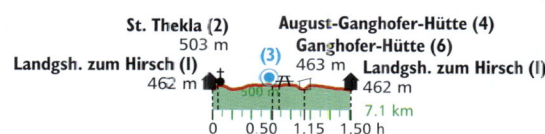

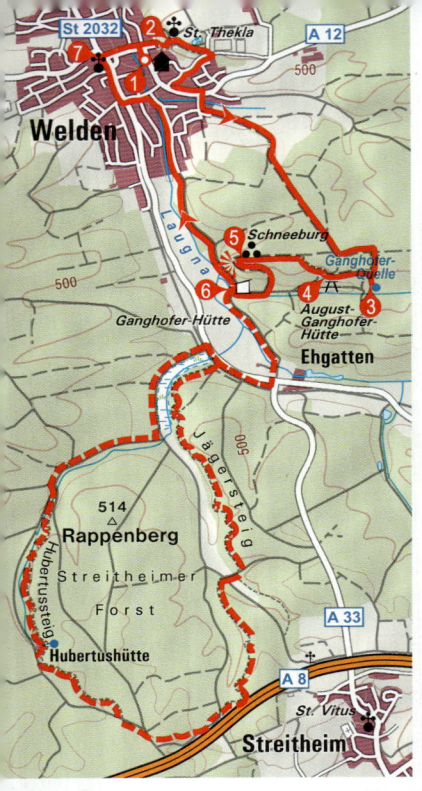

eine Infotafel **(5)**, 508 m. Geradeaus halten wir auf eine Bank mit schöner Aussicht ins Laugnatal zu. Von hier nach links weiter an der zum Teil steilen Hangkante entlang, folgen wir dem teils erdigen und steilen Weg (Vorsicht) hinab zum Hüttengraben. Auf dem Forstweg geht es nach rechts zur 1985 in Andenken an Ludwig errichteten **Ganghofer-Hütte (6)**, 463 m, der nächsten Rastmöglichkeit. Ab hier können wir unsere Wanderung nach links mittels einer Schleife über Jäger- und Hubertussteig erweitern (Variante). Ansonsten wandern wir nach rechts durch das idyllische Wiesental der Laugna mit kleinen Restfeuchtflächen, gleich am Ganghofer-Brunnen vorbei. Am Waldrand entlang und an weiteren Infotafeln vorbei. Nach einem Stück durch den Wald am Waldkindergarten vorbei, gelangen wir nach **Welden**. Geradeaus folgen wir stets der Schwarzbrunnenstraße, schließlich nahe der Laugna, bis zu ihrer Einmündung. Hier queren wir den Fluss nach links und folgen der Bahnhofstraße nach rechts, am Ganghofer'schen Forsthaus (Nr. 15), das heute u. a. als evangelisches Gemeindehaus genutzt wird, sowie an der evangelischen Kirche St. Thomas vorbei zur barocken **Pfarrkirche Mariä Verkündigung**. Diese weist neben Wessobrunner Stuck ein Deckenfresko von Matthäus Günther auf, das 1731/32 als dessen Erstlingswerk entstand und in seiner Dimension einer ganzen Langhausdecke als frühestes in ganz Schwaben gilt. Gegenüber das ehemalige Gasthaus Bäckerwirt, das einstige Untere Schloss. Dieses hatten die Fugger 1659 teils mit Steinen aus der Burg auf dem Theklaberg repariert, 1719 errichteten sie es als Amtshaus neu. Am ehemaligen **Bräuhaus (7)**, 467 m, von 1662, in dem ebenfalls Steine der einstigen Burg verbaut wurden, biegen wir rechts ab. Die Ganghoferstraße führt uns wieder über die Laugna. Am Marktplatz nach rechts zum **Landgasthof zum Hirsch (1)**, wo wir einkehren und die Ludwig-Ganghofer-Stätte besuchen können.

1.45 Std.

Emersacker 28

Vom Fuggerschloss nach Modelshausen und um den Mühlbühl

Ein erstes Schloss ist von den Edlen von Emersacker im 12. Jh. erbaut worden, welches aber 1546 im Schmalkaldischen Krieg zerstört wurde. Die Fugger erwarben es 1613 und errichteten es neu. Im 19. Jh. größtenteils abgerissen, sind heute noch die beiden Rundtürme mit den Zwiebelhauben und die Nebengebäude vorhanden. Seit 1993 ist hier nach aufwendiger Sanierung das Rathaus untergebracht sowie weitere gemeinnützige Einrichtungen wie Feuerwehr, Jugendtreff und Vereinsheim.

Ausgangspunkt: Schloss Emersacker (448 m). Großer Parkplatz hinter dem Schloss (**Navi:** 86949 Emersacker, Im Schloß 1), Bushaltestelle Ortsmitte (AVV 501 Augsburg – Emersacker/Hegnenbach, 502 Augsburg – Wertingen, 521 Wertingen – Reutern).
Höhenunterschied: 80 m.

Anforderungen: Problemlose Wanderung, auch mit Kinderwagen möglich. Der Rundweg ist größtenteils beschildert (»Um den Mühlbühl«).
Einkehr: Restaurant Adria im Bürgerhaus mit Biergarten in Modelshausen.
Tipp: Abstecher zur Ruine Bocksberg lohnt sich.

Wir starten am Kriegerdenkmal vor **Schloss Emersacker (1)**, 448 m. An der großen Kreuzung folgen wir der Hauptstraße nach links über den Weiherbach und nehmen nach der Bachgasse die Schmiedgasse nach halb links. Diese bringt uns in einer Linkskurve (ab hier als »Rundweg Um den Mühlbühl« beschildert) aus dem Ort hinaus und über die **Laugna (2)**, 443 m. Nach rechts können wir schon Modelshausen und den bewaldeten Höhenzug mit Buschel- und Bocksberg sehen, auf denen im Mittelalter Burgen standen. Letztere wurde im Dreißigjährigen Krieg 1635 zerstört und ist heute noch als Ruine vorhanden. Geradeaus erreichen wir den Wald an einem Holzlagerplatz und wandern nach rechts an seinem Rand entlang. Kurz durch den Wald, geht es mit Blick auf Modelshausen und das Laugnatal mit seinen kleinen, schilfreichen Restfeuchtflächen weiter. Der Feldweg führt uns nach **Modelshausen (3)**, 445 m, mit der katholischen Pfarrkirche St. Peter und Paul. Am ummauerten Friedhof biegen wir links ab – geradeaus ginge es zum Restaurant Adria im Bürgerhaus mit Biergarten. Durch einen asphaltierten Hohlweg wandern wir zu einem **Feldkreuz (4)**, 471 m, unter zwei Linden hinauf, von wo sich ein großartiger Ausblick auf das Laugnatal und Bocksberg bietet. Nun geradewegs ein Stück durch den Wald und dann an seinem Rand entlang. Nach rechts fällt der Blick auf Hecken und das hoch gelegene Mar-

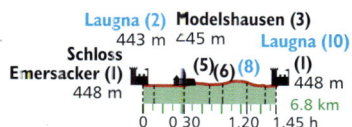

Das ehemalige Fuggerschloss Emersacker.

zelstetten. Bald nimmt uns der Wald wieder auf. Wir gelangen zu einer Wiese **(5)**, 455 m. Links auf der steilen Anhöhe stand im Mittelalter eine Burg. An der nächsten Kreuzung biegen wir links ab und gehen dann gleich wieder nach rechts weiter, begleitet von einem mäandrierenden, trockenen Graben. An der nächsten Weggabelung **(6)**, 466 m, wandern wir halb links weiter. Erst sanft, dann mäßig steil hinauf durch den lichten Wald, halten wir uns an der nächsten Weggabelung halb rechts. Nun durch Buchenwald, macht unser Weg erst eine Linkskurve, dann führt er geradeaus weiter. An der Einmündung nach links weiter, gelangen wir im Bereich eines kleinen Eichen-Buchen-Hains und weiterer Laubwaldbereiche zu einer großen Kreuzung **(7)**, 491 m. Die Beschilderung weist uns nach rechts und wir wandern jetzt sanft hinab an einem kleinen **Waldtümpel (8)**, 481 m, vorbei. Am Waldrand erwartet uns ein schöner Ausblick auf Emersacker mit Kirche und Schloss sowie den Funkturm von Bonstetten dahinter. Wir gehen noch ein Stück geradeaus weiter, bevor wir, nun von der Beschilderung abweichend, den nächsten asphaltierten Feldweg **(9)**, 448 m, nach rechts wählen. An der nächsten Kreuzung endet unser Geh- und Radweg. Wir wandern nach links weiter, gelangen wieder über die **Laugna (10)**, 442 m, und geradeaus über den Weiherbach nach **Emersacker** hinein. An der Einmündung geht es nach rechts weiter, nochmals über den Weiherbach. Dann folgen wir der Raiffeisenstraße nach links und gehen am Schloss vorbei zum **Ausgangspunkt (1)** zurück.

Von Langweid zur Klaus-Hütte 29

4.00 Std.

Auf schönen und ruhigen Wegen durch den Achsheimer Hart

Bei dieser Wanderung stoßen wir im Wald immer wieder auf kreisrunde Mulden. Diese Trichtergruben sind durch Eisenerzabbau wohl im Mittelalter entstanden. Zwischen Achsheim, Aystetten und Straßberg sind allein 8000 solcher Vertiefungen zu finden! Teils sollen auch schon die Kelten hier in vorgeschichtlicher Zeit auf einfache Weise im Tagebau Eisen gewonnen haben.

Ausgangspunkt: Bahnhof Langweid (451 m, Navi: 86462 Langweid, Bahnhofstr. 1).
Höhenunterschied: 180 m.
Anforderungen: Überwiegend problemlose Waldwege, zum Teil beschildert als Rundwanderweg Feigenhofen – Achsheim.
Einkehr: Klaus-Hütte (nur am Wochenende, nur Getränke), Café im buch7-Kulturbahnhof Langweid, weitere Gaststätten und Restaurants in Langweid.
Variante: Als alternativer Start, besonders bei heißem Wetter, bietet sich der Wanderparkplatz nahe der Klaus-Hütte bei Muttershofen an. Den Abstecher nach Langweid einfach weglassen.

Vom **Bahnhof Langweid (1)**, 451 m, gehen wir nach links an den Park-and-ride-Plätzen vorbei – gegenüber die einstige Bahnhofsrestauration – über die Flurstraße (Archäologischer Radwanderweg) bis zur Einmündung in die Schmuttertalstraße. Dieser folger wir nach rechts über die freie Flur auf dem begleitenden Geh- und Radweg auf die bewaldete Schmutterleite mit den am Hang liegenden Ortschaften zu. Hinab ins Tal der **Schmutter**, über die uns bald eine Brücke **(2)**, 443 m, führt. Links steht das mächtige Mühlengebäude (mit Bildnische), deren Müller seit 1585 belegt sind. Die Einmündung des Mühlkanals ist erkennbar. Hier in Achsheim, einem typischen Straßendorf, folgen wir der Bauernstraße am Dorfplatz, wo auch die **Feigenhofer Straße (3)**, 446 m, einmündet, in einer Linkskurve weiter durch den noch bäuerlichen Ort.

Seine katholische Prägung ist an Bauernhaus und Stadel von Nr. 44 sowie am Bauernhof von Nr. 39 abzulesen, wo jeweils eine Bildnische mit Figur vorhanden ist. Nach der teils barocken Kirche St. Peter und Paul und kurvigem Straßenverlauf an der Bushaltestelle »Bauernstraße« nach rechts in die Anna-Mertinger-Straße. Ab hier folgen wir dem beschilderten »Rundwanderweg Feigenhofen – Achsheim 10,6«. Am Spielplatz halb links vorbei, sanft ansteigend Richtung Wald. Feldkreuz und Bank lassen wir links liegen. An einer Trauerweide geht der Asphaltweg in einen Kiesweg über. Wir passieren das Wochenendgebiet Haldenberg. Weiter das Wiesentälchen entlang, gelangen wir schließlich in den Wald. Weiterhin sanft aufwärts, bis sich der Weg gabelt. Hier wählen wir den **Hohlweg (4)**, 501 m, halb links. In der Mitte ist biberzeitlicher Schotter aufgeschlossen – gut erkennbar die gerundeten Kiesel. Nach einer lichten Aufforstungsfläche gelangen wir zur **Nikolauskapelle (5)**, 510 m, die ihre Entstehung einem Gelübde verdankt. 1847 wurde sie erstmals errichtet, 1987 erneuert. Schauen wir uns um, können wir Trichtergruben entdecken. Nach links weiter, stets der Beschilderung folgend. Nachdem wir an einer Kreuzung geradeaus gegangen sind, mündet unser Weg bald ein. Nun führt uns nach rechts ein schöner Weg erst durch Mischwaldaufforstungen (Himbeeren und Brombeeren) und dann durch einen solchen Hochwald. Geht es leicht bergab, folgen wir an der nächsten Kreuzung dem Wegweiser (400 m Klaus-Hütte) nach links. Kurz etwas steiler bergab (Vorsicht, lockerer Schotter!), erreichen wir am Parkplatz (Blick auf Muttershofen) nach rechts die **Klaus-Hütte (6)**, 495 m, das Vereinsheim der Gersthofer Naturfreunde. Von diesem Naturfreundehaus aus, wo man am Wochenende seinen Durst löschen kann, hat man einen herrlichen Blick in das Muttershofener Tal. Nun folgen wir dem Kiesweg in einem Bogen weiter, an der Einmündung nehmen wir den Waldweg nach links, der abschnittsweise nach Regen etwas matschig sein kann. Hinab bis zur Einmündung, wo wir nach links weiterwandern. Öffnet sich der Wald, überqueren wir in einem herrlichen Tal, in das auch Muttershofen eingebettet ist, den unscheinbaren Grundbach und gelangen dann nach rechts auf dem Schotterweg bald wieder in den Wald, wo wir stets dem beschilderten Hauptweg folgen. An Wochenendgrundstücken und einem Tiergehege (Esel, Ziegen) mit Teichen verlassen wir den Wald. Nach einem Links-Rechts-Schlenker geht der Kiesweg bald in einen Asphaltweg über, nun auf **Feigenhofen** zu. Die Straße führt uns etwas hinab und an der Bibertal-Sauna vorbei. Gleich nach der barockisierten Filialkirche St. Petrus nehmen

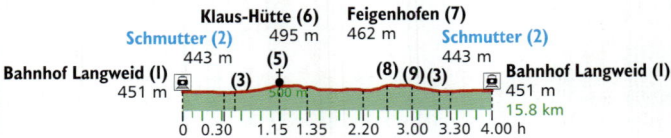

Das idyllische Muttershofener Tal.

wir den **Hirtenweg (7)**, 462 m, nach rechts. Das Dorf verlassen, folgen wir weiterhin dem Sträßchen und queren wieder den Grundbach, dessen Auenbereich rechts verschilft ist. Nun weiter Richtung Wald hinauf. An einer Wegkreuzung halten wir uns links und kommen dann an einem steinernen Flurbereinigungskreuz vorbei. Am Waldrand folgen wir dem Weg nach halb rechts in diesen hinein, weiterhin ansteigend. An einer alten, eingeschnittenen Wegtrasse gehen wir rechts vorbei. Solche Bündel von Wegen sind typisch für steile Hangbereiche. Dann führt uns der Weg durch ein ganzes Feld von **Trichtergruben (8)**, 508 m, bis er schließlich einmündet. Hier auf dem anfangs etwas grasigen Waldweg nach rechts weiter. Gut beschildert führt er uns als Spurweg über eine lichte Aufforstungsfläche hinab. Hier tangieren uns kurz Brennnesseln und dann hohes Gras, aber bald gelangen wir wieder etwas hinauf in einen Fichtenforst. Der schöne Waldweg mündet schließlich ein, wir nehmen den **Hohlweg (9)**, 507 m, nach rechts und wandern auf dem Hauptweg weiter bis zum Waldrand hinab, von wo aus der Blick schon auf das Neubaugebiet von **Achsheim** fällt. An schmucken Häusern und Gärten geht es geradeaus vorbei hinab zur Einmündung der Feigenhofer Straße **(2)**. Von hier auf bekanntem Weg aus dem Ort hinaus, über die Schmutter und deren Terrassenkante hinauf. Oben können wir rechts immer wieder einen Blick auf die FLR-9 Wullenweberantenne, eine Überlassenschaft der amerikanischen Armee, werfen. Auf Langweid zu und nach links über die Flurstraße zurück zum **Ausgangspunkt (1)**.

30 Von Mertingen nach Nordendorf

Die Via Claudia entlang und zum Kloster Holzen

Als die Römer 15 v. Chr. ins Alpenvorland kamen, errichteten sie auf dem Burgberg einen kleinen Militärposten. Knapp 60 Jahre später wurde das eigentliche Kastell Submuntorium erbaut. Von dem heute größtenteils bewaldeten Geländesporn aus, der an zwei Seiten in spitzem Winkel von der Schmutter umflossen wird, konnte das Lech-Schmutter-Tal nach Norden hin abgeriegelt und so die Provinzhauptstadt Augusta Vindelicum geschützt werden. Zudem war eine Überwachung der regionalen Straßen und Wasserwege möglich; denn hier kreuzten sich mit der Via Claudia Augusta und der Via Danubia zwei bedeutende Römerstraßen. Auch in spätantiker Zeit existierte an dieser Stelle ein Steinkastell, daneben ein Lagerdorf sowie eine kleine Industrieansiedlung mit Brennöfen zur Glasherstellung und Metallverarbeitung. Die überaus günstige Lage nutzten später im Mittelalter herausgehobene Bevölkerungsschichten, die auf den Resten des spätantiken Kastells eine Burg errichteten. Diese wurde im 15. Jh. zerstört.

Ausgangspunkt: Bhf. Mertingen (409 m, **Navi:** 86690 Mertingen, Am Bahnhof 6).
Zielpunkt: Bahnhof Nordendorf (422 m) (**Navi:** 86695 Nordendorf, Bahnhofstr. 8).
Höhenunterschied: 120 m im Aufstieg, 110 m im Abstieg.

Anforderungen: Keine, teilweise auf beschilderten Wanderwegen.
Einkehr: Landgasthof Bürgerhaus Allmannshofen (nur So mittags, Reservierung nötig), Klostergasthof Holzen, Gasthäuser in Nordendorf.

Vom **Bahnhof Mertingen (1)**, 409 m, aus gehen wir links über den Parkplatz. Unter der Straßenbrücke hindurch, nehmen wir gleich nach der folgenden Rechtskurve den links abzweigenden Asphaltweg und gelangen über den Egelseebach. Weiter die Gleise entlang, durch das Trinkwasserschutzgebiet der Gemeinde Mertingen, aus dem auch die Molkerei Zott mit ihrem enorm hohen Wasserbedarf, der mit dem einer Kleinstadt vergleichbar ist, versorgt wird. Die Gewinnungszonen sind abgezäunt, dahinter der heute bewaldete Hügelsporn von Burghöfe. Auf dem Asphaltsträßchen weiter nach rechts, gelangen wir über die Schmutter nach **Burghöfe (2)**, 415 m. Hier durch den Hof, den wir an Streuobstwiesen vorbei wieder verlassen. In den Schotterweg bie-

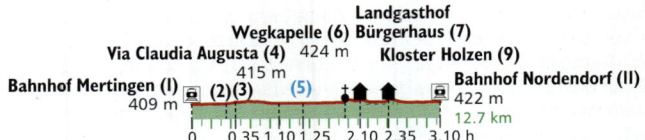

gen wir links ein. Er bringt uns, an einer Villa vorbei auf die Erosionskante der Schmutter hinauf. Nach einer Bank folgen wir dem abzweigenden Graspfad **(3)**, 431 m, oben an der Erosionskante entlang, an einem Laubwäldchen biegt er rechts ab. An der Einmündung geht es auf dem Kiesweg nach links zu einem Aussichtspunkt mit Flurkreuz und Bank. Von hier kann man ins Lech- und ins Donautal mit der angrenzenden Alb blicken. Wir folgen dem Kiesweg nach **Druisheim**, das kurz nach dem Dreißigjährigen Krieg vom Kloster Holzen erworben worden ist. Hier an der Sebastianskapelle vorbei, folgen wir nach knapp 400 m kurz vor dem Dorfplatz der Straße »An der Krepp«

Eine nachgebildete Säule markiert den Verlauf der Via Claudia Augusta bei Druisheim.

in spitzem Winkel nach links die Erosionskante hinab. Die Schmutter überquert, wandern wir an einem Kiesweiher vorbei auf den Nord-Süd-verlaufenden Laubwaldstreifen zu – links Blick auf Burghöfe. Dort treffen wir auf die Trasse der **Via Claudia Augusta (4)**, 415 m, mit nachgebildetem römischem Meilenstein und Infotafel, der wir nach rechts folgen (Radweg Historisches Druisheim). Rechts der heute bewaldete Straßendamm, links eine Baumschule. An der Wegkreuzung verlassen wir ihn nach rechts und gelangen mit Blick auf Druisheim an einem Weiher vorbei. Auf dem Fußweg nach rechts, folgen wir am Ortsrand der Beschilderung (u. a. Jakobsweg) nach links an der Marienkapelle (Infotafel) vorbei, über die Wiese auf den Kiesweg zu. Hier Infotafel zum **Fischbach Druisheim (5)**, 417 m. Wir wandern halb links und dann stets geradeaus, bald auf einem gekiesten Spurweg mit Blick auf die Kirche von Allmannshofen weiter. Rechts fließt die Schmutter, an sie grenzen Reste des Leitenwaldes an. Nach der Kläranlage erreichen wir **Allmannshofen**. Hier überqueren wir nach rechts den Fluss und folgen der Straße an idyllisch gelegenen Häuschen vorbei. Steht rechts eine **Wegkapelle (6)**, 424 m, von 1747, gehen wir auf Stufen steil den Kreuzweg mit hölzernen Tafeln hinauf. Rechts taucht die Kapelle St. Moritz auf. Hier lebten im 17. Jh. nacheinander drei Einsiedler in einem an die damalige Kapelle selbst angebauten Bretterverschlag. Sie verschwanden jedoch mit einer Hungersnot Ende des Jahrhunderts. An der Kreuzgruppe nach links (Rastplatz) auf dem Sträßchen am Hang entlang.

Die Doppeltürme des Klosters Holzen. Rechts die in die südliche Klostermauer eingefügte Loretokapelle.

In der nächsten Rechtskurve gehen wir geradeaus weiter und wählen gleich in der nächsten Linkskehre einen etwas versteckten schmalen Fußpfad nach rechts. Zwischen den Hecken führt er hinab zur Hauptstraße. Dieser folgen wir an der Kneippanlage vorbei ca. 150 m nach rechts bis zur Kirchberghalle mit Parkplatz, an dessen Ende wir nach links erst den Weg und dann steil die Stufen hinaufgehen zur katholischen **Kirche St. Nikolaus**, die wir gegen den Uhrzeigersinn umrunden. An der Südseite befindet sich der **Landgasthof Bürgerhaus (7)**, 448 m. Wir folgen der Straße weiter hinab am Pfarrhaus mit angebautem Pfarrstadel (Nr. 15) vorbei und dann der Waldstraße nach links hinab zur prächtigen, aber heruntergekommenen Jacklmühle, die bis 1960 noch Sägmühle war. Direkt davor führt ein Wanderweg (u. a. Kloster Holzen) nach rechts an Drahtschotterkästen vorbei. Nun direkt am idyllischen Schmutterkanal entlang durch schönen Auwald – teils als Eschen-Erlen-Hartholzaue ausgebildet. Nach einem Rastplatz am Schmutterkanal erreichen wir die ehemalige **Klostermühle (8)**, 425 m, einst Mahl- und Sägmühle. Bis zu ihrer Stilllegung 1972 erzeugte sie Strom für das Kloster. Hier geradeaus die Stufen hinauf, am ehemaligen Jägerhaus neben einer Kastanie (ND) sowie auf einem Pfad am Friedhof mit der 1707 am vormaligen Klosterstandort erbauten Laurentiuskapelle vorbei. Weitere Stufen führen uns zur Pforte des **Klosters Holzen (9)**, 448 m, das um 1150 bereits existierte, damals aber noch im Tal. Ab 1696 wurde das Kloster wegen des guten Fundamentes hier herauf verlegt.

Heute befinden sich in den Räumlichkeiten Werkstätten für Behinderte des Dominikus-Ringeisen-Werkes sowie ein Hotel mit Gasthof. An der Klosterpforte gehen wir rechts weiter und biegen dann links ab, um schließlich entlang der Klostermauer an einem runden Eckturm, dem Gartenhäuschen und den Gärten vorbei wieder hinabzugehen. An der Einmündung folgen wir dem Geh- und Radweg nach links mit Blick auf das breite Lechtal am Ortsrand von Ehingen entlang. An der nächsten Einmündung überqueren wir mit ihm in einem Links-Rechts-Schlenker die Straße und wandern dann auf dem Asphaltsträßchen südwärts, bald an einem Altwasserarm der Schmutter mit Teichrosen und Schwänen vorbei – ein Blick zurück lohnt sich. An einem Wegkreuz nehmen wir den Kiesweg halb links, nun am Fluss entlang zu einer mächtigen Kastanie mit Bank. Weiter über die Brücke mit dem Brückenheiligen Nepomuk nach **Nordendorf** hinein. Hier halten wir uns zweimal rechts, bevor wir am »Vorfahrt gewähren«-Schild nach links über die Donnsbergstraße ins Ortszentrum gelangen. An der Einmündung – links die Gaststätte Miller – biegen wir rechts ab und wandern am ehemaligen, bereits 1560 von den Vorbesitzern (Rehlingen-Welser) erbauten **Fuggerschloss (10)**, 423 m,

entlang, von dem nach einem Brand 1862 nur noch Süd- und Westtrakt erhalten sind. 1580 hatten die Fugger die Herrschaft Nordendorf erworben, was den letzten Lückenschluss an der wichtigen Straße von Augsburg zur Donau darstellte, und begründeten damit die Linie Nordendorf-Oberndorf. Die spätere Nordendorfer Linie starb jedoch 1848 aus. Dem kurvigen Verlauf der Hauptstraße folgen wir bis zur Abzweigung nach Blankenburg. An der kleinen Kapelle vorbei geradewegs zum **Bahnhof (11)**, 422 m.

31 Goldbergalm

1.10 Std.

Sagenhaftes und mehr erfahren auf der Lauschtour

Um den Goldberg, der aus schwer erodierbaren Ries-Auswurfmassen, vor allem Malmkalk, besteht, die beim Impaktereignis hierher an den Südrand der Schwäbischen Alb geschleudert wurden, ranken sich Sagen in unterschiedlichen Versionen. Während des Dreißigjährigen Krieges etwa sollen hier reiche Leute aus der Umgebung Kisten und Kannen mit Gold vergraben haben, die teils noch immer im Inneren des Berges liegen – daher der Name »Goldberg«. An der Stelle des heutigen Burgstalles soll einst ein Schloss gestanden haben, das eines Tages im Berg versunken ist, da seine Bewohner sehr böse Menschen waren. Seitdem sollen hier deren Geister spuken. Vielleicht ist es aber auch das Goldbergmännle, das auf dem Goldberg sein Unwesen treiben und die Menschen erschrecken soll. Kein Wunder also, dass in früheren Zeiten der Goldberg gemieden wurde!

Ausgangspunkt: Parkplatz an der Goldbergalm (503 m, **Navi:** 89440 Lutzingen, Goldbergalm 1).
Höhenunterschied: 100 m.
Anforderungen: Keine. Der Weg ist in beiden Richtungen sehr gut beschildert mit Wegweisern »Sagenhaft«, »Lauschtour« bzw. Märchenfiguren.

Einkehr: Goldbergalm bei Lutzingen.
Tipps: Amüsante Lauschtour sehr empfehlenswert! I-Pods auf der Goldbergalm ausleihbar. Hier gibt's auch ein kostenloses Sagenbüchlein. Heimatmuseen in Blindheim und Höchstädt sowie große Ausstellung im Schloss von Höchstädt. Infozentrum des KKW Gundremmingen.

Wir starten am Parkplatz an der **Goldbergalm (1)**, 503 m, bei Lutzingen, wo sich die erste Hörstation am Gedenkstein zur Schlacht bei Höchstädt befindet, die sich 1704 in der von hier aus sichtbaren weiten Ebene abgespielt hat. Als eine der größten Schlachten Europas führte sie durch die Niederlage der Franzosen und Bayern gegen die Alliierten zu einer Veränderung der Machtverhältnisse in ganz Europa. An der Einführungstafel vorbei, geht es durch den Mischwald etwas aufwärts. Nach der 2. Station »Tor zur Sagenwelt« können wir an der 3. Station nach links einen Abstecher hinüber zur **Goldburg (2)**, 510 m, machen. Auf diesem mittelalterlichen Burgstall saßen einst die Ritter Lutz – daher der Ortsname Lutzingen. Heute steht hier eine kleine Holzhütte. Außerdem sind eine Schatztruhe und Ringelblumen aus Keramik vorhanden, die geblüht haben sollen, als das Schloss unterging. Wieder zurück, folgen wir dem Waldweg weiter bis zur Einmündung. Hier beginnt nach links der Rundweg. Bald erreichen wir den **Waldrand (3)**, 509 m, wo sich ein weiter Blick über das Donautal Richtung Lauingen und Gundremmingen mit dem KKW bietet. Der relativ seltene Rotmilan mit seinem charakteristisch gegabelten Schwanz, der im Donautal einen Verbreitungsschwerpunkt hat, kann hier, wo Felder und Wiesen an den Waldrand grenzen, beobachtet werden. Der Kiesweg führt aussichtsreich an einem Insektenhotel vorbei – daneben der erste Rastplatz – zum **Jubiläumskreuz (4)**, 499 m, wo viele Gedächtnismessen stattfinden. Auf mehreren Sitzmöglichkeiten, darunter einer Panoramaliege,

Märchenfiguren und Tafeln markieren den Rundweg lückenlos.

lässt sich hier der freie Blick über das weite Donautal genießen. Wandern wir weiter hinab, so treffen wir auf freier Flur auf ein Sträßchen. Diesem folgen wir nach rechts bis zum Waldrand, wo sich rechts die Waldkapelle **Christi Himmelfahrt (5)**, 469 m, befindet. Erbaut wurde sie 1980 von den Eheleuten Sing aus Dank, dass ihre Tochter bei einem Unfall doch mit weit leichteren Verletzungen davonkam als erst befürchtet. Hier eine weitere Rastbank. Jetzt noch ein Stück am Waldrand entlang, dann weist uns die Beschilderung nach halb links in den Wald. Auf dem Forstdirektor-Mayr-Weg gelangen wir zur **Futterstelle (6)**, 481 m. Kurz darauf queren wir einen sich durch den Wald schlängelnden, eingeschnittenen Bachlauf. Dann stoßen wir auf einen Forstweg, dem wir nach rechts hinauf folgen. An der Tafel zu den Goldbergrittern **(7)**, 513 m, geht es nach rechts weiter auf dem Waldweg über den Goldberg (»Rückweg Lauschtour«). Er führt uns an einer umgekippten Baumwurzel **(8)**, 522 m, vorbei, an der man erkennen kann, wie sandig und flach der Boden ist. An einer alten Abbaustelle **(9)**, 521 m, die bereits überwachsen ist, geht es nach rechts weiter. Bald wandern wir auf dem bekannten Forstweg zur **Goldbergalm (1)** zurück. Vom Biergarten sowie vom Parkplatz aus können wir die Aussicht genießen.

32 Vom Riesrand ins Kesseltal

4.40 Std.

Vom einstigen Klosterdorf Mönchsdeggingen zum sagenumwobenen Michelsberg

Die barockisierte Michaelskirche liegt geschützt auf einem kalkigen Felssporn über der Kessel, die sich in die Riesauswurfmassen eingetieft hat. Einst stand hier die Burg der Herren von Fronhofen, die nur um 1140/50 belegt sind. Etwas unterhalb der Michaelskirche befindet sich eine Höhle (»Hanseles Hohl«), die nach einem Bauern, der sich hier mit seiner Tochter im Dreißigjährigen Krieg versteckt haben soll, benannt sein soll. Letztere soll ihren Vater immer mit »Hansele hol« (dir dein Essen) gerufen haben. Die beiden sollen die einzigen Überlebenden des zerstörten Dorfes Fronhofen gewesen sein.

Ausgangspunkt: Parkplatz am ehemaligen Almarin-Bad (456 m) in Mönchsdeggingen (**Navi:** 86751 Mönchsdeggingen, Almarinstr. 4).
Höhenunterschied: 460 m.
Anforderungen: Keine. Abschnittsweise ausgeschildert als Weiherweg, Hügelwanderung im Kesseltal, Michelsberg-Rundweg, u. a.
Einkehr: Gasthaus Zur Sonne in Untermagerbein (bitte Öffnungszeiten beachten).
Variante: Abkürzung über Untermagerbein.
Tipp: Geotope Kühstein Mönchsdeggingen.

Vom **Parkplatz** am ehemaligen **Almarin-Bad Mönchsdeggingen (1)**, 456 m, folgen wir »Am Riesblick« der Beschilderung auf einem Kiesweg an einem alten Steinbruch vorbei. Hier sind Reste eines Schwammriffs aus dem Jurameer zu sehen sowie kleine Fossilien zu finden, die nicht vom Impakt zerstört worden sind (Infotafel). Bald auf einem Grasweg an der Heide des Kühsteinfelsens (ND) mit wertvoller Magerrasen- und Felskopfvegetation und an Hecken vorbei. Dieser Höhenzug ist etwa 1 km weit vom südlich verlaufenden Kraterrand abgerutscht. Hier erste Blicke ins Südries und zurück nach Mönchsdeggingen. Stets auf dem Weiherweg erst am strauchreichen Waldrand entlang, dann durch den Kalkbuchenwald. Wir folgen einer Forststraße nach links am **Hungerbrunnen (2)**, 452 m, vorbei – ein Hinweis darauf, dass wir uns in wasserdurchlässigem Kalkgestein befinden. An der Einmündung am Waldrand wandern wir nach rechts weiter, verlassen den Weiherweg aber bald, wenn ein weiterer Kiesweg scharf von links einmündet. Auf letzterem geht es weiter durch den Wald sanft hinauf. Kurz etwas hinab, mündet unser Weg in eine Forststraße, der wir nach rechts folgen. Auf dem ehemaligen Fürstenweg queren wir den eigentlichen Rieskraterrand und gelangen am höchsten Punkt an einem Wegkreuz vorbei geradeaus zum idyllisch gelegenen **Prälatenweiher (3)**, 499 m, hinab, der einst den Mönchen des Klosters Mönchsdeggingen als Fischweiher diente. 1803 gelangte er in

Blick vom Buchberg ins südöstliche Ries. Im Vordergrund rechts die Klosterkirche Mönchsdeggingen, links die evangelische Kirche St. Georg.

den Besitz der Grafen von Oettingen-Wallerstein und wurde von den höheren Herrschaften zum Baden genutzt, weswegen er auch Fürstenweiher heißt. An der alten Eiche (ND) mit Gedenkstein geradeaus vorbei, wandern wir hinauf und biegen nach etwa 500 m auf dem Plateau links ab. Auf dem Weiherweg etwas hinab zum Waldrand, wo wir mit Blick auf Untermagerbein auf eine Wegkreuzung **(4)**, 502 m, treffen. Hier können wir unsere Tour abkürzen und geradeaus weitergehen (Variante), verpassen dann allerdings einen Großteil des reizvollen Kesseltals. Ohne Abkürzung geht es weiter nach

rechts hinauf, an einem Steinbruch, einem Feldgehölz sowie einem Jägerstand vorbei. Der gekieste Spurweg führt uns bald mit Blick auf **Tuifstädt**, die Michaelskirche sowie Teile des Kesseltals hinab. Auf einem Sträßchen geht es nach links durch den Weiler, dessen Name »tief gelegene Siedlungsstätte« bedeutet. Wir folgen nun weiterhin dem Sträßchen Richtung Fronhofen durch die abwechslungsreiche Landschaft mit dem eingetieften Tal der **Kessel** sowie Heideflächen. Auch ein Blick zurück lohnt sich. An der Weggabelung halb rechts weiter auf den Michelsberg zu – links davon die Kapelle von Fronhofen. Hinab ins Tal der mäandrierenden **Kessel (5)**, 469 m, die wir überqueren. Rechts befinden sich ein Parkplatz sowie ein Zeltlagerplatz. Ab hier nun auf dem Wanderweg »Hügelwanderung im Kesseltal«, folgen wir weiter dem Sträßchen an Tafeln des Michelsberg-Rundweges vorbei, bis die Beschilderung nach links zur Michaelskirche mit Hanseles Hohl weist. Den Pfad steil hinauf, gelangen wir zu einem Aussichtspunkt am Waldrand mit Infotafel zur Ruine Hohenburg. Im Tal sehen wir die einst zur heutigen Ruine gehörige Hohenburgermühle. An weiteren Tafeln zu Tieren und Pflanzen vorbei, gelangen wir schließlich zu einer Einmündung, wo uns nach links ein 1870/80 angelegter Kreuzweg auf den Michelsberg zur **Kirche St. Michael (6)**, 517 m, der Pfarrkirche von Fronhofen mit Friedhof, hinaufführt. Ihre besondere Lage, eine Viertelstunde außerhalb auf einem Hügelsporn, sowie das Patrozinium St. Michael deuten auf eine alte Kultstätte aus vorchristlicher Zeit hin. Gehen wir links an der Kirchenmauer entlang, gelangen wir auf einem steilen Pfad durch den Wald hinab zur **Hanseles Hohl (7)**, 502 m. Diese am steilen Nordhang befindliche Höhle diente einst wohl weniger als Behausung, sondern vielmehr als Kult- und Opferstätte. Man hat hier aufgeschlagene Menschenknochen aus der Jungsteinzeit gefunden, die auf Kannibalismus hindeuten. Auf gleichem Weg zurück und an den Kreuzwegstationen hinab, wandern wir nun geradeaus nach **Fronhofen**, wo wir nach links der Straße folgen. An der hübsch von Grün eingerahmten Kapelle Maria Hilf vorbei, die nur im Winter genutzt wird. Am Ortsrand verlassen wir nach der Kläranlage – rechts ein Feldkreuz – die Straße und folgen dem gekiesten Spurweg nach halb links. Nun wandern wir, stets entlang der Beschilderung des Wanderweges »Hügelwanderung im Kesseltal«, durch die Heidelandschaft des reich gegliederten Tals der Kessel – auch ein gelegentlicher Blick zurück lohnt sich. Dann bringt uns der mittlerweile in einen Wiesenpfad übergegangene Weg nach einem Rechtsbogen die Heide

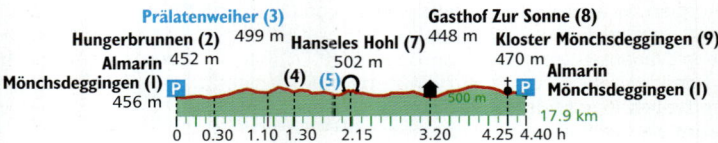

Hübsche Kreuzwegstationen begleiten das steile Sträßchen hinauf zur Kirche St. Michael.

hinauf zu einem Sträßchen, dem wir nach links an einem Feldkreuz und »Solaracker«, bald unbeschildert, aussichtsreich an Obermagerbein vorbei folgen. Kurz am Waldrand entlang, wandern wir durch den Wald hinab ins schön in die Landschaft gebettete **Untermagerbein**, wo wir wiederum die Kessel überqueren. Am **Gasthof Zur Sonne (8)**, 448 m, gehen wir nach rechts weiter, nun wieder stets auf dem Weiherweg. Am Dorfende – rechts der mächtige ehemalige **Meierhof**, wo einst der reichste Bauer des Dorfes wohnte, der aber auch besondere Pflichten zu erfüllen hatte wie beispielsweise die Beherbergung und Verpflegung von herrschaftlichen Jagdgästen und deren Tieren – biegen wir links ab. Hinauf zum Waldrand – hier ein Aufschluss in einer aus dem Ries herausgeschleuderten Eisensandstein-Scholle –, wandern wir durch Wald sanft ansteigend weiter. Schließlich geht es nach links auf einem Kiesweg überwiegend durch Laubwälder hinab zum **Kloster Mönchsdeggingen (9)**, 470 m. Nach links wandern wir am Klostertor beim Mosesbildstock, dem Geopark-Wegweiser folgend, auf einem Spurweg die Heide hinauf zur **Aussichtsplattform (10)**, 492 m. Hier genießen wir den herrlichen Blick über das Ries, eine **Panoramatafel** am **Buchberg** (ND) gibt uns Aufschluss über die Namen von Orten und Hügeln. Der Pfad führt uns weiter in den 2010 gestalteten Kunstwald. Dann geht es am Schießhaus rechts hinab, am jüdischen Friedhof vorbei. Hier überqueren wir die Albstraße und gehen gleich rechts auf dem Kiesweg hinab an einem Aufschluss mit Deltaablagerungen eines in den einstigen Riessee mündenden Flusses (Infotafel) vorbei zurück zum **Ausgangspunkt (1)**.

33 Von Harburg nach Donauwörth

5.00 Std.

Über die östlichen Ausläufer der Schwäbischen Alb und durchs romantische Wörnitztal

Die Harburg ist eine der ältesten, größten und besterhaltenen Burgen Deutschlands. Unter den Stauferpfalzen nördlich der Alpen ist sie sogar die größte. 1150 erstmals sicher nachweisbar, thront sie hoch über dem Tal der Wörnitz, die sich zwischen Schwäbischer und Fränkischer Alb eingeschnitten hat. Angesichts ihrer Mäanderbögen macht sie ihrem Namen alle Ehre, der aus dem Keltischen stammt und die »sich Krümmende, Windende« bedeutet. An ihrer Mündung in die Donau liegt Donauwörth, wo auf dem beim Ries-Ereignis hierher verfrachteten Mangoldfelsen vom 11. bis Anfang 14. Jh. die Burg der Herren von Werd stand.

Ausgangspunkt: Bahnhof Harburg (411 m), Parkplatz auf der Verkehrsinsel bei Gabelung Bahnhofstraße/Oskar-Märker-Straße (**Navi:** 86655 Harburg, Oskar-Märker-Str. 4).
Zielpunkt: Bahnhof Donauwörth (404 m).
Höhenunterschied: 250 m im Aufstieg, 260 m im Abstieg.
Anforderungen: Größtenteils ausgeschildert, Teilstrecken als Main-Donau-Weg, Frankenweg und Albsteig (rotes Dreieck).

Einkehr: Gasthäuser und Cafés in Donauwörth, Gaststätten Braun und Schmidbaur in Wörnitzstein.
Variante: Zweiteilung der Tour möglich (Bahnhof Wörnitzstein).
Tipps: Museen in Donauwörth. Reste der Stadtmauer, der Burg und eine allochthone Scholle aus dem Ries sind im Forum für Bildung und Energie zu sehen. Schloss Harburg (stündliche Führungen). Geotop Kalvarienberg, Wörnitzstein.

Vom **Bahnhof Harburg (1)**, 411 m, beim Zementwerk Märker gehen wir die Straße entlang, am Versand vorbei und an der Verkehrsinsel mit Parkplatz, dem Frankenweg folgend, links hinauf. Die nächste Straße erreicht, wandern wir durch die Kastanienallee zwischen Heideflächen steil den Wedelbuck hinauf und anschließend durch Laubwald. An der Einmündung nach rechts, erreichen wir nach gut 50 m die **»Schöne Aussicht« (2)**, 479 m, einen herrlichen Aussichtsplatz auf Stadt, Schloss und das von Heidelandschaft und Wäldern gesäumte Wörnitztal. Wieder zurück, folgen wir nun der Wegweisung (rotes Dreieck) erst am Waldrand entlang und dann durch eine Allee über die Heide. Der Blick geht ins Wörnitztal mit dem Märkerwerk bis nach Donauwörth. Der Beschilderung durch das Wohngebiet Stadelhof gefolgt, nimmt uns dann ein Grasweg auf, der uns bald als Kiesweg mit Blick auf den Großen Hühnerberg (Sendemast) an den Hecken der Gärten entlangführt. Stehen rechts drei Bäume – die **»Drei Friedenszeichen«** – biegen wir an der Einmündung **(3)**, 494 m, links ab. Die beiden Kastanien und die wohl ältere Eiche erinnern an das Ende des deutsch-französischen Krieges 1871. Die roten Dreiecke führen uns weiter durch die Kulturlandschaft. Nach einer Linkskurve erreichen wir eine Straße, auf der wir nur kurz nach rechts gehen, um gleich nach links auf den anfangs teils grasigen Pfad durch den Wald einzubiegen. Gut beschildert, mündet er in einen Kiesweg, dem wir nach links aus dem Wald hinaus an einer Scheune vorbei folgen. Nun nach links, wieder auf einem Grasweg, mit Blick auf Mauren am Waldrand entlang sanft abwärts. An der Einmündung nehmen wir den Kiesweg geradeaus hinab an einer Aufforstung vorbei. Gleich nach dieser folgen wir dem Wegweiser geradeaus (neue Wegführung des Albsteigs). Auf dem Kiesweg wandern wir am leise plätschernden Reisbach entlang, welcher linker Hand den weit vorspringenden **Schlossberg (4)**, 466 m, umfließt. Auf diesem stand einst die »Veste« einer der beiden Adelsfamilien von Mauren. Die Burg soll im Dreißigjährigen Krieg zerstört worden sein, die Steine wurden nach 1821 für den Bau von Stallungen an der nahen Oberen Reismühle verwendet. Dann queren wir eine Straße und nehmen den Kiesweg geradeaus. Mit Blick auf Mauren geht es bald nach halb rechts am Waldrand entlang und schließlich in diesen hinein. Zweigt links ein Forstweg ab, folgen wir ihm zum Rastplatz auf dem **Eichbühl (5)**, 496 m – es stehen

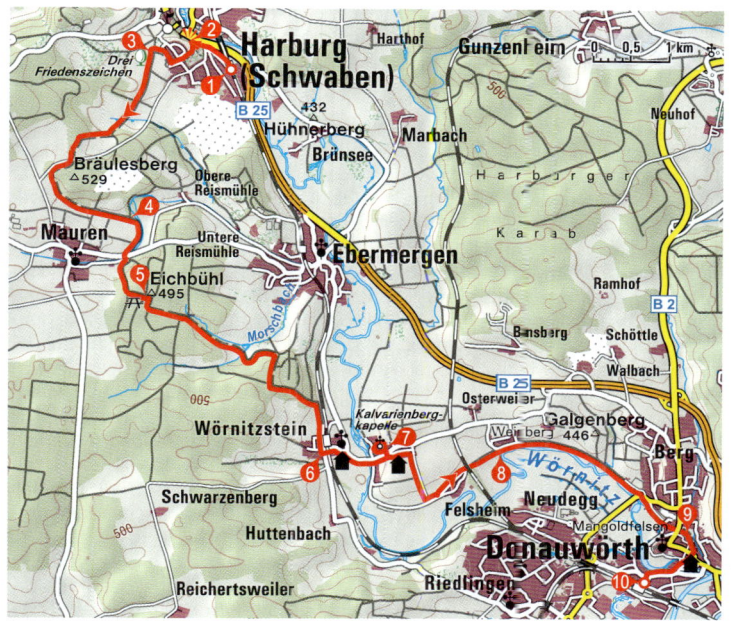

147

auch einige alte Eichen entlang des Weges. An dieser Wegkreuzung geht es geradeaus weiter, an den nächsten zwei Kreuzungen jeweils rechts, an der dritten links durch das Katzental sanft hinab. Nach einer Einmündung halb rechts weiter, stets geradeaus abwärts. Den Wald verlassen, gehen wir an der Wegkreuzung im Talgrund – links ein Weiher – geradeaus den Spurweg hoch. Bald auf breitem Kiesweg am Waldrand entlang mit Blick auf Ebermergen, das Wörnitztal und die Höhen der Frankenalb. An der Einmündung gleich nach rechts in den Wald hinauf. An der höchsten Stelle wandern wir nach links weiter, wieder hinab bis ins Wörnitztal. Am Bahndamm rechts, erreichen wir bald die ersten Häuser von **Wörnitzstein**, wo wir am **Bahnhof (6)**, 409 m, die Gleise nach links überqueren. Geradeaus an der Gastwirtschaft Braun sowie dem alten Schulhaus vorbei, wo wir halb rechts weiter der Graf-Hartmann-Straße folgen. An der Einmündung rechts weiter, öffnet sich bald ein malerischer Blick auf die Bogenbrücke und die Kapelle. Nach deren Querung gabelt sich die Straße. Hier machen wir nach links einen Abstecher durch einen hübschen Torbogen und folgen den Geotop-Wegweisern über von Kreuzwegstationen gesäumte Stufen hinauf. Nach der Mariengrotte gehen wir auf dem Pfad am blanken Fels der allochthonen Kalkscholle mit ihrem zerklüfteten Gestein (Infotafel) entlang und mit Ausblick, schließlich hinauf zur **Kalvarienbergkapelle (7)**, 437 m. Dieser hübsche Bau von 1750 gilt als schönste und besterhaltene Barockkapelle im weiten Umkreis und steht auf einem aus dem Rieskrater heraustransportierten Kalkfelsen. Beim Weg hinab nehmen wir die Stufen nach rechts. Unten wählen wir die rechte Parallelstraße und gelangen nach einer weiteren Infotafel am Gasthaus/Hotel »Zum Schmidbaur« vorbei. Stets geradeaus, biegen wir am Ortsrand rechts ab. Entlang einer Hecke erst hinauf und dann wieder hinab ins Wörnitztal. An der Einmündung links, schwenken wir noch vor dem Ortsschild von **Felsheim** nach links und wandern am Ortsrand entlang geradewegs auf den Bahndamm zu. Nach Querung der Bahnlinie Richtung Nürnberg geht es mit gelegentlichem Blick auf die **Wörnitzauen** sowie Donauwörth weiter. Die nächste Siedlung heißt, genauso wie der Flurname, **»Am Weinberg« (8)**, 408 m. Hier wurde auf dem steilen Südhang einst Wein angebaut. An einem Bildstock aus neuerer Zeit sowie einer Tafel über Biotope vorbei, wandern wir – links der Kreuz- bzw. Galgenhof – mit herrlichem Blick auf die Stadt, den zu genießen immer wieder Bänke einladen, erhöht am Rand des breiten Flusstales auf der einstigen Bahntrasse nach **Donauwörth**, das wir am Wasserwerk vorbei erreichen. Nun folgen wir stets der

Rad- und Wanderwegbeschilderung stadteinwärts. Kurz nach Querung der Straße mit Ampel nehmen wir den Geh- und Radweg nach links, der ein paar Meter hinauf und an einer Kastaniengruppe vorbeiführt. Nun weiter auf dem alten Bahndamm und stets geradeaus durchs Ruhetal zum **Alten Bahntunnel**, der 1849–1877 in Betrieb war. Durch ihn hindurch gelangen wir in die Promenade und erreichen sogleich den **Mangoldfelsen (9)**, 402 m, auf dem einst die Burg der Herren von Werd, genannt Mangoldstein, stand. 1308 wurde sie zum Abbruch freigegeben und der Fels in die neue Stadtmauer miteinbezogen. Heute wird im Sommer hier auf einer Freilichtbühne Theater gespielt. Links ein großer Spielplatz. Wir gehen weiter durch die Promenade. Links jenseits des Kaibachs verlief einst die Bahnlinie. Rechts Reste der einstigen Stadtbefestigung. An der Einmündung nach rechts gelangen wir an Infotafeln vorbei durch das Ochsentörl geradewegs zur prächtigen **Reichsstraße**. Diese mittels eines Zebrastreifens gequert, verlassen wir sie geradewegs wieder am ehemaligen Spital vorbei. Durch das Rieder Tor, das einzige noch erhaltene große Ausfallstor, in dem heute das Haus der Stadtgeschichte untergebracht ist, dann queren wir die Kleine Wörnitz und gelangen ins Ried, eine Wörnitzinsel und gleichzeitig der älteste Stadtteil. Hier eine **Einkehrmöglichkeit** in idyllischer Lage. Erst halten wir uns rechts, dann an der Straßengabelung (Engelapotheke) links. Nach der Sebastian-Franck-Brücke (mit Denkmal), mittels der wir die Große Wörnitz queren, folgen wir dem Straßenverlauf nach rechts und nach knapp 400 m links zum **Bahnhof Donauwörth (10)**, 404 m.

Ein beliebtes Fotomotiv – der Kalvarienberg von Wörnitzstein mit der Wörnitzbrücke.

34 Kaisheim, Gunzenheim und Buchdorf

3.20 Std.

Ein Kloster, ein Auswanderer und ein Asteroideneinschlag

Die Geschichte des einstigen Reichsklosters Kaisheim reicht zurück ins Jahr 1133, als Graf Heinrich II. von Graisbach-Lechsgemünd den Zisterziensern im bewaldeten Tal des Kaibachs Grund zur Errichtung eines Klosters bereitstellte. Als das Geschlecht 1342 ausstarb, gelangte es an die Wittelsbacher. Nach der Säkularisierung wurde 1816 in den Gebäuden eine Zwangsarbeitsanstalt eingerichtet, die 1862 in ein Zuchthaus umgewandelt wurde. Auch heute noch werden die Räumlichkeiten als Gefängnis genutzt. Die großartige gotische Kirche sowie der reichstuckierte Kaisersaal können besichtigt werden.

Ausgangspunkt: Parkplatz an der JVA Kaisheim (476 m, **Navi:** 86687 Kaisheim, Hauptstr. 65), Bushaltestelle beim Hofwirt (VDR 830 Donauwörth – Blossenau, 860 Donauwörth – Natterholz, teils Rufbus).
Höhenunterschied: 220 m.

Anforderungen: Keine. Großteils als Monheimer Alb 14 ausgeschildert.
Einkehr: Einkehrmöglichkeiten in Kaisheim und Buchdorf.
Tipps: Strafvollzugsmuseum, Klosterkirche und Kaisersaal im Kloster Kaisheim.

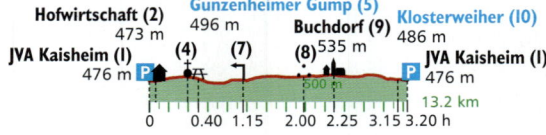

Vom **Parkplatz** an der Mauer der **JVA Kaisheim (1)**, 476 m, geht es an der imposanten Klosterkirche vorbei (Infotafel zum Jakobsweg) und am Münsterplatz mit Rathaus und Bäckerei/Café nach rechts durch den Torturm der einstigen Klosteranlage. Dessen Bogen besteht aus dem Gestein Suevit, das beim Ries-Impakt entstanden ist und dessen dunkle Flädle aus Gesteinsschmelze erstarrt sind. An der **Hofwirtschaft (2)**, 473 m, gegenüber, einst als Kaserne für Truppen zur Unterstützung des Reichsheeres erbaut, folgen wir der Neuhofstraße nach rechts an der Raiffeisenbank vorbei. In einer kleinen Anlage steht das Denkmal für den beliebten Abt Coelestin, der an dieser Stelle 1783 starb. Vor dem Feuerwehrhaus folgen wir der Stamser Straße nach rechts aufwärts durch ein Wohngebiet. An der Einmündung nach rechts, die Neuhofstraße entlang. An der Kreuzung, an der nach links eine **Allee (3)**, 510 m, zum staatlichen Versuchsgut Neuhof führt, dem einstigen klösterlichen Gutshof, wandern wir geradeaus durch ein Gewerbegebiet weiter. Wir passieren einen Kreisverkehr – ab hier ist der Weg mit Nr. 14 beschildert – sowie die Umgehungsstraße mittels einer Brücke. Dann hinüber zur **Heide-**

Die Gunzenheimer Gump.

brünnl-Kapelle (4), 515 m, mit Brunnenhaus, die von einem heimatvertriebenen Kaisheimer Geschäftsmann 2002/04 nach dem Vorbild des einst viel besuchten, gleichnamigen Marienkirchleins im Altvatergebirge erbaut wurde. Weiter Richtung Westen auf einem Kiesweg. Unser Blick geht über die sanfte Hügellandschaft auf das auf der Hochebene liegende Mündling und auf Gunzenheim. Etwas hinab erreichen wir rechts die **Gunzenheimer Gump (5)**, 496 m, mit Rastbank, Heidevegetation, einigen Kalkbrocken und sehr ungewöhnlicher Entstehung. In den einstigen Kalksteinbruch drückte das Grundwasser und bildete einen kleinen Teich, der durch die untergrundabdichtende Bunte Breccie ganzjährig wasserführend ist. Wir folgen weiterhin der Beschilderung. An einem Brünnlein mit Jahreszahl 1989 nehmen wir den Kiesweg links. Heidehänge begleiten uns nach **Gunzenheim**, das wir im Bereich von Heimgärten und Spielplatz erreichen. Der asphaltierten Straße folgen wir nach rechts hinauf zum Brunnen rechts und der **Villa Barbara (6)**, 467 m, mit kleinem Park links. Letztere hat Maximilian Strasser (1862–1929), ein gebürtiger Gunzenheimer, der nach Amerika auswanderte und dort reich wurde, als Feriensitz errichtet und nach seiner Mutter benannt. Später entwickelte es sich zu einer beliebten kirchlichen Begegnungsstätte. Erhöht auf einer aus dem Rieskrater ausgeworfenen Scholle steht die Kirche. Nun geht es nach links über den Schulweg und gleich geradeaus auf einem Kiesweg am ehemaligen Schulhaus vorbei zum Ortsrand. Hier nach rechts auf einem Kiesweg

zum Park- und Waldfriedhof, den ebenfalls Maximilian Strasser gestiftet hat und auf dem auch er und seine Frau unter einem mächtigen Monument bestattet sind. Links am Zaun entlang zur Straße nach Kaisheim, der wir 200 m nach rechts folgen. Dann nach links **(7)**, 484 m, um zum **Stockiberg** zu gelangen, einem mit Bäumen und Büschen bewachsenen Hügel, welcher ebenfalls aus dem Rieskrater herausgeschleudert worden ist. Im Tal folgen wir dem Feldweg nach rechts den Hang hinauf, auf den Jägerstand zuhaltend. Früher wurde die Kalkscholle als Steinbruch genutzt, heute ist sie Biotop. An der Einmündung folgen wir der Asphaltstraße nach links und biegen dann nach etwa 300 m rechts in einen Forstweg ein, der uns geradewegs zur Straße Kaisheim – Sulzdorf bringt. Diese überquert, gehen wir nach rechts bis zum nächsten links abzweigenden Forstweg an ihr entlang (Verkehr!). Durch Laubwald geht es ca. 600 m bis zu einer Wegkreuzung, an der die Waldabteilungen Fohret und Kohlstatt aneinanderstoßen. Hier (Wegweiser etwas versteckt) biegen wir rechts ab. Ins Tal über den Esbach und dann in einem Bogen durch Mischwald zu hallstattzeitlichen **Grabhügeln (8)**, 519 m, die besonders rechts des Weges gut zu erkennen sind. Am Waldrand folgen wir dem Feldweg entlang der B2 nach Norden und queren sie auf einem Geh- und Radweg mittels einer Unterführung. Geradeaus durch das Gewerbegebiet von **Buchdorf**. An der Einmündung geht es kurz links, bevor wir, die alte Bundesstraße **(9)**, 535 m, überquert, rechts abbiegen (Einkehrmöglichkeiten). Nun biegen wir gleich noch einmal rechts ab und folgen dem bogenförmigen Verlauf der Abt-Mayr-Straße durch ein Neubaugebiet. Der gebürtige Buchdorfer war Direktor der Ingolstädter Universität, später Abt des Klosters

Kaisheim und wurde wegen seiner Gelehrsamkeit verehrt. Am Ortsrand wenden wir uns nach rechts zu einem Weiher mit Seerosen und einer Sitzgruppe, von wo aus ein Blick auf Buchdorf mit seinem markanten Schulgebäude mit neubarockem Giebel (Anfang 20. Jh.) sowie der Kirche St. Ulrich möglich ist. Wir folgen nun dem Feldweg nach links auf ein Neubaugebiet zu. An dessen Einmündung in die Asphaltstraße am Recyclinghof gehen wir kurz Richtung Buchdorf, wenden uns aber gleich wieder nach rechts. An einem Feldstadel mit hübschem, neuem Feldkreuz vorbei, wandern wir auf den Wald zu. Hier führt jenseits des Bächleins ein Pfad aufwärts. Mündet er in einen Forstweg, so folgen wir diesem bis zur Anhöhe hinauf. An der Kreuzung wandern wir rechts weiter, sanft hinab, an einer Rastbank vorbei und noch mal ein kurzes Stück etwas ansteigend. An den Vita-Parcours-Schildern nehmen wir den Pfad nach rechts, der uns hinab- und an einem **Klosterweiher (10)**, 486 m, entlangführt. Dieser ist von den Kaisheimer Mönchen als einer vor mehreren angelegt worden. Am Südufer, wo der aufgestaute Kaibach den Weiher verlässt, wandern wir mit Blick auf das Kloster Kaisheim sowie einen weiteren der Weiher nach rechts entlang und dann über einen Geh- und Fadweg zurück zum **Ausgangspunkt (1)**.

Torturm der einstigen Klosteranlage Kaisheim. Daneben der mehrmals erneuerte Vierungsturm der gotischen Pfeilerbasilika Mariä Himmelfahrt.

35 Über die Südhänge der Frankenalb

2.20 Std.

Unikate um Bittenbrunn bei Neuburg/Donau

Der steil über dem Donauufer aufragende Finkenstein ist ein besonders bedeutendes Biotop, denn hier befindet sich der weltweit einzige Standort des Bayerischen Federgrases! An seiner steil zur Donau hin abfallenden Südflanke wachsen außerdem Pflanzen, die sonst nur noch an einigen Stellen in Ungarn und Südrussland zu finden sind. Ebenso weltweit einzigartig ist die Neuburger Kieselerde, die früher oft in Stollen und heute nur noch im Tagebau gewonnen wird. Abgelagert worden ist sie bei einem relativ kurzen Meeresvorstoß während der Kreidezeit in Form von kieselsäurehaltigen Schlammschichten in einer Meeresbucht. Durch die folgende Verkarstung der darunterliegenden Jurakalke entstanden Hohlräume, die einbrachen. In diese Kasttrichter sank die Kieselerde ein und blieb erhalten. 1910 begann mit dem Kreidewerk Kieselweiß die industrielle Ausbeute, die besonders nach dem 1. Weltkrieg zur Blüte kam. Verwendete man früher die Neuburger Kieselerde zur Glasherstellung, so werden heute daraus Füllstoffe mit besonders guten Eigenschaften hergestellt.

Ausgangspunkt: Bittenbrunn, Bushaltestelle Grotte (384 m, Stadtbus-Linie 5), Parken in Seitenstraße (**Navi:** 86633 Bittenbrunn, Eulatalstr. 3).
Höhenunterschied: 190 m.
Anforderungen: Größtenteils auf beschilderten Wegen, allerdings teils in entgegengesetzter Richtung.
Einkehr: Hotel/Restaurant Kirchbaur Hof Bittenbrunn.
Tipps: Weinakademie (Infos unter: www.weinhaus-tremml.de/seiten/weinakademie.html), Wandertafel mit weiteren Tourenvorschlägen am Ausgangspunkt.

Von der **Bushaltestelle Grotte Bittenbrunn (1)**, 384 m, wo sich unter Linden (ND) eine Lourdesgrotte aus dem Jahr 1910 befindet, die zum Dank für die Errettung aus Hochwassernöten (1891) errichtet worden ist, gehen wir an der Kirche Maria Himmelfahrt vorbei und biegen direkt nach dem Hotel/Restaurant Kirchbaur Hof, das aus dem 17. Jh. stammt und einst auch Brauerei war, links in den Hüldernweg ab. Direkt nach der Linkskurve verlassen wir ihn gleich nach rechts in die Weingartenstraße und wandern in einer Rechtskurve hinauf. Bereits im frühen 16. Jh. bauten Neuburger Bürger und Bittenbrunner Kleinsöldner und Leerhäusler an diesen Südhängen Wein an, animiert vom Kurfürst von Pfalz-Neuburg, der diese Kultur aus seiner Heimat mitgebracht hatte. Fortan folgen wir stets der Beschilderung »Zum Weinbauern«, die uns am Ortsrand an einer Streuobstwiese, einem

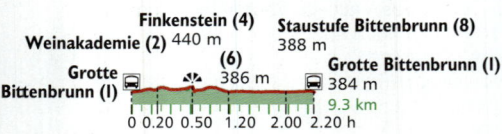

Blick vom Finkenstein auf die Donau.

Feldkreuz vorbei und dann über die Fluren weiterführt. Rechts bietet sich ein Blick auf die Halden der Neuburger Kieselerde, von der nur ca. 30 % verwendbar sind. Auch können wir hier einen schönen Ausblick auf Neuburg genießen. Nun wandern wir auf dem Fuß- und Radweg, einem Grasweg, weiter, bald auf den Wald zu – rechts artenreiche Hecken auf Hangterrassen mit extensiven Wiesen dazwischen – und gelangen zur **Weinakademie (2)**, 423 m. Auf deren Flächen wurde bis 1780 Wein angebaut, 1991 die ersten Reben wieder gepflanzt. Heute gibt es hier u.a. Weinseminare und einen Weinlehrpfad. Nun folgen wir dem Kiesweg rechts kurz hinauf und wandern dann gleich nach links in den Wald hinein (Schild). Durch wunderschönen Buchenmischwald sanft hinab, stets dem Hauptweg folgend. Bald schimmert der Donaulauf durch die Bäume.

Nach leicht kurvigem Verlauf wieder etwas aufwärts, dann mündet unser Weg an einer gelben Tafel ein **(3)**, 420 m. Hier biegen wir links in den Waldweg ein, der uns gleich am »Gebet des Waldes« vorbeiführt. Zum Wassertretbecken können wir jetzt oder auch noch später auf dieser Tour einen Abstecher (beschildert) machen, ansonsten wandern wir weiter auf dem breiten Waldweg durch den Buchenmischwald, bis ein Schild nach links zum **Finkenstein (4)**, 440 m, mit dem Fischerkreuz, weist. Von diesem Aussichtspunkt aus, der im Naturschutzgebiet liegt, hat man einen herrlichen Blick auf

den Donaulauf, der sich hier in die Fränkische Alb eingeschnitten hat. Wieder zurück, folgen wir dem Waldweg weiter bis zu seiner Einmündung, an der wir nach links weitergehen. Macht unser neuer Waldweg eine scharfe Rechtskurve, nehmen wir den Grasweg nach links und stoßen nach knapp 200 m im Bereich eines Hochsitzes sowie eines Grenzsteines **(5)**, 434 m, auf einen weiteren Waldweg. Nach rechts nun auf diesem weiter. Er führt uns schließlich hinab und mit schönem Blick auf **Riedensheim** aus dem Wald hinaus. Wir halten uns rechts und wandern direkt vor der Staatsstraße nach links in den Ort hinab. Hier stoßen wir auf den **Radweg Deutsche Donau (6)**, 386 m, dessen Beschilderung wir geradeaus vorerst folgen. Nachdem wir den Ort verlassen haben – wo sich rechts eine Schilffläche mit angrenzenden Auwaldresten befindet, floss einst die Donau –, gehen wir nach links auf dem asphaltierten Radweg weiter, der nach der Kläranlage am Hangbuchenwald entlangführt. Wir wandern an einer Schilffläche, die einen strukturreichen Fischteich mit Verlandungszone umgibt, vorbei und weiter, durch einen Bachgraben vom Donaudamm getrennt. Links der Hangbuchenwald, am Wegesrand Trockenvegetation. Am Pegel **(7)**, 389 m, ab dem der Bach unterirdisch geführt wird, steht links der blanke Fels an. Schichtung und Klüftung des gebankten Kalkes sind gut zu erkennen. Nun direkt am Donauufer entlang und bald an einem alten Steinbruch mit Riffdolomit vorbei. Dabei handelt es sich um verkalkte und dolomitisierte Riffe von Korallen und Schwämmen. Nach dem Rastplatz – hier nochmals Möglichkeit für einen Abstecher zum Wassertretbecken – verlassen wir den Radweg und wandern weiter auf dem Damm, der durch Schafbeweidung reich an Magerrasenpflanzen ist, an der beeindruckend breiten Donau entlang. Bänke laden zum Verweilen ein, links Biotope am Umlaufgraben der Staustufe. Wie wir anhand der grünen Tafeln feststellen können, sind es noch fast 2500 km bis zur Mündung ins Schwarze Meer! An der **Staustufe Bittenbrunn (8)**, 388 m, folgen wir der Asphaltstraße nach links am Parkplatz vorbei und geradewegs nach Bittenbrunn hinein zurück zum **Ausgangspunkt (1)**.

6.00 Std.

Von der Blumenstadt Rain nach Oberndorf   36

Auf dem Tilly-Weg

In der Schlacht bei Rain 1632 wurde der bayerische Feldherr und Oberbefehlshaber der katholischen Liga Graf von Tilly schwer verwundet und starb etwa zwei Wochen später. Die Schlacht hatte jedoch auch Auswirkungen auf den weiteren Verlauf des Dreißigjährigen Krieges, denn die siegreichen Schweden konnten nun ungehindert nach Bayern vordringen und sogar bis ins Tiroler Lechtal. Die Wanderung führt uns von Rain, das 1250 zur Sicherung der bayerischen Grenze gegen die Schwaben als Stadt gegründet wurde, über den Grenzfluss Lech nach Oberndorf, wo zeitweise die Fugger regierten, und durch die teils noch naturnah ausgebildeten Auwälder mit Bächen und Altwässern, in denen auch der äußerst seltene Eisvogel brütet.

Ausgangspunkt: Bhf. Rain (403 m, **Navi:** 86641 Rain, Bahnhofstr. 51) oder Parkplatz nahe Kraftwerk Rain (**Navi:** 86641 Rain, Kraftwerkstr.).
Höhenunterschied: 50 m.

Anforderungen: Ausdauer, sehr lang. Großteil als »Tilly-Weg« ausgeschildert.
Einkehr: Gaststätten, Restaurants und Cafés in Rain und Oberndorf am Lech.
Variante: Diverse Abstecher weglassen.

Am **Bahnhof Rain (1)**, 403 m, wenden wir uns nach rechts und gehen gleich links hoch, um dann auf der oberen Straße nach rechts weiterzugehen. Nach der evangelischen Kirche St. Michael mündet die Johannes-Bayer-Straße ein, die wir queren und nach links weiterwandern. Dann folgen wir gleich der Feldheimer Straße nach rechts. Direkt nach der Straubinger Mühle (Hofladen) an der Friedberger Ach gehen wir nach links über das Feuerwehrgelände. Im Bereich von Schrebergärten nach links über die Friedberger Ach und dann nach rechts durch den **Rainer Stadtpark (2)**, 399 m. Auf dem nächsten von links einmündenden Weg werden wir auf dem Rückweg ankommen. Nach dem Staudengarten queren wir den Ziegelmoosgraben und gehen weiter an diesem entlang. Nach einem Parkplatz erreichen wir nahe dem rekonstruierten **Schwabtor (3)**, 404 m, die Donauwörther Straße. Diese überquert, bringt uns geradewegs der Geh- und Radweg zum Kreisverkehr beim Dehner, wo es mit den Radlern nach halb rechts weitergeht. Ab der Heiliggeistmühle wandern wir wieder an der Friedberger Ach entlang. Links des idylli-

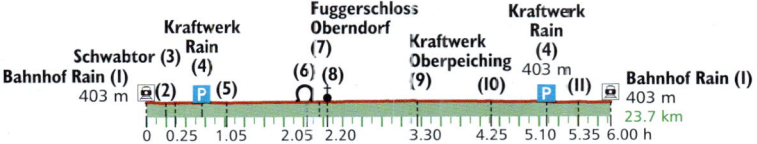

Die Grenzsäule wurde zwischen 1600 und 1615 errichtet.

schen Weges befindet sich der umzäunte Dehner Blumenpark. Dann bringt uns eine Brücke über das Flüsschen und wir folgen im Weiteren der Straße. An der Einmündung (Realschule) nach links. Nach einer Infotafel zum »Orchideenpfad auf der Fohlenweide« und dem Wasserwerk gelangen wir über Altwässer in den Auwald hinein. Kurz vor dem **Kraftwerk Rain (4)**, 403 m, passieren wir einen Parkplatz, ab dem die Tour als Tilly-Weg ausgeschildert ist. Hier sowie am Kraftwerk selbst sind Infotafeln zu finden. Dann queren wir auf dem Privatweg am Kraftwerk den Lech. Am anderen Ufer die Stufen hinab, wandern wir nach rechts weiter, queren das Stockerwasser und folgen stets dem beschilderten Hauptweg teils durch naturnahen Auwald. Mündet von links ein Kiesweg ein, so gehen wir für einen kurzen Abstecher geradeaus weiter und gelangen über einen Grasweg zur sechs Meter hohen **Grenzsäule (5)**, 402 m. Hier verlief einst die Grenze zwischen Bayern und der vorderösterreichischen Markgrafschaft Burgau, zu der jedoch nur die nahe vorbeiführende Landstraße gehörte (Infotafel). Wieder zurück, wandern wir nun nach rechts auf dem Kiesweg weiter, sämtliche Abzweigungen ignorierend. Später geht es nach rechts auf dem Damm weiter. Den Mühlbach überqueren wir an einem Wehr. Dann nehmen wir in einem Links-Rechts-Schlenker die Brücke über das klare Stockerwasser und gehen nach einer weiteren Brücke links weiter. An der nächsten Abzweigung folgen wir dem Kiesweg nach rechts, der uns schnurgerade über den Damm, mehrmals über das Weiherbächle und an Tafeln zum FSC-zertifizierten Wald vorbeibringt. Am »Teehaus« (Holzpavillon), das rechts zur Rast lädt, können wir nach links einen Abstecher zur idyllisch im Wald eingebetteten **Lourdesgrotte (6)**,

406 m, sowie dem Schlossweiher machen (Rastmöglichkeit). Wieder zurück, geht es am kaum einsehbaren Park des ehemaligen **Fuggerschlosses Oberndorf (7)**, 410 m, vorbei, dessen schmiedeisernes Brückengeländer wir bewundern können, wenn wir an der Kastanienallee (Infctafel) einen kurzen Abstecher nach links machen. Dieses wurde 1535/46 von Anton Fugger erbaut. Nach der weitestgehenden Zerstörung des vierflügeligen Wasserschlosses 1632 während der Schlacht bei Rain wurden die angebauten Ökonomiegebäude zu einer zweiflügligen Schlossanlage umgestaltet. Über die Fuggerallee erreichen wir den Ortsrand von Oberndorf, wo uns die Kapellstraße nach rechts zur **Herrgottsruhkapelle (8)**, 406 m einem von einem Pfarrherrn gestifteten, sehenswerten Zentralbau von 1718, am Mühlbach bringt. Wieder zurück, biegen wir gleich nach links in die Rainer Straße ein. Am alten Schulhaus, dem heutigen Heimatmuseum (Nr. 7) vorbei, dann führt uns die Kirchstraße nach rechts zur jenseits des Mühlbachs gelegenen sehenswerten, barocken Pfarrkirche St. Nikolaus (an Südseite Grabdenkmäler der Fugger von Glött) als hübsch gestalteten Dorfplatz mit Taverne Syrtaki vorbei weiter zur Fischerstraße, der wir, nun kurz unbeschildert, nach links folgen. Dabei queren wir den Mühlbach auf der Kainuu-Brücke – eine Tafel informiert über den ungewöhnlichen Namen. Dann folgen wir der Mertinger Straße kurz nach rechts, bevor uns an einem Wegkreuz die Straße »Am Forsthaus« an einem sehenswerten Forsthaus vorbei wieder in den Auwald bringt. Schilder führen uns erneut über das Weiherbächle, den Damm sowie das idyllische Stockerwasser mit breitem Bett zum großen Lechdamm, an dem wir südwärts entlangwandern. An einer Tafel über ein Täuschungsmanöver vorbei zum **Kraftwerk Oberpeiching,** wo wir wiederum den Lech überqueren und zur nächsten Infotafel **(9)**, 414 m, gelangen. Nun nach Norden am Fluss entlang durch die Auwälder, bis der Weg sich nach rechts wendet und wir die Münsterer Alte überqueren – das andere Gewässer ist die Friedberger Ach. Hier biegen wir

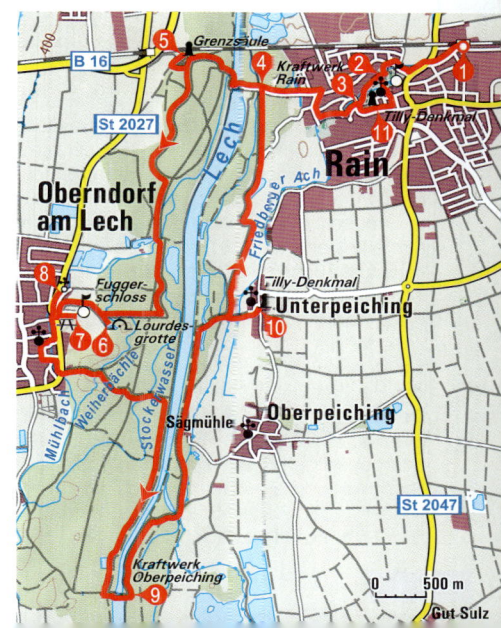

Blick auf den Schlossweiher im Stadtpark von Rain.

links ab, auf dem Damm geht es weiter flussabwärts. An einer weiteren Infotafel vorbei, dann neben dem Damm weiter, haben wir einen schönen Blick auf Ober- und Unterpeiching. Bald schließt wieder Auwald an. An zwei mächtigen Eschen nach rechts, an Altwässern vorbei und über einen Bach zum Waldrand. Für einen Abstecher gehen wir geradeaus, überqueren die eingedämmte Friedberger Ach und gelangen nach **Unterpeiching** zur Kirche St. Jakob mit **Tilly-Denkmal (10)**, 410 m. Wieder zurück, wandern wir auf dem asphaltierten Sträßchen weiter, erst am Waldrand entlang – die Rainer Zuckerfabrik ist schon zu sehen – und dann nach halb rechts. An Fischteichen mit dem Fischerheim vorbei und dann nach halb links (Tafel Biotopverbund), gelangen wir über den Damm zum Parkplatz nahe dem **Rainer Kraftwerk (4)**. Zurück zur Donauwörther Straße, wo wir nun durch das **Schwabtor (3)** gehen und der Hauptstraße durch die historische Altstadt folgen. An Rathaus und **Tilly-Denkmal (11)**, 405 m, sowie zahlreichen Einkehrmöglichkeiten vorbei, nehmen wir direkt vor der Eisdiele die Schloßstraße nach links (Einbahnstraße) und gehen geradeaus zum Alten Schloss. An diesem in einem Links-Rechts-Schlenker vorbei – dahinter auch ein herrlicher Blumengarten – gelangen wir wieder in den Rainer Stadtpark **(2)** hinab und von dort auf bekanntem Weg zum **Bahnhof (1)** zurück.

3.40 Std.
Von Oberbaar nach Thierhaupten 37

Ehemaliges Kloster, reizvoller Mühlenweg und schattiger Wallfahrtsweg

Zur Gründung des Benediktinerklosters um 750 n. Chr., womit es zu den ältesten Bayerns gehören würde, gibt es zwei Legenden mit Bayernherzog Tassilo in der Hauptrolle. Sicher erwähnt ist das Kloster Thierhaupten erst 1028, als es durch Bischof Gebhard von Regensburg wieder gegründet wurde. Nach 1803 wurde es fast 200 Jahre lang als Gutshof genutzt. 1983 vom Markt Thierhaupten erworben, sind nach umfangreichen Sanierungsmaßnahmen in den 1720/50 neu errichteten bzw. stark erweiterten Konvent- und Ökonomiegebäuden heute Bayerisches Bauarchiv und die Abteilung Archäologie des Bayer. Landesamtes für Denkmalpflege, die Schule für Dorf- und Landentwicklung sowie die Akademie für Handwerkerfortbildung untergebracht.

Ausgangspunkt: Parkplatz am Maibaum vor St. Laurentius in Oberbaar (435 m) (**Navi:** 86674 Baar/Schwaben, Prof.-Michael-Schmaus-Platz), alternativ: Bushaltestelle Sägewerk an der Aichacher Straße (AVV-Linie 410 Augsburg – Reicherstein oder 411 Ortsverkehr Thierhaupten, AST 230 Aichach – Unterbaar, Anrufsammeltaxi 60 Min. vor Fahrtantritt anrufen).
Höhenunterschied: 190 m.

Anforderungen: Keine. Teils als Natur- und Kulturrundweg Thierhaupten bzw. Mühlenweg beschildert.
Einkehr: Herzog-Tassilo-Stubn Thierhaupten, weitere Gaststätten und Restaurants in Thierhaupten, Gastwirtschaft Bartlmä Oberbaar (nur Brotzeiten).
Tipps: Klostermühlenmuseum Thierhaupten (Öffnungszeiten!). Kapelle »Maria im Elend« ist geöffnet.

Wir starten am Gesteinsblock **(1)**, 435 m, zwischen der **Kirche St. Laurentius in Oberbaar** und Parkplatz am Maibaum. Dieser Malmkalkblock, gefunden in der Kiesgrube NE Thierhaupten, ist vielleicht ein Reuterscher Block, welcher beim Ries-Impakt hierher geschleudert wurde. Auf der Schulstraße geht es nach links über die Kleine Paar zur Aichacher Straße. An der **Bushaltestelle Sägewerk (2)**, 442 m, die Straße überquert – hier Rastbank neben Holzkreuz in wenig optimaler Lage –, wandern wir auf dem asphaltierten Feldweg an einer Baumhecke entlang. Noch vor dem Waldrand zweigt an deren Ende links ein Spurweg zu einem **Feldkreuz (3)**, 473 m, mit Bank hinauf ab. Von hier können wir das Tal der Kleinen Paar mit Ober- und Unterbaar überblicken, dahinter das Tal des Zellerbächleins und im Norden am Horizont die Jurahöhen.

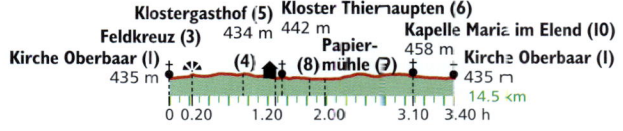

Dann hinab ins nächste Tälchen. An der Einmündung merken wir, dass wir uns auf dem Natur- und Kulturrundweg Thierhaupten befinden, dessen Beschilderung wir von nun an folgen. Am Waldrand steht eine mächtige Eiche, wir wandern geradeaus in den Wald hinein. Stets geradeaus, mal durch Nadel-, mal durch Mischwald, alle Abzweigungen ignorierend. An einer beschilderten Weggabelung (4), 482 m, mit Bank halten wir uns rechts. Geradeaus weiter, bald hinab – die ersten Häuser von Thierhaupten schimmern schon zwischen den Bäumen hindurch. Am Waldrand führt unser Spurweg am Rand des Wohngebietes entlang. Mündet er in ein Asphaltsträßchen, wandern wir geradeaus weiter. Geht es hinab, ist rechts der Kreuzberg mit einer Terrassenstufe zu sehen, nach dem auch unsere Straße benannt ist. An der Einmündung in einem Rechts-Links-Schlenker auf der Neukirchener Straße weiter schon mit Blick auf das Kloster und gleich nach rechts in die Augsburger Straße eingebogen, die uns am **Klostergasthof (5)**, 434 m, und dem ehemaligen Schulhaus vorbeibringt. Dann am Rathaus nach links, am Maibaum und ehemaligen Klosterrichter- und jetzigen Pfarrhaus vorbei den asphaltierten Klosterberg hinauf. Rechts das erste Schild des Mühlenweges, links die sehenswerte, ursprünglich romanische, aber im Barock umgestaltete Klosterkirche St. Peter und Paul. Geradeaus in den dreiflügligen Wirtschaftshof des **Klosters Thierhaupten (6)**, 442 m, mit Spielplatz und Einkehrmöglichkeit. Kurz zurück, folgen wir nun den Wegweisern des Mühlenweges, anfangs zwischen den Klostergebäuden und der einige Meter steil abfallenden Lechleite mit Hangmischwald entlang. An Tafeln des Naturlehrpfades vorbei und auf Höhe des neuen Friedhofs schließlich hinab an einigen alten Bäumen und an der Grabstätte der ehemaligen Gutsbesitzer vorbei. Mittels Brücke über die Friedberger Ach – links eine Bank sowie eine Infotafel zum Weideprojekt mit Auerochsen – wandern wir nun nach rechts am **Klosterweiher (7)**, 431 m, entlang. Infotafeln begleiten den Fußweg am schilfbesetzten Nordufer entlang. Hier schließen die einst zum Kloster gehörigen Ölmühle und Obere Mühle an, heute Sägewerk bzw. Zimmerei. Auf dem Mühlenweg an einer Obstwiese links und dann an der dem Obst- und Gartenbauverein gehörenden Mosterei sowie dem sehenswerten Schul- und Lehrgarten vorbei. Am Parkplatz steht ein Kollergang (Infotafel). Auf einem Fußpfad wandern wir an der Friedberger Ach entlang zur Unteren Mühle, in der nach vorbildlicher Renovierung seit 1997 das **Klostermühlenmuseum (8)**, 430 m, untergebracht ist. In der bis 1959 betriebenen Reitermühle wird die Technik aller vier einstigen Klostermühlen gezeigt.

Wieder den Fluss gequert, gelangen wir an Backhaus und Insektenhotel vorbei, zur Herzog-Tassilo-Straße, nach der wir für einen Abstecher zur **Papiermühle (9)**, 428 m, auf dem Raiffeisenweg sowie nach Querung der Meitinger Straße bald auf unbefestigtem Weg bis zur Brücke weiterwandern. Hier wurde fast 250 Jahre lang aus alten Lumpen Papier hergestellt. Wieder zurück, biegen wir vom Raiffeisenweg gleich links in die Gartenstraße ab, deren Verlauf wir bis zur Einmündung in die Baarer Straße folgen. Auf dieser ca. 100 m nach rechts, nehmen wir die Straße »Hopfengarten«, die bald aufwärtsführt. Die Straße »Am Berg« geradeaus gequert, schließt der Maria-Elend-Weg an, der uns an einem Kreuz vorbei an den Ortsrand bringt. Nach einem Bolzplatz links zweigt bald nach rechts ein Kiesweg ab (Radweg). Auf dem Wallfahrtsweg geht es in den Wald hinein und bald hinab in ein landwirtschaftlich genutztes Tälchen. Wir folgen stets dem Natur- und Kulturrundweg Th erhaupten durch den Wald, passieren geradewegs eine Kreuzung mit großer Buche (ND) und wandern schließlich sanft hinab zur Wallfahrtskapelle **»Maria im Elend« (10)**, 458 m, mit Rastmöglichkeit und Infotafel. An den Standort der Vorgänger erinnert heute noch ein hübscher Bildstock, an dem wir gleich vorbeikommen werden. Weiter auf dem Elendweg zum Waldrand, wo einige Terrassen an den Hängen zu erkennen sind. Auf einer jungen Streuwiese steht ein Insektenhotel mit Infotafel. Ab hier führt uns der Asphaltweg direkt nach **Baar** hinein, an einem Spielplatz vorbei. Die Aichacher Straße überquert, bringt uns der Römerweg bald über die Kleine Paar. Dann nach rechts auf dem Kirchweg zur **Kirche St. Laurentius (1)** mit dem Zwiebelturm zurück.

In der Unteren Mühle in Thierhaupten ist heute das Mühlenmuseum untergebracht.

Von der Lechleite ins Affinger Becken

Von Mühlhausen zum Schloss Affing

Das einstige Wasserschloss wurde 1928 nach einem Brand in der ursprünglichen Form von 1684 wieder aufgebaut. Freiherr Karl Ernst von Gravenreuth, der Regierungspräsident in Augsburg war, erwarb 1816 die Hofmark Affing samt Schloss. Mit Schlosspark mit prächtigem altem Baumbestand im Englischen Stil aus dem 19. Jh. befindet es sich noch immer im Privatbesitz der Adelsfamilie und kann deswegen nicht besichtigt werden. Auf dem Gutsgelände findet jährlich ein beliebter Weihnachtsmarkt statt, der 2004 als »schönster in Bayern« ausgezeichnet wurde.

Ausgangspunkt: Bushaltestelle Mühlhausen (459 m) in der Augsburger Straße (AVV-Linien 225 Augsburg – Inchenhofen, 301 Augsburg – Pöttmes, 302 Augsburg – Ebenried, 303 Augsburg – Gebenhofen), Parken in Seitenstraßen, z.B. »An der Ach« (**Navi:** 86444 Mühlhausen, An der Ach 1).
Höhenunterschied: 220 m.

Anforderungen: Keine. Runde ist mit blau-gelben Aufklebern markiert, teils sind die Streifen auch aufgemalt.
Einkehr: Biergarten Sommerkeller in Affing (Biergartenampel auf www.sommerkeller-affing.de).
Tipp: Die Salzbergkapelle ist an Sonn- und Feiertagen geöffnet.

Von der **Bushaltestelle Mühlhausen (1)**, 459 m, aus folgen wir der Augsburger Straße ostwärts und überqueren die Friedberger Ach, die hier aufgeweitet und in eine kleine Anlage gebettet ist, über eine kleine Brücke. Dann nach links in den Anwaltinger Weg. Der Kirchweg nach halb rechts bringt uns, am Kriegerdenkmal von 1990 vorbei, das einen knieenden Soldaten darstellt, hinauf zur **Kirche St. Johannes und Magdalena (2)**, 472 m, mit hübschem Treppengiebel. Wir gehen auf dem steilen Asphaltsträßchen, das bald in einen Fußweg übergeht, die Lechleite weiter hinauf. Im Bereich der **Sportanlage (3)**, 508 m, an der Einmündung nach links, halten wir uns an der folgenden Weggabelung halb rechts. Von nun an ist unser Wanderweg mit Blau-Gelb markiert. Über den Höhenrücken und in den Wald hinein. Erst halten wir uns an der Weggabelung links, dann an der Einmündung an einer Lichtung nach rechts, durch das Buchholz. Letztere Baumart treffen wir in größerer Zahl aber erst am Nordhang, wenn es mit Blick auf **Anwalting** hin-

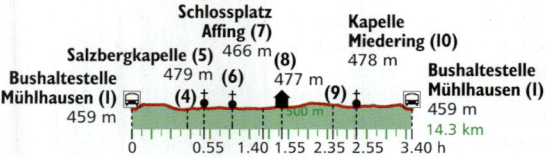

Ausblick auf das Becken von Affing mit Aulzhausen (rechts) und Gebenhofen (links).

abgeht. Nach einer artenreichen Hecke erreichen wir den Ort. An der Einmündung biegen wir links ab, an der nächsten folgen wir der Lechfeldstraße nach rechts. Am Maibaum vorbei und den Affinger Bach gequert, nehmen wir nach einem Wegkreuz (rechts im Hof ein Taubenhaus) in einer Rechtskurve den **Hohlweg (4)**, 457 m, nach halb links. Er führt uns aufwärts und geradewegs aus dem Ort hinaus. Auf einem Asphaltweg nach rechts, folgen wir nach der gekiesten Parkfläche dem Grasweg nach links an einer Infotafel vorbei und die breiten Stufen hinauf zur **Salzbergkapelle (5)**, 479 m, mit Feldkreuz. Diese Wallfahrtskapelle zur Muttergottes mit der Sieben Schmerzen wurde 1694 erbaut und mehrmals umgestaltet. Woher der Name Salzberg kommt, ist nicht geklärt. 2015 wurde ihr Dach durch einen Tornado zerstört und innerhalb von zwei Jahren wiedererrichtet. Zurück vom Abstecher, wandern wir weiter auf dem Asphaltsträßchen sanft aufwärts ostwärts. Stets geradeaus geht es in einen gekiesten Spurweg über und bald nach **Gebenhofen** hinab. Hier halten wir uns an der Einmündung rechts und wandern auf die Kirche zu. An der kleinen **Johannes-Nepomuk-Kapelle (6)**, 466 m, geradeaus in der Affinger Straße weiter durch den Ort. Die Kirche Mariä Geburt, die 1765 neu erbaut wurde, den gotischen Turm mit Zinnengiebeln integrierend, lassen wir rechts liegen und wandern an einem großen Bauernanwesen vorbei. Ein Geh- und Radweg bringt uns nach **Affing**, das wir im Bereich eines Neubaugebietes erreichen. Stets geradeaus, folgen wir in einer Linkskurve (Spiegel!) dem Pfützweg und dem anschließenden Fußweg. Befindet sich links die Affinger Pilsstube, beginnt rechts der Schlosspark an dessen Mauern wir nun entlanggehen – rechts die Kapelle St. Michael. Am **Schlossplatz (7)**, 466 m, mit Maibaum schließt nach Süden der Gutshof, wo

heute u. a. die Schlossapotheke untergebracht ist, an das ehemalige Wasserschloss an. Bei dem Brand am 16.10.1927 kamen neben einer Schlossangestellten auch fünf Helfer der FFW ums Leben, die wertvolle Möbel aus den oberen Stockwerken retten wollten. Kurz nach der sehenswerten Kirche »Zu den sieben Zufluchten« gehen wir halb links (Wegweiser Sommerkeller) an der Schlossgärtnerei vorbei und auf der Friedhofstraße weiter. Nach dem Friedhof mit Gruftkirchlein der Familie von Gravenreuth und der Familie von Leyden, einstigen Besitzern des Schlossgutes, nehmen wir den Geh- und Radweg entlang der Kreisstraße nach rechts am **Sommerkeller (8)**, 477 m, (Einkehrmöglichkeit mit Spielplatz) vorbei. Zwischen 1781 und 1962 wurde hier das im Schloss gebraute Bier eingelagert. Schon lange ist er Anziehungspunkt für Ausflügler aus Augsburg und Umgebung. Am Feldkreuz mit Inschrift unter zwei dicht mit Efeu bewachsenen Lärchen nach links, wandern wir nun am Waldrand entlang südwärts nahe einem mit Schilfröhricht gesäumten Bach und am Bergmooser vorbei. Dann führt uns ein Forstweg in einem lang gezogenen Rechtsbogen sanft durch den Wald in einem Tälchen hinauf an einer Gruppe mächtiger Laubbäume vorbei. Wir sind nun nahe der Einflugschneise des Flugplatzes Augsburg. Es schließt ein lang gezogener Linksbogen an, bis unser Weg in eine Forststraße mündet. Dieser folgen wir nach rechts, schließlich sanft hinab aus dem Wald hinaus. An einer Eiche am Waldrand geht es geradeaus weiter auf dem Kiesweg auf **Aulzhausen** zu. Noch vor dem Ort **(9)**, 500 m, biegen wir links hinauf ab und halten uns an der Weggabelung links. Bald an einem Hang mit Ranken entlang und durch ein Tälchen hinab. An der Baumschule vorbei und an zwei Einmündungen geradeaus weiter nach **Miedering** hinein, wo wir gleich nach der schlichten **Kapelle St. Elisabeth (10)**, 478 m, die wohl vor 200–250 Jahren vom nahen Hofbesitzer erbaut worden ist, – daneben ein schmuckes Kreuz – den Grasweg nach rechts nehmen. Durch einen Hohlweg hinauf und weiter durch die landwirtschaftlich genutzte Flur. Rechts eine Sandgrube im Hang, geht es bald wieder etwas hinab und in einem kleinen Hohlweg kurz durch den Wald. Unser Weg trifft in spitzem Winkel auf die Miederinger Straße, der wir geradewegs mit Blick ins Affinger Becken nach **Bergen** folgen. Der Ortsname leitet sich von der Lage auf der Anhöhe der Lechleite ab. Die Derchinger Straße mündet schließlich in die Augsburger Straße, die wir überqueren. An der Realschule Affing-Bergen vorbei, bringt uns der Jahnweg hinauf und mit nochmaligem Ausblick ins Affinger Becken zur **Sportanlage (3)**. Den Fußweg nach links wieder hinab an der **Kirche (2)** vorbei zurück zur **Bushaltestelle (1)**.

Die Kirche von Mühlhausen mit dem hübschen Treppengiebel.

39 Rundtour ab Inchenhofen

3.00 Std.

Wallfahrtskirche und Roßmoos

»Leahader« werden die Bewohner dieses Marktes im Volksmund genannt, denn bestimmend für den Ort und seine Entwicklung war die Wallfahrt zum heiligen Leonhard. Schon im 11. Jh. soll hier eine kleine Leonhardskapelle gestanden haben, 1258 habe sich das erste Wunder ereignet. Ab 1283 belebten die Zisterzienser aus dem Kloster Fürstenfeld die Wallfahrt, die in der Folge aufblühte und zeitweise zu den bedeutendsten in Europa zählte. Noch heute findet am ersten Sonntag im November der Leonhardiritt mit rund 200 Pferden und Hunderten von Teilnehmern statt. 1457 eingeführt, gilt er als älteste Leonhardiwallfahrt Altbayerns.

Das Roßmoos ist mit mehr als 160 Hektar das größte zusammenhängende Niedermoorgebiet des Wittelsbacher Landes. Durch jahrhundertelange Streunutzung und Beweidung mit Pferden – daher der Name – entstanden wertvolle Lebensräume. Deren Zerstörung seit der Flurbereinigung der 1960er-Jahre versucht man durch Maßnahmen wie Renaturierung und Information entgegenzuwirken.

Ausgangspunkt: Parkplatz an der Sainbacher Straße gut 100 m westlich der Kirche Inchenhofen (468 m, **Navi:** 86570 Inchenhofen, Sainbacher Str. 6), Bushaltestelle Marktplatz gegenüber Kirche (AVV-Linien 225 Augsburg – Inchenhofen, 229 Gundelsdorf – Inchenhofen, 230 Aichach – Pöttmes).
Höhenunterschied: 110 m.
Anforderungen: Etwas Orientierungsvermögen, da Markierungen teils fehlen, verblasst oder zugewachsen sind.
Einkehr: Mehrere Einkehrmöglichkeiten in Inchenhofen.

Vom **Parkplatz an der Sainbacher Straße** mit Infotafel **(1)**, 468 m, gehen wir nach rechts. An einer kleinen Kapelle vorbei, 1987 anstelle eines Vorgängerbaus errichtet und dem heiligen Antonius von Padua geweiht, biegen wir direkt vor dem Ortsschild rechts ab. Ein Kiesweg führt uns hinauf, an Gärten vorbei. Oben an der Kreuzung nach links Richtung Sainbach. Der Höhenweg bietet allseits herrliche Ausblicke. Kurz vor dem Ortsschild – links ein Laubwäldchen – biegen wir rechts ab und folgen dem Weg bald nach links, an einem Wildgehege vorbei. Gleich nach einem Feldkreuz mündet er in ein Sträßchen, das uns nach links durch einen Hohlweg nach **Sainbach** bringt. Etwas unterhalb steht das schmucke Pfarrhaus von 1770/75 mit architektonischen Fassadenmalereien, rechts hinauf geht es zum **Friedhof (2)**, 472 m. Wir aber nehmen das andere Sträßchen nach rechts, durch einen weiteren Hohlweg. In der Linkskurve geradeaus auf dem Kiesweg weiter. Am Sportplatz, einer Weide sowie einem hübschen Pilgerkreuz vorbei, das einst als Grabkreuz diente, geht es aufwärts. Gera-

Wildgehege bei Sainbach.

dewegs wandern wir auf den Wald zu. An einer Scheune beginnt ein beeindruckender **Hohlweg (3)**, 488 m, durch den wir hinabgehen. In den sandigen Hängen sind Baue von Fuchs oder Dachs angelegt – teils leben beide auch in einem Bau, nur in separaten Höhlen. So erreichen wir an einem Feldkreuz die Straße, die uns halb links an einem Fischteich vorbei nach **Ainertshofen** bringt. Nach der Kirche Mariä Verkündigung mit Zwiebelturm in einem Links-Rechts-Schlenker am prächtigen Waglerhof, ehemals Klostergut der Zisterzienser, vorbei. Richtung Oberbachern geht es geradewegs hinab an Plantagen mit Beersträuchern vorbei, die auf den sandigen Böden offensichtlich gut gedeihen, zum Waldrand. Hier ein kurzes Stück nach links am Waldrand entlang, bevor wir am Hochsitz halb rechts dem Hauptweg durch das Ainertshofener Holz folgen. Nach diesem wandern wir auf **Oberbachern** zu, wo wir an der Einmündung rechts weitergehen. Am Ortsende verlassen wir die Straße wieder nach rechts. Auf dem Spurweg über Bachgräben mit Schilfröhricht, dann folgen wir ihm nach links in einem Bogen am Waldrand entlang. Wieder an Plantagen mit Beersträuchern

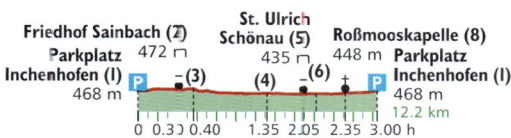

vorbei. Bei einer mächtigen Eiche (4), 442 m, gehen wir kurz links, um dann gleich am Waldrandeck wieder nach links abzubiegen und in entgegengesetzter Richtung am Waldrand entlangzuwandern. Links ein Teich, rechts ein Spargelfeld, dann biegt unser Feldweg nach den markanten Wetterföhren rechts ab. Wir aber müssen nach links weiter und folgen kurz darauf dem bald beginnenden Graben nach rechts auf einem Grasweg. Stets geradeaus erreichen wir nach Querung eines weiteren Bachgrabens die Kreisstraße, der wir nach links auf einem Geh- und Radweg durch den Wald folgen. Wieder auf freier Flur endet dieser an einer Bushaltestelle. Wir queren die Straße und gehen zur Filialkirche **St. Ulrich (5)**, 435 m, (Bänke, Infotafel) hinüber. Diese ist von der in Inchenhofen ansässigen Familie Federlin 1494 gestiftet worden, die den hiesigen Einödhof jahrhundertelang besaß. Das asphaltierte Sträßchen führt uns weiter in den Ort **Schönau**, den wir aber bereits direkt vor dem ersten Bauernhof auf der rechten Seite nach rechts wieder verlassen. Nun abermals an einem Waldrand entlang, den mächtige Eichen und Kiefern säumen. Am Waldrandeck ändert sich die Landschaft, wir haben das **Roßmoos (6)**, 438 m, erreicht. Nach links weiter, folgen wir stets dem Hauptweg an Wiesen und Weiden vorbei sowie ein Stück am Inchenhofener Moosgraben entlang, den wir bald queren. Dann führt der Weg – wieder mit schönem Blick auf Inchenhofen – zu einem Feldgehölz mit hübschem **Bildstock (7)**, 438 m, Bänken und Infotafel. Nach dem landwirtschaftlichen Anwesen zweigt nach rechts ein Kiesweg ab, der uns, später asphaltiert, zur **Roßmooskapelle (8)**, 448 m, bringt, die in der Nacht auf den 1. Mai 1992 aus Protest gegen eine hier geplante Schlackendeponie erbaut wurde (Infotafel). Kurz zuvor befindet sich zudem ein Unterstand mit Informationen zu Geologie und Geschichte. Nun stets geradeaus, kommen wir nach Querung einer Straße durch einen ehemaligen, baumbestandenen Hohlweg wieder nach **Inchenhofen**, wo wir an der Klostermauer halb links am Haus St. Leonhard mit Bücherei und Wallfahrtsmuseum vorbei den Klosterberg hochgehen. Am Kriegerdenkmal erreichen wir den Marktplatz mit der **Wallfahrtskirche (9)**, 468 m. Nach rechts geht es geradewegs zurück zum **Parkplatz (1)**.

Von Schrobenhausen nach Hinterkaifeck 40

4.20 Std.

Mysteriöser Kriminalfall im Spargelland

Auf den sandigen, sich schnell erwärmenden Böden der südexponierten Hänge des Paartales um Schrobenhausen wird seit gut 100 Jahren Spargel angebaut. Der aus Groß-Gerau bei Mainz stammende Geometer Christian Schadt baute im Jahr 1913 das erste Feld an. 1916 fand die erste Ernte statt. In der Folgezeit weihte er interessierte Landwirte in die Spargelkultur ein. Immer mehr Großbetriebe stiegen auf den Spargelanbau um, in den 1960er-Jahren entstanden auch Kleinbetriebe. Heute dominiert der Nebenerwerb im größten Spargelanbaugebiet Bayerns. In Schrobenhausen gibt es sogar ein Europäisches Spargelmuseum! Genau in dieser Idylle geschah in der Nacht auf den 1. April 1922 ein mysteriöses, bis heute nicht aufgeklärtes Verbrechen, bei dem sechs Personen auf dem Einödhof Hinterkaifeck erschlagen worden sind.

Ausgangspunkt: Bahnhof Schrobenhausen (414 m, **Navi:** 86529 Schrobenhausen, Wittelsbacherplatz 2).
Höhenunterschied: 120 m.
Anforderungen: Etwas Orientierungsvermögen hilfreich, da kaum beschildert. Mücken im Bereich der Paar.

Einkehr: Edelweißhütte Mahlberg (nur sonntags tagsüber!), Gaststätten und Restaurants in Schrobenhausen.
Variante: Ohne Einkehr in der Edelweißhütte folgen wir der Straße geradeaus hinab.
Tipp: Europäisches Spargelmuseum in Schrobenhausen.

Vom **Bahnhof Schrobenhausen (1)**, 414 m, aus nehmen wir geradeaus die Herzog-Ludwig-Straße (Einbahnstraße) und biegen dann nach rechts in die Georg-Alber-Straße ein. An der Einmündung links, gelangen wir geradeaus zu einer Kreuzung. Mittels Ampel die Straße überquert, gehen wir kurz rechts und biegen direkt vor Stadtgraben und Fußgängerzone links in den Bürgermeister-Stocker-Ring ein. An der Straßengabelung halten wir uns links. Der Mühlrieder Weg führt uns über die **Paar (2)**, 412 m, an mehreren Feuchtgebieten vorbei – mit Glück kann man die Schrobenhausener Störche bei der Nahrungssuche beobachten. Dann überqueren wir die Weilach, die links bei der Arnoldmühle in die Paar mündet. An der Einmündung nach rechts »Am Steinbach« durch **Mühlried** weiter. Dieser Straße folgen wir, bis direkt vor der Brücke links ein Geh- und Radweg »Am Weilachufer« entlang abzweigt. An Röhrichten und feuchten Hochstaudenfluren vorbei, geht es zwischendurch über die Beethovenstraße und dann weiter auf dem Geh- und Radweg am Spielplatz entlang. Stets geradeaus

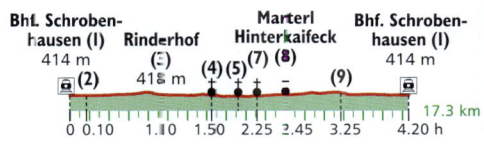

gelangen wir zu einer Brücke (Forellen-Infotafel). Hier in einem Links-Rechts-Schwenk und weiter durch die Johann-Sebastian-Bach-Straße. Abermals ein Links-Rechts-Schwenk, dann geht es durch die Riederwaldsiedlung weiter. Erst geradeaus, anschließend macht die Straße eine Linkskurve und mündet in die Altenfurter Straße, die wir überqueren und dem Geh- und Radweg nach rechts folgen. Unter der B 300 hindurch führt sie weiter am Waldrand entlang – auf den sandigen Böden dominieren Kiefern. Dann auf dem Westerbacher Weg nach links, der uns, bald als Allee und Hohlweg, in den Weiler **Ried** führt. Hier geradeaus, folgen wir an dessen Rand dem links abzweigenden Feldweg – rechts ein Hopfengarten. Als Grasweg führt er an der Stromleitung entlang mit Blick auf Mühlried zum Ökolandhof **Rinderhof (3)**, 418 m, hinab. Nach rechts am offenen Stallgebäude entlang, biegen wir nach der kurzen Eichenallee links ab. An der nächsten Wegkreuzung (Feldkreuz) nehmen wir den Feldweg nach rechts, der uns auf den Wald zuführt, wo wir geradeaus dem Hauptweg folgen. An einem Holzlagerplatz erreichen wir eine Straße, die uns nach links über den Hickerbach, dann hinauf am Schafstall sowie anschließender Streuobstwiese vorbei und schließlich hinab nach **Rachelsbach** führt. An der Einmündung – rechts kleine **Kapelle (4)**, 409 m, (Infotafel) – wandern wir links weiter. Eine Brücke bringt uns über die B 300 nach **Waidhofen**, wo wir erst dem Mühlweg ein gutes Stück folgen und dann links in den Weiherweg abbiegen. Nach dem Dorfweiher mit Insel, auf der im Mittelalter eine Burg stand, biegen wir direkt nach der stattlichen **Kirche Mariä Reinigung (5)**, 405 m, mit Friedhof, wo sich im östlichen Bereich der Grabstein für die Mordopfer von Hinterkaifeck direkt an der Friedhofsmauer befindet und diese als einziger überragt, links ab. Am neubarocken Pfarrhaus (Ringstr. 10) wieder links (Infotafel zu Kapellenwanderwegen). Auf dem gleich anschließenden Fußweg etwas hinab, erreichen wir die Paarauen. An der Bank halten wir uns rechts. Dann führt eine schmale Brücke über die hier noch recht naturnah verlaufende **Paar (6)**, 401 m, ein Pfad an Weiden vorbei schließt an. Mit Blick auf eine mit Kiefern aufgeforsteten Sanddüne (ND) geradeaus auf dem Spurweg weiter, der uns an Spargelfeldern und einem Anwesen vorbeiführt. Dann geradewegs über die Straße und an der **Kapelle von Laag (7)**, 405 m, (Infotafel) vorbei. Am Waldrand nehmen wir den mittleren der drei Wege. Am Rand

Dieses Marterl erinnert an die Mordnacht.

des Hexenholzes entlang etwas hinauf – rechts fällt der Blick auf Gröbern –, dann wandern wir an der Kreuzung links weiter. Hier werden außer Spargel auch Kartoffeln und Rollrasen angebaut. Nach gut 100 m befindet sich links ein artenreicher Magerrasen – hier lag einst die Einöde **Hinterkaifeck**. Wir gelangen zum **Marterl (8)**, 416 m, das neben einer großen Fichte steht und an die Mordnacht erinnert. Bald danach wurde der Hof abgerissen. Dann geradeaus auf den Wald zu, zuletzt auf einem Grasweg. Stets geradeaus führen uns die roten Dreiecke für den Spargelwanderweg zuverlässig durch den Wald – gleich am Anfang rechts ehemalige Mergelgruben. Erst geht es sanft aufwärts bis zu einer Bank und dann wieder abwärts durch schönen Mischwald. Trifft unser Weg auf die Straße zur Bauschuttdeponie, bietet sich ein schöner Blick auf das Paartal und die angrenzenden Höhen. Dann mündet auch diese in eine kaum befahrene Straße, der wir etwa 400 m nach rechts folgen, bis ein unbeschilderter Waldweg rechts abzweigt (Variante geradeaus!). Diesem folgen wir etwa 100 m, um dann nach links den nächsten Waldweg zu wählen (unbeschildert), der uns zur **Edelweißhütte (9)**, 440 m auf dem Mahlberg bringt. Auf dem Sträßchen hinab nach **Königslachen**, wo wir auf den Geh- und Radweg wechseln. Wir gehen nach links entlang der Staatsstraße. Kurz nach einem nicht genutzten Weiher mit Rohrglanzgrasröhricht, Schilf und Breitem Rohrkolben stoßen wir auf den Königslachener Weg. Auf diesem nach rechts geht es stets geradeaus durch das Gewerbegebiet von **Schrobenhausen** Richtung Stadtmitte. Erst am Kreisverkehr (Eridgnorth-Platz) nehmen wir den Geh- und Radweg nach rechts durch die Unterführung und wandern dann gleich nach links weiter. Am nächsten Bahnübergang wieder über die Gleise, biegen wir gleich rechts ab und erreichen den **Bahnhof (1)**.

41 Von Schrobenhausen nach Maria Beinberg

Durch die landwirtschaftliche Flur zur Wallfahrtskirche

Die Wallfahrtskirche Maria Beinberg erhebt sich auf einem frei stehenden Hügel, auf dem schon in vorgeschichtlicher Zeit Menschen ihre Spuren hinterließen und im Mittelalter eine Wehr- und Burganlage stand. Im 15. Jh. wurde eine erste Kapelle errichtet, bereits 1497 der Neubau der heutigen Kirche vollendet. Das erste Dokument der Marienverehrung stammt von 1597, besonders an Kranken soll es Wundertaten gegeben haben. Die Wallfahrt erlebte im 18. Jh. ihren Höhepunkt, wovon auch die prächtige Innenausstattung mit dem Gnadenbild (Maria mit Christuskind) im Hochaltar zeugt. Ein Benefiziatenhaus wurde für einen Priester, der zur geistlichen Betreuung der Wallfahrer eingesetzt wurde, und den Mesner errichtet, der von Anfang des 16. Jh. bis 1802 auch den Volksschulunterricht für die Kinder der umliegenden Dörfer hier versah. Auch heute noch kommen täglich Wallfahrer, die Beliebtheit nimmt sogar zu.

Ausgangspunkt: Karlsbader Straße im Süden von Schrobenhausen (Einmündung Hafnerweg, 438 m, **Navi:** 86529 Schrobenhausen, Karlsbader Str. 23), Bushaltestellen in Rosensteig und Rettenbach (RBA-Bus 9158 Altomünster – Schrobenhausen).

Höhenunterschied: 180 m.
Anforderungen: Etwas Orientierungsvermögen erforderlich, da die Tour nur sporadisch mit roten Dreiecken beschildert ist.
Einkehr: Zahlreiche Einkehrmöglichkeiten in Schrobenhausen.

Von der **Karlsbader Straße (1)**, 438 m, im Süden von **Schrobenhausen** aus starten wir an der Einmündung des Hafnerweges und nehmen den Schotterweg gegenüber. Gleich nach rechts auf einem sandig-kiesigen Feldweg weiter, der sich mit weitem Blick über das Paartal leicht durch die überwiegend als Ackerland genutzte Landschaft schlängelt. An einem Feldkreuz erreichen wir die Kreisstraße, der wir kurz nach links folgen. In **Rosensteig (2)**, 429 m, biegen wir gleich an der Bushaltestelle nach links in die Straße »Am Unterholz« ein, die uns geradewegs leicht ansteigend aus dem Weiler hinausbringt. Wir folgen dem Feldweg weiter hinauf. Auf den sandigen Böden werden u. a. Kartoffeln angebaut. Dann erreichen wir, etwas hinab, einen asphal-

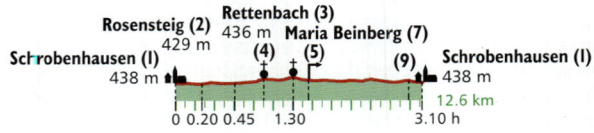

Ein Feldkreuz mit Ruhebank. Im Hintergrund die Wallfahrtskirche Maria Beinberg.

tierten Feldweg, dem wir nach rechts folgen, um gut 60 m vor der Kreisstraße links in den ebenfalls asphaltierten Feldweg abzubiegen. An beeindruckenden Holzstößen vorbei nach **Rettenbach (3)**, 436 m, entweder benannt nach der Fischart Rutten, die einst in dem kleinen Bach lebte, oder nach der roten Farbe des Moorwassers. An der Bushaltestelle überqueren wir die Kreisstraße und nehmen die Dorfstraße. Mündet sie in die Beinberger Straße – hier befindet sich links die ehemalige Bierzäpflerei, in der auch die Wallfahrer einkehrten –, biegen wir nach links in diese ein und folgen ihr durch einen schattigen Hohlweg. Stets geradeaus wandern wir an einem Spielplatz, Anwesen sowie einem alten Bierkeller vorbei. Auf dem kaum befahrenen Sträßchen aus dem Ort hinaus Richtung Gachenbach. An einer Plantage mit Beersträuchern sowie einem neuen Flurbereinigungskreuz vorbei, geht es bald durch den Wald hinauf. Das unasphaltierte Sträßchen ist teils hohlwegartig eingeschnitten. An der höchsten Stelle steht ein **Bildstock (4)**, 483 m. Geradeaus wandern wir wieder etwas abwärts. Das Sträßchen führt uns an zwei hübschen Wegkreuzen vorbei und aus dem Wald hinaus. Dann zweigt nach links ein Feldweg **(5)**, 466 m, ab (Pfosten mit Wegweiser). Beim Rückweg werden wir hier abbiegen. Nun geradeaus weiter, taucht bald die auf einem bewalde-

ten Hügel gelegene Wallfahrtskirche Maria Beinberg auf und es öffnet sich ein weiter Blick über die Landschaft. An einem weiteren hübschen **Feldkreuz mit Bank (6)**, 473 m, zweigt rechts ein gekiester Feldweg ab, dem wir hinauffolgen. Am Bildungshaus wenden wir uns nach links, das Sträßchen bringt uns kurz hinauf zur weithin sichtbaren und idyllisch gelegenen **Wallfahrtskirche Maria Beinberg (7)**, 501 m, mit schönem Garten und Fatimakapelle etwas unterhalb. Zurück am **Feldkreuz (6)** vorbei bis zur Abzweigung **(5)** kurz vor dem Waldrand, wo wir nach rechts weiterwandern. Auf einem Grasweg stets am Waldrand entlang – Blick zurück lohnt sich –, erreichen wir nach einem Hochstand eine Kiefer mit markantem Ast **(8)**, 460 m. Hier gabelt sich der Weg, wir wandern in den Wald hinein. Stets geradeaus folgen wir dem Hauptweg. Den Wald bald verlassen, geht es nun mit Blick auf Autenzell und das Weilachtal dahinter durch Ackerland hinab. Ab einem Wegkreuz gelangen wir nun auf asphaltiertem Weg bis zur Straße, die wir überqueren und sogleich nach links hinauf an einem Gehölz entlang weiterwandern. Gleich nach der Rechtskurve biegen wir an einer Viehweide links ab. Bald wieder etwas hinab, verlassen wir an der nächsten Wegkreuzung den Asphaltweg und nehmen den sandig-kiesigen Spurweg nach rechts. Endet links das Wäldchen, wandern wir auf dem links abzweigenden Grasweg an dessen Rand hinauf und dann weiter bis zu einer Kreuzung. Wieder hinab, erreichen wir an einem weiteren Wäldchen eine Straße (mit Bank). Weiter geradeaus, erst kurz hinauf und wieder hinab. Auch am Schild »Trinkwasserschutzgebiet« gehen wir geradeaus und erreichen auf einem Grasweg ein Wäldchen, an dessen Rand wir nach rechts entlanggehen. Am **Quellschutzgebiet (9)**, 461 m, nach links am Zaun entlang auf einem Graspfad, dann wandern wir mit herrlichem Blick auf Schrobenhausen an einem kleinen Biotop mit Schwertlilien hinab und geradeaus zum **Ausgangspunkt (1)** zurück.

Von Aichach nach Obergriesbach 42

Auf dem Walderlebnispfad durchs Grubet

Seinen Namen hat das Grubet von den Tausenden von Trichtergruben. Diese sind rund bis oval, 0,5–3 m tief und haben einen Durchmesser von 3–12 m. Man legte einen 5–8 m tiefen Schacht in den gelbbraunen Sand der tertiären Oberen Süßwassermolasse an. An dessen Sohle beutete man die in tonigmergeligen Schichten vorkommenden knollerartigen Eisenerz-Geoden aus, um sie in der Nähe zu verhütten, die Vertiefung schüttete man mit dem Aushub der Nachbargrube zu. Der Erzabbau wird ins 9./10. Jh. datiert und spielte damals eine wichtige wirtschaftliche Rolle.

Ausgangspunkt: Bahnhof Aichach (444 m, **Navi:** 86551 Aichach, Bahnhofstr. 25).
Endpunkt: Bahnhof Obergriesbach (458 m).
Höhenunterschied: 180 m im Aufstieg, 160 m im Abstieg.
Anforderungen: Problemlos. Strecke zum Walderlebnispfad und dieser selbst mit Blau-Gelb markiert.
Einkehr: Grubethaus (nur am Wochenende), Chrombachstuben Oberschneitbach, Gaststätte zum Ingerwirt Oberschnetbach, Spezialitätenwirt zum Tavernwirt in Sulzbach, mehrere Einkehrmöglichkeiten in Obergriesbach.

Vom **Bahnhof Aichach (1)**, 444 m, kurz nach links, gelangen wir an einer Infotafel zum Wanderweg »Durch's Grubet« vorbei durch einen Fußgängertunnel unter den Gleisen hindurch. Dem asphaltierten Fußweg folgen wir nach links, am ehemaligen Wasserhaus des Aichacher Bahnhofs von 1875 vorbei. Im dritten Geschoss dieses Backsteinbaus befand sich einst das Wasserreservoir. An der Einmündung kurz die Grubetstraße nach links und dann am Maibaum nach rechts die Kirchbergstraße sanft hinauf. Links oben die spätromanische Filialkirche St. Peter und Paul von **Algertshausen**. Anfang des 13. Jh. erbaut, zählt sie zu den ältesten Kirchen im Paartal. Am Ortsrand nehmen wir direkt vor dem Sportplatz den Lerchenweg nach rechts und wandern am kleinen Spielplatz gleich nach links auf dem Asphaltsträßchen weiter, an einem Weiher vorbei. Stets am wiesenbegleiteten Hechtengraben entlang durch das Muldental – rechts Ranken – kommen wir zu einem Feldgehölz mit **Kapelle (2)**, 453 m, und zwei Bänken. Weiter geradeaus, später auf Kies und an der großen Birke mit steinernem Feldkreuz **(3)**, 466 m, nach links weiter. Ein Stück

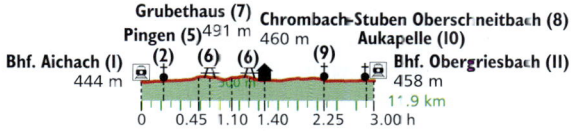

Das Grubethaus, das Naturfreundehaus der Grubetfreunde Aichach, mit Biergarten und attraktivem Spielplatz.

am Waldrand entlang, dann gelangen wir in den Wald hinein. Hier gehen wir gleich nach links weiter. Der Hauptweg bringt uns sanft aufwärts zum **Walderlebnispfad (4)**, 488 m, den wir an einem markierten abgestorbenen Stamm erreichen. Nach rechts auf einem schönen Waldweg an zahlreichen Stationen mit Tafeln vorbei durch das **Grubet**. Über die ehemaligen Eisenerzgruben, auch **Pingen (5)**, 497 m, genannt, die wir bereits rechts und links des Weges sehen, informiert eine Tafel. An vielen informativen Schildern zu den Tieren und Pflanzen des Waldes sowie an Aktionsstationen vorbei. Dann geht es hinab, am Zaun des Rotwildgeheges mit Aussichtsturm entlang zu einem Rastplatz **(6)**, 489 m, mit Aussicht und Infotafel zur Geologie. Hier links weiter, erst am Waldrand entlang, dann wieder durch den Wald an einem Barfußpfad vorbei. Nach einem kurzen Stück außerhalb des Waldes gelangen wir an der Hütte Waldeslust vorbei bald zum **Grubethaus (7)**, 491 m. An dieser Stelle befinden sich auch ein Parkplatz, zahlreiche Infotafeln sowie der offizielle Beginn des Walderlebnispfades. Der Wegweisung nach links gefolgt, erreichen wir bald unsere Einstiegsstelle in diesen **(4)**. Auf bekanntem Weg bis zum Waldrand **(6)**, dann weiter geradeaus am Zaun des Rotwildgeheges entlang hinab. Gleich danach biegen wir rechts ab und wandern auf ein Feldkreuz zu. Von hier führt nach links ein Sträßchen durch einen kleinen, von Gehölzen begleiteten Hohlweg hinab nach **Oberschneitbach**. Hier nach rechts gelangen wir am Gasthaus **Chrombach-Stuben (8)**, 460 m, vorbei und passieren geradeaus auf der Georgenstraße schmucke Alt- und Neubauten unterschiedlichen Baustils. Erst knapp vor der Straßenkreuzung folgen wir vor Nr. 23 dem Palmweg nach links, der uns über den weidengesäumten Schneitbach bringt. An Spielplatz, Kriegerdenkmal und Kirche St. Agatha – Schiff 1912 und Turm 1935 neu erbaut – folgen wir der Linkskurve und wandern geradeaus ostwärts weiter. Nach den letzten Häusern gehen wir, noch bevor es hinaufgeht, am Koppelzaun auf dem asphaltierten Feldweg nach rechts hinauf – ein Blick zurück lohnt sich –, der uns schließlich als teils etwas erdiger Grasweg zum Waldrand bringt. Knapp nach rechts versetzt, wandern wir in einem Hohlweg kurz durch den Wald hinab. Am Waldrand auf dem Asphaltsträßchen geradeaus, das uns auf und ab an einigen Feldkreuzen vorbeibringt, die allesamt zum Schutz der Felder und Fluren errichtet worden sind. Nach links sind immer wieder Blicke ins Paartal möglich. Schließlich gelangen wir nach **Sulzbach** hinab. Wir gehen zwischen **Kirche St. Verena (9)**, 464 m, mit barocker Haube und einer Scheune hindurch durch das Eisentor. Geradewegs über den Friedhof, halten wir auf das große Kreuz zu und verlassen ihn wieder über eine Treppe hinab. Der Fußpfad bringt uns zu einem Spielplatz und dann nach rechts zum Maibaum. Hier nach links in die Siedlungsstraße und gleich über den Schindbach. In der Rechtskurve gehen wir geradeaus weiter über die Schienen. Nach etwa 150 m biegen wir an der nächsten Wegkreuzung rechts ab und gelangen nach einer Koppel nahe an die **Paar** heran, die hier naturnah mäandrierend fließen darf. Wir folgen stets dem Feldweg, der uns in einem Rechts-Links-Schlenker nun auch an Wiesen vorbei durch das breite **Paartal** führt. Wegen der großen Hochwassergefahr, durch die dieses recht schnell in einen großen See verwandelt werden kann, liegen Orte wie Obergriesbach und Sulzbach relativ weit von den Auwiesen entfernt. Rechts ist das rote Gebäude unseres Zielbahnhofs zu sehen, das heute als Wohnhaus genutzt wird, sowie bald darauf auch die Aukapelle. An einem Feldkreuz vor einer Scheune mit Bank erreichen wir an der Einmündung den Griesbach, gehen nach rechts weiter und gelangen nach Querung der Schienen sowie der Kreisstraße nach rechts auf dem Radweg zur schmucken Wallfahrtskapelle »Unserer Lieben Frau ob der Paar«, kurz **Aukapelle (10)**, 460 m, genannt (Vorsicht beim Queren!). Weiter geht es nach **Obergriesbach**. Gleich an der Bushaltestelle gelangen wir nach rechts zum **Bahnhof (11)**, 458 m.

Von Kühbach über Ober- nach Unterwittelsbach

Stammsitz der Wittelsbacher und Sisi-Schloss

Von der einstigen Burg Wittelsbach in Oberwittelsbach sind nur noch wenige Mauerreste erhalten. Sie ist der Stammsitz der Wittelsbacher, die über 700 Jahre lang Bayern regierten. 1083 erwarb Graf Otto III. von Scheyern die Burg und erweiterte sie. Nach dem neuen Sitz nannten sich die Grafen von Scheyern ab 1105 »Pfalzgrafen von Wittelsbach«. 1209 wurde die Burg nach dem Königsmord zu Bamberg, bei dem der Staufer Philipp von Schwaben durch den letzten Pfalzgrafen Otto VIII. ermordet wurde, zur Strafe als Steinbruch freigegeben, die Wittelsbacher zogen weg. Auf den Resten des einstigen Bergfrieds wurde die spätgotische Burgkirche errichtet, seit 1418 ist eine Marienwallfahrt nachweisbar. In Unterwittelsbach steht das Sisi-Schloss, ein Wasserschloss, das Sisis Vater, Herzog Max in Bayern, 1838 erwarb, um seinem großen Hobby, der Jagd, in den eichel- und damit wildreichen Wäldern des Paartales nachzugehen. Hier verbrachte die spätere Kaiserin von Österreich einen unbeschwerten Teil ihrer Kindheit inklusive Ponyreiten im Schlosspark.

Ausgangspunkt: Parkplatz an der Schlossbrauerei (457 m, **Navi:** 86556 Kühbach, Großhausener Str. 2), Bushaltestelle am Marktplatz Kühbach (AVV-Linien 241/242/243 Aichach – Unterbernbach/Metzenried/Schiltberg, RBA-Linie 9150 Aichach – Schrobenhausen, AST 241, 60 Min zuvor anrufen).
Höhenunterschied: 200 m.

Anforderungen: Keine. Markiert (Blau-Gelb, v. a. an Bäumen).
Einkehr: Waldgasthof Burghof in Oberwittelsbach, mehrere Einkehrmöglichkeiten in Kühbach.
Tipps: Sisi-Schloss innen nur bei Ausstellungen und Führungen zu besichtigen. Wittelsbacher Museum Aichach. Lauschtour.

Wir starten am Parkplatz (Infotafeln) von **Schloss Kühbach (1)**, 457 m, das 1011 als Benediktinerinnenkloster erstmals erbaut und 1839 von Herzog Max erworben wurde. Seit 1862 ist es im Besitz der Freiherrn von Beck-Peccoz, die einen angesehenen, heute noch betriebenen Gutsbetrieb aufbauten. Auch die seit dem 16. Jh. bezeugte Klosterbrauerei wird als regional orientierte Brauerei weitergeführt. Leicht nach links versetzt, folgen wir der Wöresbacher Straße zum Ortsrand. Beim Blick zurück sehen wir Inchenhofen, das Paartal und den Funkturm bei Schönbach. Mittels Brücke über die B 300, wandern wir geradewegs in den Wald hinein und auf dem gekiesten Sträßchen durch das Klosterholz. An der höchsten Stelle passieren wir einen hölzernen Wegweiser geradeaus. Abwärts, sämtliche Abzweigungen ignorierend, erreichen wir den Waldrand, wo wir uns halb rechts halten. Wir sehen den Parkplatz an der Einöde **Wöresbach**, biegen aber gleich rechts ab **(2)**, 482 m. Kurz am Waldrand entlang und wieder durch den Wald folgen wir stets dem markierten Weg. An

Das romantische Sisi-Schloss in Unterwittelsbach mit Schlosskapelle.

einem Rechtsknick geradeaus und nach der nächsten Rechtskurve hinauf und hinab. Knapp vor der Einmündung nehmen wir den scharf nach links abzweigenden Waldweg **(3)**, 514 m, durch das Oberholz hinauf an den Waldrand und geradeaus nach **Oberwittelsbach (4)**, 526 m. An der Einmündung steht rechts das ehemalige Pfarr- und vormalige Benefiziatenhaus (Nr. 3). Nach links am Feuerwehrhaus vorbei zum Maibaum – hier auch ein Spielplatz und eine mächtige Eiche. Nach rechts gehen wir auf der Straße »Am Burgplatz« am ehemaligen Schul- und Benefiziatenhaus (Nr. 4) vorbei über den markanten Burggraben und erreichen – rechts das neugotische Nationaldenkmal – die **Burgkirche Beatae Mariae Virginis (5)**, 521 m, sowie Reste der zerstörten Burg. Die Backsteinkirche mit Strebepfeilern ist außen schlicht, weist jedoch eine detailreiche Ausstattung auf (Infotafeln, Lauschstation). Dann gelangen wir nach links über eine Treppe (»Fußweg nach Unterwittelsbach«) steil hinab. Beim Blick zurück erkennen wir die günstige Lage der Burg auf einer steil aus dem tertiären Untergrund herausgeschnittenen Zunge. Nach rechts folgen wir dem Waldweg sanft hinab. Nach einem hübschen Wegkreuz (Lauschstation) erreichen wir den Waldrand. Weiter abwärts an einem weiteren Feldkreuz vorbei auf **Unterwittelsbach** zu. An der nächsten Kreuzung jedoch geht es nach links,

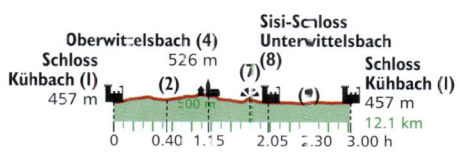

dann weist uns ein Schild **(6)**, 463 m, zu einem **Aussichtspunkt (7)**, 500 m. Über den teils mit Platten ausgelegten, steilen Feldweg am schattigen Waldrand entlang hinauf, erwartet uns dort neben einem Hochsitz eine Bank mit herrlichem Blick auf das Paartal sowie die Wallfahrtskirche Inchenhofen. Wieder zurück **(6)**, wandern wir direkt vor dem Wäldchen nach links am Schlosspark im englischen Stil entlang, bis uns ein beschilderter Fußweg nach rechts zum **Sisi-Schloss (8)**, 456 m, bringt. Die Hofkapelle ist von architektonischer Einzigartigkeit, denn sie vereint die neugotische und orientalische Stilrichtung (Infotafeln, Lauschstation). Am Parkplatz gehen wir die Zufahrt entlang. Am Tor (Infotafeln) nach rechts, folgen wir an der Einmündung der Herzog-Max-Straße auch nach rechts. Sie führt uns am Maibaum vorbei zum Ortsende. Hier biegen wir nach links Richtung Walchshofen ab und gelangen auf einer Brücke (Vorsicht!) über die B 300. Danach verlassen wir die Straße jedoch sofort wieder und nehmen den nach rechts abgehenden Feldweg (Holzschildchen). Dieser führt uns nach bogigem Verlauf bald zwischen Hecke und Mischwäldchen hindurch. Dann wandern wir nach rechts an dessen Rand entlang. Wendet er sich direkt vor einer Hochspannungsleitung nach rechts, nehmen wir den Grasweg nach links **(9)**, 455 m. Nun etwas hinauf, aussichtsreich auf den Wald zu und an dessen Rand nach rechts entlang. Unter der Hochspannungsleitung hindurch, geradewegs am Sportplatz vorbei, eine Straße gequert und geradeaus auf Kühbach zu. Noch vor den ersten Häusern folgen wir dem Asphaltsträßchen in einer Rechtskurve und gehen dann an der Einmündung nach links die Aichacher Straße entlang zum **Schloss (1)** zurück, wo sich gegenüber der **Peterhof**, ehemals auch Brauerei, befindet.

2.45 Std.

Vom Schloss Blumenthal zum Kloster Maria Birnbaum

44

Weltliches und Geistliches

Bereits um 1250 wurde in Aichach eine Deutschordens-Niederlassung gegründet, die 1296 Blumenthal erwarb. Um 1384 wurde der Verwaltungssitz hierher verlegt. Diese Kommende betreute insgesamt 17 Kirchen und Orte seelsorgerisch, darunter die heute nur noch als Ruine vorhandene, nahe Georgskapelle sowie die bekannte Wallfahrtskirche Maria Birnbaum. Ihre Geschichte geht zurück auf ein Ereignis im Dreißigjährigen Krieg. 1632 wollten schwedische Soldaten ein geschnitztes Vesperbild zerstören, das von den Herren von Weychs zur persönlichen Andacht in einem Eichbaum-Marterl aufgestellt war. Also zündeten sie es an und warfen es in den Sumpf. Der Dorfhirte von Sielenbach rettete es und stellte es bei der Ecknachbrücke in einen hohlen Birnbaum. 1659 soll sich die erste Wunderheilung ereignet haben. Es begann eine Wallfahrt zu dem Gnadenbild, für das schon ab 1661 die heutige Barockkirche, die erste in Bayern überhaupt, erbaut wurde. Auch ist sie die erste Kuppelkirche nördlich der Alpen, angelehnt an den italienischen Barock. Im Zuge der Säkularisierung sollte sie aufgelöst werden, wurde aber von Bauern übernommen, die auch die Renovierung der einsturzgefährdeten Kirche 1867 durchsetzten.

Ausgangspunkt: Biergarten im Innenhof von Schloss Blumenthal (460 m). Parkplätze sind an der Westseite der Anlage ausgeschildert (**Navi:** 86551 Aichach, Blumenthal), Bushaltestelle direkt an der Abzweigung von der Staatsstraße (AVV-Linien 204 Friedberg – Klingen, 250 Aichach – Adelzhausen, AST 244 Aichach – Untermauerbach, 60 Min. zuvor anrufen).
Höhenunterschied: 170 m.
Anforderungen: Keine.
Einkehr: Gaststätte Winterholler Sielenbach, Klostergaststätte Maria Birnbaum (Al Monastero), Gasthaus Schloss Blumenthal (mit Biergarten).
Tipps: Verkehrsarmen Tag wählen, da die Straße durch Sielenbach viel befahren ist. Wegen mehrerer Tiergehege für Kinder interessant. Teile von einem hohlen Birnbaum sind an der Rückseite des Hochaltars in der Wallfahrtskirche zu besichtigen.

Dieser etwa 13 m hohe Turm ist der letzte Rest der Kapelle, die einst auf dem Georgenberg (heute Kellerberg) stand.

Wir starten im Innenhof von **Schloss Blumenthal (1)**, 460 m, in dem 2014 ein Hotel eröffnet wurde – hier auch ein kleiner Spielplatz. Durch den östlichen Torturm verlassen wir die weitläufige Anlage und gelangen geradewegs an der Bushaltestelle vorbei, wo eine Tafel über das Ecknachtal informiert. Selbigen Bach überqueren wir ebenso wie die Staatsstraße (Vorsicht, Verkehr!). Auf einem Kiesweg an einer Feldscheune vorbei, unter der sich eine riesige Kelleranlage befindet. Hier lagerte seit mindestens 1748 das in Blumenthal gebraute Bier und wurde durch Natureis gekühlt. Die alten Kastanien dienten als zusätzliche Schattenspender. Dann weist uns die blau-gelbe Markierung nach links. Wir verlassen den Kiesweg aber gleich wieder und steigen nach rechts einen Pfad durch den Wald zur **Turmruine St. Georg (2)**, 477 m, hinauf, einziger Rest der Anfang des 19. Jh. abgebrochenen Backsteinkapelle. Vom kurzen Abstecher zurück, auf dem Wanderweg weiter, bald am Waldrand entlang mit Blick auf die hügelige, landwirtschaftlich genutzte Landschaft mit Hecken und Ranken – links Klingen vor dem bewaldeten Maiberg mit Antennenmast. Am **Kreuzweiher (3)**, 469 m, (hier keine Markierungen) einem wichtigen Rückzugshabitat für röhrichtbrütende Vögel, nach links, folgen wir an der Einmündung dem Sträßchen nach rechts und von nun an der Trasse der Hochspannungsleitung stets geradeaus. Auf gekiestem Spurweg am Waldrand entlang, wählen wir an einer Weggabelung **(4)**, 481 m, den mittleren Weg nach halb links. Markiert führt er uns in einer Rechtskurve kurz durch den Wald hinauf. Dann wandern wir weiter am Waldrand entlang hinauf, nun auf einem Grasweg in der Schneise zwischen zwei Teilflächen des Osterholzes. Dies hat seinen Namen von der Lage östlich von Blumenthal, denn es gehörte einst zur Deutschordenskommende. Entlang der Hochspannungsleitung hinab und hinauf über Wiesen zu einer Feldwegkreuzung, von wo aus

Wallfahrtskirche Maria Birnbaum (6)
Pfarrkirche Sielenbach (5) 468 m
Kreuzweiher (3)   467 m   Schafhausen (8)
Schloss Blumenthal (1)   (4)   (9)   **Schloss Blumenthal (1)**
460 m   460 m

10.7 km
0   0.30   1.25 2.00   2.45 h

bei Föhn die Alpenkette zu erkennen ist. Wir folgen nun dem Kiesweg nach halb rechts an einer Flurbereinigungshecke entlang. Durch die reizvolle, hügelige Landschaft erreichen wir weiter mit großartiger Aussicht die ersten Häuser von **Sielenbach**. Stets geradeaus haben wir bald wieder einen wunderschönen Ausblick auf den Ort mit Pfarrkirche und Kloster Maria Birnbaum sowie mit Glück auf die Zugspitze. Durch einen kleinen Hohlweg führt uns die Ostergasse weiter hinab, auf das »Vorfahrt gewähren«-Schild zuhaltend. Nun an der Aichacher Straße nach links entlang an der **Pfarrkirche St. Peter und Paul (5)**, 467 m, die mit besonders schönen, von Stuck gefassten Fresken in ihrem Inneren aufwartet, sowie an Maibaum und Gaststätte Winterholler mit hauseigener Metzgerei und idyllischem Biergarten vorbei. Ab hier auf der Maria-Birnbaum-Straße immer wieder an schmucken Bauernhäusern vorbei durch das Straßendorf – das längste im Wittelsbacher Land –, mittels Holzbrücke über den Bachgraben namens Siele an den Ortsrand zur faszinierenden **Wallfahrtskirche Maria Birnbaum (6)**, 463 m, die mit prächtigem Stuck

Auf und ab geht's durchs Hügelland, am Horizont die Alpen.

Die einstige Stiftungsforstei der Deutschordenskommende Blumenthal – heute eine Idylle.

von Matthias Schmuzer d. J. ausgestattet ist. Mit dieser ist über einen Seitentrakt das ehemalige Kapuzinerkloster verbunden (Einkehrmöglichkeit). Am Parkplatz vorbei noch kurz dem Geh- und Radweg entlang der Staatsstraße weiter gefolgt, die wir bei der nächsten Gelegenheit ebenso überqueren wie die **Ecknach (7)**, 466 m, die hier noch uneingetieft durch ein weites Wiesental mäandrieren darf. Immer wieder sind seggenreiche Feucht- und Nasswiesenbereiche vorhanden (FFH-Gebiet). Die Schönberger Straße führt uns durch das noch landwirtschaftlich geprägte **Schafhausen**, bald hinauf. Nach einer Freifläche, die noch die Grenze zwischen den einstigen Siedlungen Schafgassen am Hangfuß und (Ober-)Schafhausen auf der Anhöhe markiert und von wo sich ein herrlicher Blick auf das Ecknachtal mit Sielenbach und Maria Birnbaum bietet, biegen wir vor den nächsten Häusern **(8)**, 491 m, rechts ab und nehmen gleich den Feldweg nach links, der uns anfangs an Obstbäumen vorbei hinter den Anwesen entlang-, dann hinab ins Tal und über einen Bachgraben führt. Erst dem zweiten Feldweg folgen wir nach links. Nach einem Rechtsknick hinauf zur Kreisstraße. Auf der anderen Seite wandern wir auf dem Grasweg nach links an ihr entlang, bis rechts ein Asphaltsträßchen abzweigt. Letzteres bringt uns an einem modern gestalteten Kreuz vorbei aussichtsreich auf den Höhen über dem Ecknachtal nach **Wilpersberg (9)**, 499 m, wo neben einer Naturheilpraxis ein Biohof mit Freilandhaltung und Hofladen betrieben wird. Nun hinab, an einer Sandgrube vorbei und, geradeaus weiter auf und ab. Wir passieren **Matzenberg** sowie nach dem Tälchen des Röckerszeller Baches **Andersbach** (Vorsicht, Verkehr zu Biogasanlage). Nach der dortigen Linkskurve geradewegs an einigen Walnussbäumen vorbei auf den Wald zu. Durch diesen stets auf dem asphaltierten Hauptweg. Bald verlassen wir das Auholz wieder an mächtigen Eschen und einigen Eichen vorbei – hier links war einst der Au-Weiher. Dann wandern wir auf den Schlosspark mit Laubwäldchen zu. An dessen hoher Hecke entlang gelangen wir wieder nach **Schloss Blumenthal (1)**, dessen Innenhof wir durch das westliche Tortürmchen erreichen.

2.45 Std.  *Von Erdweg nach Altomünster* **45** TOP

Auf dem Meditationsweg »Ins Ich gehen«

Einst thronte auf dem Petersberg, dem Herrschaftsmittelpunkt der Wittelsbacher Grafschaft Glaneck, die um 1000 entstandene Burg Glaneck, deren Gebäude in das etwa 100 Jahre später gegründete Benediktinerkloster einbezogen wurden. Von diesem steht nur noch die Klosterkirche, die nach der Reromanisierung (Anfang des 20. Jh.) als einziges Bauwerk im Landkreis Dachau romanische Formen aufweist. Ziel unserer Wanderung ist Altomünster, wo es bis 2017 das einzige Birgittenkloster im deutschsprachigen Raum gab. Das Besondere und für jene Zeit Neue an dem von der Heiligen Birgitta von Schweden 1346 gegründeten Orden ist, dass Nonnen und Mönche in einem Gesamtkloster leben und als Vorstehende eine Äbtissin gewählt wird. Im Zuge der Säkularisierung wurde das Männerkloster aufgehoben, doch das Frauenkloster gab es bis vor wenigen Jahren. Die Klosterkirche St. Alto und St. Birgitta, 1763/73 neu erbaut, gilt als letzter großer barocker Kirchenbau in Oberbayern.

Ausgangspunkt: S-Bahnhof Erdweg (477 m), **Navi:** 85253 Erdweg, Bahnhofstraße).
Zielpunkt: S-Bahnhof Altomünster (493 m).
Höhenunterschied: 180 m im Aufstieg, 160 m im Abstieg.
Anforderungen: Keine. Sehr gut ausgeschildert in beiden Richtungen mit grünen Wegweisern. Flyer mit Karte und weiteren Informationen (www.altomuenster.de).
Einkehr: Gaststätten in Erdweg, Gasthaus Gschwendtner Eisenhofen (Öffnungszeiten!) und Altomünster (darunter 2 Brauereigaststätten).
Tipp: Täglich dreimal ertönt ein Glockenspiel in Altomünster (Werktage: 9, 13 und 17 Uhr, Sonntage: 13, 15 und 17 Uhr). Wer nicht unbedingt eine Brauereigaststätte zur abschließenden Einkehr braucht, sollte bei guter Sicht die Tour in umgekehrter Richtung gehen.

Vom **S-Bahnhof Erdweg (1)**, 477 m, wandern wir Richtung Altomünster/Petersberg auf dem Geh- und Radweg zwischen Staatsstraße und Eisenbahnlinie entlang, an der Hubermühle vorbei sowie über Mühlkanal und Glonn. Am Ortsschild von **Eisenhofen** nach rechts. Nach dem Unteren Haus der Katholischen Landvolkshochschule Petersberg (KLVHS) nehmen wir direkt vor den Gleisen den Fußweg nach links. Die Fußgängerbrücke **(2)**, 487 m, lassen wir für einen kurzen Abstecher rechts liegen und folgen den Wegweisern geradeaus in das Laubwäldchen hinauf zur 1104/70 errichteten **Basilika St. Peter und Paul** auf dem **Petersberg (3)**, 500 m. Doch bereits ab 1123 zogen die Mönche wohl wegen der räumlichen Enge nach Scheyern weg. Das große Gebäude ist das Obere Haus, das seit 1953 die KLVHS beherbergt. Wieder zurück **(2)**, nehmen wir die denkmalgeschützte Brücke über die Bahnlinie, die um 1910 errichtet wurde. Auf dem Fußpfad hinab. Dann gelangen wir nach links über den Zeitlbach vom Ortsteil Petersberg in den Hauptort –

Station Regenbogen auf dem Meditationsweg.

rechts der Kirchturm von St. Alban mit spätgotischem Treppengiebel. Am Feuerwehrhaus geradeaus, durch ein kleines Laubwäldchen mit Barfußpfad hinauf. Am Ortsrand – links drüben eine Sandgrube – folgen wir dem Kiesweg geradeaus und dann dem anfangs asphaltierten Feldweg nach links. Stets geradeaus, lohnt sich ein gelegentlicher Blick zurück. An einem Flurbereinigungskreuz, das sich in einem Feldgehölz mit Bänken verbirgt, und an weiteren Stationen des Meditationsweges vorbei, wandern wir sanft auf und ab durch das Hügelland. Rechts versteckt sich das einstige Hofmarkschloss von Hof, das auch Sommerresidenz der Freisinger Bischöfe war, hinter großen Bäumen. An der **Station Sonne (4)**, 515 m, nach dem Erde-Mond-Modell bietet sich bei Föhn ein herrliches Alpenpanorama. Zur Flurbereinigungskapelle am Waldrand hinüber gelangen wir im Zickzackkurs, an der Station Sonnenuhr und Regenbogen vorbei. Bald an einer mächtigen Eiche nach halb rechts kurz durch den Wald und hinauf auf **Happach** mit Kapelle zu. An der Einmündung **(5)**, 525 m, folgen wir dem Sträßchen nach links und gehen am Weiler mit

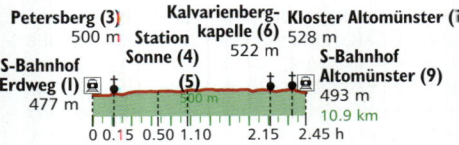

teils denkmalgeschützten Bauernhäusern vorbei. Bald wandern wir nach rechts – in den Feuchtflächen rechts hält sich der Graureiher auf – zum Waldrand mit blumengeschmücktem Feldkreuz hinüber. Nun nach links, vielleicht mit Alpenblick, am Waldrand entlang. Dann folgen wir weiter dem Kiesweg durch den Wald. Eine anschließende Baumhecke geleitet uns in den nächsten Wald, wo es etwas aufwärts am Waldxylophon vorbeigeht. Am Waldrand – hier kann es nach Regen etwas feucht sein – taucht bereits die Kirchturmspitze von Altomünster auf. Nach einem Solarfeld – rechts Weil mit Kapelle – queren wir die Straße und wandern an der Station Kompass vorbei. Rechts ein Quellsumpf mit Schilf-Landröhricht in einer breiten Talmulde. An der Einmündung links weiter und an einem Feldkreuz – hier auch Infotafel des Birgittenwegs – nach rechts hinab. Der mit Platten ausgelegte Spurweg mündet in ein Sträßchen, dem wir fast bis zur Höhe hinauffolgen, um dann links abzubiegen. An der Station Gleichgewicht/Waage/Kirchblick vorbei wandern wir auf Hohenried zu, doch noch vor dem Weiler verlassen wir das Sträßchen an einer weiteren Infotafel nach links und gelangen geradewegs in ein Laubmischwäldchen hinein auf einem Pfad zur **Kalvarienbergkapelle (6)**, 522 m, die eine sogenannte Heilige Stiege birgt, deren 28 Holzstufen kniend zurückgelegt werden. Von dort führt eine Steintreppe mit Kreuzweg- und Hörstationen hinab. Auf dem Pfad über die Wiese hinab zum Kalvariengraben (Station Apfel). Dann bald auf einem Asphaltsträßchen etwas hinauf nach **Altomünster**, das wir an einer Baumreihe (ND) entlang erreichen. Stets geradeaus gelangen wir zur Einmündung in die Leopold-Schwaiger-Straße, auf der wir, nun stets dem Wegweiser »Marktplatz/Finsterer Gang« folgend, geradeaus weitergehen. In einer Linkskurve »An der Schwemme« vorbei. Dann gleich nach rechts durch die Klostermauer in den St. Birgittenhof. Am Klosterkräutergarten vorbei, gelangen wir, kurz nach links gegangen, zum **Klostermuseum (7)**, 523 m. Im ehemaligen klös-

Blick nach Altomünster vom Kalvarienberg aus.

terlichen Schlossereianwesen werden das Leben im Kloster und der Stellenwert Altomünsters als bayerisches Kloster in und aus europäischer Sicht dargestellt, da die heilige Birgitta als Patronin Europas gilt. Wieder kurz zurück, Richtung »Marktplatz/Finsterer Gang« nach links. Dann ist Aufmerksamkeit geboten, denn wir müssen durch eine geöffnete Holztür. Dahinter kurz hinab am Bildnis »Allerseelen im Fegefeuer« vorbei durch den Finsteren Gang. Er endet im Innenhof der **Klosterkirche St. Alto (8)**, 520 m, zu deren Haupteingang wir bald gelangen. Die Stufen hinab, dann halten wir uns links und gelangen an Klosterladen und Brunnen vorbei, der von der Altoquelle gespeist wird. Sie soll der Legende nach der heilige Alto zum Entspringen gebracht haben, indem er seinen Wanderstab in den Boden stieß. Am Rathaus erreichen wir die Nerbstraße, wo zwei Brauereigaststätten und weitere Einkehrmöglichkeiten einladen. Weiter geht es hier rechts über den Marktplatz mit Marktbrunnen. An dieser Stelle müssen wir das Fußgänger-Verbotsschild beachten und kurz nach rechts weitergehen. Dann nach links zum Parkplatz »Hechthof« und gleich wieder nach links gelangen wir über einige Stufen zur Bahnhofstraße hinab, die uns am Nagyvenyim-Platz (ungarische Partnerstadt) vorbei zum **S-Bahnhof (9)**, 493 m, bringt.

2.45 Std.

Von Friedberg zur Wallfahrtskirche Maria Schnee 46

Die Lechleite entlang

Der Lech bildete über 1000 Jahre lang die Grenze zwischen Schwaben und Bayern, woher auch die strategische Bedeutung Friedbergs als bayerische Grenzstadt rührt. Als »Auge Bayerns« musste Friedberg immer wieder Kriegshandlungen und Streitigkeiten zwischen Bayern und der Freien Reichsstadt Augsburg über sich ergehen lassen und wurde dabei immer wieder in Mitleidenschaft gezogen. Um 1257 ließ der Wittelsbacher Herzog Ludwig II. der Strenge eine Burg mit Blick auf Augsburg auf dem hier etwas vorspringenden und steil abfallenden Lechrain errichten. Die Gründung der Stadt Friedberg folgte bereits 1264, sie wurde jedoch durch die Augsburger 1296 wieder zerstört. 1541 brannte die Burg nieder, wurde als modernes Renaissance-Schloss neu errichtet und entwickelte sich zum beliebten Aufenthaltsort der bayerischen Herzogsfamilie. Friedberg wurde zeitweise zum Mittelpunkt des Hoflebens in Bayern.

Ausgangspunkt: Bahnhof Friedberg (494 m, **Navi:** 86316 Friedberg, Bahnhofstr. 28).
Höhenunterschied: 150 m.
Anforderungen: Wenige Wegweiser (Nr. 4 bzw. kleine Dreiecke), dennoch problemlos. Viel Asphalt, aber landschaftlich schön.

Einkehr: Gasthof zum Schloß Stätzling, Gasthof Metzger Wulfertshausen, Gaststätten, Restaurants und Cafés in Friedberg.
Tipps: Verkehrsarme Tage bzw. Tageszeiten sind für den Abschnitt zwischen Stätzling und Wulfertshausen zu bevorzugen; Bademöglichkeit im Friedberger Baggersee mit Wasserskianlage.

Vom **Bahnhof Friedberg (1)**, 494 m, folgen wir jenseits des Kreisverkehrs der Bahnhofstraße nach links hinauf und fortan der Beschilderung »Wittelsbacher Schloss«. So gelangen wir zur markant rot gestreiften **Kirche St. Jakobus Major (2)**, 508 m. Hier links, dann halten wir uns am Marienplatz rechts und gehen am Marienbrunnen (Trinkwasser) vorbei, der an das Pestjahr 1599 erinnert, als in Friedberg 1000 Einwohner starben. Links steht das schmucke Rathaus mit Glockenturm und Elementen der Renaissance, das 1673/74 von einem unbekannten Baumeister nach dem Vorbild von Elias Holl errichtet wurde. Geradeaus, dann biegen wir nach rechts in die Jesuitengasse ein und

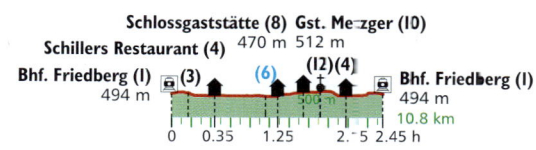

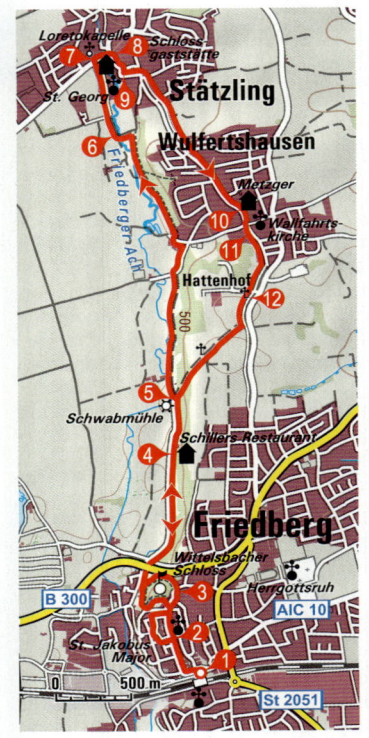

gehen am ehemaligen Spital vorbei. Dann links im Tal weiter, schon mit Blick auf das **Wittelsbacher Schloss (3)**, 506 m, das wir bald an der einstigen Zugbrücke erreichen. Es wird heute als **Heimatmuseum** genutzt, wo u. a. die prächtigen Friedberger Uhren zu bewundern sind. Weiter auf einem Fußweg durch den Schlosspark – links der künstlich angelegte, tiefe Schlossgraben. Am **Köpfhäusl** – an diesem einstigen Wehrturm soll bis 1728 die Richtstätte gewesen sein, an der Enthauptungen mit dem Schwert vorgenommen wurden – führen Stufen hinab. Taucht rechts ein Spielplatz auf, gehen wir an ihm vorbei hinab und biegen gleich rechts ab. Die Schützenstraße führt uns durch eine Wohnsiedlung, wir verlassen sie mittels einer Unterführung. Das gelbe, große Gebäude links ist die Kussmühle, die heute als Hotel und Restaurant genutzt wird. Stets geradeaus und rechts von der überwiegend laubwaldbestandenen Lechleite begleitet, führt uns die kaum befahrene Straße an weiteren Wohnhäusern und an **Schillers Restaurant (4)**, 476 m, mit Minigolfplatz vorbei. Bald haben wir die ehemalige **Schwabmühle (5)**, 477 m, mit Islandpferdehof erreicht, die als recht junge Mühle nie städtisch war und früher als Mahl- und Sägmühle genutzt wurde. Zwischen den Gebäuden hindurch wandern wir geradeaus weiter, nun auf feinem Kiesweg. Links ist jenseits der sich windenden Friedberger Ach Augsburg zu erkennen. Am Sportplatz (Einkehrmöglichkeit) vorbei folgen wir der Asphaltstraße nach halb rechts und biegen gleich nach dem ersten Gebäuden von Wulfertshausen links ab. Nun stets der Radwegbeschilderung folgend, geht es nach rechts durch den Wald die steile Lechleite entlang. An den Klärbecken biegen wir links ab. Rechts die Kirche von Stätzling auf der Anhöhe. Der Neubau wurde 1696/99 hierher auf den Bergvorsprung verlegt, um die katholische Präsenz weit hinüber in die paritätische Reichsstadt Augsburg ausstrahlen zu lassen. Mittels einer Brücke queren wir die dammartig erhöhte **Friedberger Ach (6)**, 469 m. Damm deshalb, da der Fluss zum Betreiben von Mühlen wohl schon im Mittelalter hierher verlegt worden ist. Auf dem Asphaltsträßchen nach rechts nach **Stätzling** hinein geradeaus auf die 1688 erbaute **Loretokapelle (7)**, 468 m, zu, die durch ein Gitter betrachtet werden kann. Diese Nachbildung der Santa Casa (der Legende nach das Haus, in dem Maria aufwuchs und wo der Engel ihr die Geburt Jesu ankündigte) wurde 1688 errichtet. Hier rechts, über die Friedberger Ach und an der **Schlossgaststätte (8)**, 470 m, mit Biergarten, dem ehemaligen Schloss, gleich wieder rechts. Über Stufen hinauf zur schlossartigen Kirche **St. Georg (9)**, 488 m. In ihrem Inneren ist ein prächtiges Deckenstuckwerk zu sehen, das wohl vom Wessobrunner Johann Schmuzer stammt und wegen seines raumeinnehmenden Umfangs weltweit einmalig ist. Nach links gehen wir am Kirchengebäude entlang und verlassen den Friedhof auf einem Kiesweg wieder. Wir halten uns weiterhin links, an einem Kriegerdenkmal vorbei. An der Einmündung geht es rechts in der Pfarrer-Bezer-Straße weiter, an der evangelischen Zachäus-Kirche vorbei. Auf einem getrennten Geh- und Radweg führt sie uns an Skaterbahn und Bolzplatz vorbei und als Radegundisstraße nach **Wulfertshausen** hinein, dort an **Gaststätte Metzger (10)**, 512 m, und Maibaum vorbei. Dann in einer Linkskurve geradeaus an der **Wallfahrtskirche Maria Schnee (11)**, 511 m, vorbei. Die im 17. Jh. wohl von den Jesuiten initiierte Wallfahrt blühte bald derart auf, dass der Ort sogar den Beinamen

Blick durch das Tal auf das Wittelsbacher Schloss.

Dieser Basteiturm unterhalb des Wittelsbacher Schlosses ist von der einstigen Stadtbefestigung noch vorhanden.

»Maria Schnee« erhielt. Die Kirchstraße bringt uns an den Ortsrand, wo wir dem Geh- und Radweg nach rechts folgen. Ein Fußpfad führt zu einem **Bildstock (12)**, 519 m, unter einer mächtigen Eiche. Auf ihm ist unter anderen die heilige Radegundis zu sehen (auf dem Bild wird sie gerade von Wölfen angefallen), die aus Wulfertshausen stammen soll und die Kranken des Spitals gepflegt und mit Essen versorgt hat. Von einer Bank aus kann der Blick zum Ort zurück mit Wallfahrtskirche und neuer Pfarrkirche genossen werden. An Linden und einer Hecke vorbei mündet der Trampelpfad in den Leitenweg, in den wir nach rechts einbiegen. Kurz aufwärts, geht es an einer alten mehrstämmigen Linde mit hübschem Feldkreuz (Inschrifttafel) nach halb rechts, teils durch einen Hohlweg, die bewaldete Lechleite hinab in die Lechebene. In diesem Bereich erklomm auch die alte Römerstraße Augsburg – Regensburg die Lechleite. Wieder an der **Schwabmühle (5)**, gehen wir nach links auf bekanntem Weg an **Schillers Restaurant (4)** vorbei nach Friedberg zurück und am Spielplatz hoch. Dann nehmen wir den Fußweg nach rechts (»Wittelsbacher Schloss«). Durch den Schlosspark geht es am Schlossweiher mit Wasserlinsen scharf nach links hoch. An Resten der Stadtbefestigung vorbei und schließlich oberhalb des Schlossgrabens entlang, bis wir wieder auf die Straße »Tal« stoßen. Auf bekanntem Weg, allerdings an der Jesuitengasse gleich geradeaus, kommen wir zurück zum **Bahnhof (1)**.

2.40 Std. Von Friedberg nach Heimatshausen und Ottoried 47

Wallfahrtskirche Herrgottsruh und hügelige Rundtour

Die Wallfahrtskirche Herrgottsruh geht zurück auf einen Friedberger Bürger, der im 14. Jh. auf der Rückreise von einer Pilgerfahrt ins Heilige Land in türkische Gefangenschaft geriet und wohlbehalten heimkehrte. Zum Dank ließ er eine Kapelle exakt nach dem Vorbild der Heilig-Grab-Kapelle in Jerusalem auf seinem Acker an einer Stelle außerhalb der Stadtmauern errichten, die genauso weit von der Stadtpfarrkirche entfernt lag, wie der historische Kreuzweg lang war. Bald entwickelte sich eine Wallfahrt zur »Ruhestätte des Heilands«, auch weil eine Reise ins Heilige Land immer schwieriger wurde. Besonders nach dem Spanischen Erbfolgekrieg von 1705 blühte sie auf, weswegen 1727 das Priesterhaus errichtet wurde, das acht Wallfahrtspriester beherbergen konnte. Mit dem Bau der prächtigen Rokokokirche, die zu den größeren und reicher ausgestatteten Rokokokirchen Bayerns gehört, wurde 1731 begonnen. Noch heute ist sie Ziel vieler Wallfahrer.

Ausgangspunkt: Bahnhof Friedberg (494 m, **Navi:** 86316 Friedberg, Bahnhofstr. 28).
Höhenunterschied: 120 m.
Anforderungen: Keine. Teils Markierung mit roten Wallfahrts- und Pilgerstätten-Wegweisern (Rundweg) gegen die Gehrichtung.
Einkehr: Gaststätten, Restaurants und Cafés in Friedberg.
Variante: Start ab Parkplatz Wallfahrtskirche

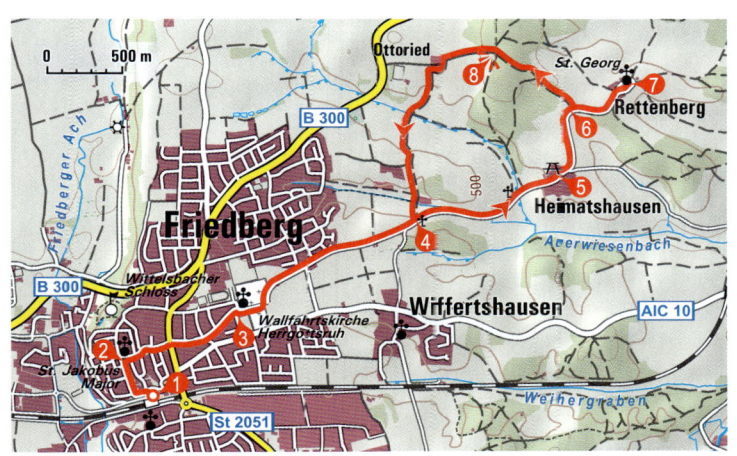

Vom **Bahnhof Friedberg (1)**, 494 m, aus folgen wir jenseits des Kreisverkehrs der Bahnhofstraße nach links hinauf und gelangen zur markant rot gestreiften **Kirche St. Jakobus Major (2)**, 508 m. Sie steht auf den Fundamenten einer alten, im Dreißigjährigen Krieg zweimal zerstörten Kirche. 1871 wurde der heutige Bau im romanisch-italianisierenden Stil errichtet. Am Altstadtcafé biegen wir rechts ab und folgen der Ludwigstraße, die nach Herzog Ludwig dem Gebarteten benannt ist, welcher als zweiter Stadtgründer gilt. Fortan passieren wir zahlreiche Geschäfte sowie einige Bildstöcke mit Kniefällen, die die Via dolorosa (Kreuzweg) nachbilden und alle seit 2004 erneuert wurden. An der Ampel überqueren wir die Aichacher Straße und setzen unseren Weg geradeaus fort. An Körners Hofladen und am Krankenhaus vorbei, dann schließt entlang der Herrgottsruhstraße eine Lindenallee an, die uns zur beeindruckenden **Wallfahrtskirche Herrgottsruh (3)**, 514 m, mit Priesterhaus davor bringt. Nachdem uns Tafeln über die Kirche sowie den auf unserer Route einst verlaufenden Oxenweg informiert haben, folgen wir dem Fußweg an der Südmauer entlang. Ein asphaltiertes Sträßchen, Heimatshauser Weg genannt, führt uns stets geradeaus am Kindergarten St. Angela vorbei sowie am Rande eines Wohngebietes entlang. Weiter geradeaus wandern wir auf dem kaum befahrenen Sträßchen (trotzdem Vorsicht) bald an einer hölzernen Feldscheune mit Feldkreuz (Inschrift) vorbei hinab und gelangen zu einem **Marterl (4)**, 495 m, neben dem ein neu errichteter Stein des Oxenweges sowie zwei Bänke und eine Infotafel bekannten Inhalts stehen. Auf dem Geh- und Radweg (Fuchsloch) links werden wir später einmünden. Jetzt aber geht es geradeaus weiter auf der Straße, die den Verlauf des einstigen Oxenweges folgt und auch heute noch von Wallfahrern aus Dasing, Paar und Harthausen genutzt wird. Mit Blick auf Heimatshofen und nach rechts ins Paartal wandern wir durch das Hügelland. An einem steinernen Feldkreuz sowie Obstplantagen (zum Selberpflücken) vorbei, gelangen wir hinauf nach **Heimatshausen (5)**, 503 m, wo wir an einer Rastbank vorbeikommen. Am Ortsrand verlässt uns der Oxenweg (Tafel 4) nach rechts. Das Sträßchen führt uns weiter durch die hügelige Landschaft. In der nächsten Rechtskurve **(6)**, 510 m, werden wir beim Rückweg abbiegen. Dann weiter – rechts Blick ins Paartal – nach **Rettenberg** zu dem auf einem Hügel gelegenen **St.-Georgs-Kirchlein (7)**, 505 m, an deren Südosteck der sogenannte »Mehlsack« eingemauert ist (durch Gitter sichtbar). Dazu existiert auch eine Sage, nach der ein Mehlsack aufgrund des Geizes einer Bäuerin zu Stein geworden ist. Von der

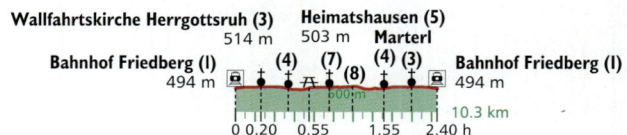

Die Wallfahrtskirche Herrgottsruh in Friedberg, rechts das 1730 errichtete Mesnerhaus.

Bank aus kann man den Blick ins Paartal genießen. Von hier aus wieder zurück zur Kurve **(6)**, wo wir nach rechts in einem Feldweg einbiegen. Dieser führt uns etwas hinab, an einer mächtigen Eiche mit bekannter Tafel. Nun geht es auf und ab durch den Fichtenforst, stets auf dem Hauptweg bis zum **Waldrand (8)**, 518 m, wo wieder die bekannte Infotafel steht. Von hier haben wir einen schönen Blick auf Friedberg. Wandern wir ein Stück weiter auf dem Kiesweg am Waldrand entlang, eröffnet sich auch der Blick nach rechts auf Oberzell mit der Kapelle St. Barbara. Weiterhin aussichtsreich gelangen wir nach **Ottoried** hinab. Vor diesem Einödhof halten wir uns links. Dann geht es wiederum links an einem noch vorhandenen und einem aufgelassenen Weiher vorbei – oberhalb ein Sportplatz. Das Sträßchen führt uns über einen Bach und – ein Blick zurück lohnt sich – über die steilen Fuchsloch-Höhen hinüber. Hier kann man auf den als Äcker genutzten Hängen Spuren der Erosion erkennen. Stets geradeaus erreichen wir nach der alten Kläranlage im Tal des Auerwiesenbachs die Heimatshauser Straße am **Marterl (4)**. Von hier wandern wir auf bekanntem Weg an der Wallfahrtskirche **Herrgottsruh (3)** sowie der **Kirche St. Jakobus Major (2)** mit Altstadtcafé vorbei zum **Bahnhof (1)** zurück.

48 *Durch den Augsburger Stadtwald*

3.30 Std.

Naturerlebnispfade, Heiden und eine Teilwüstung

Der Stadtwald ist nicht nur beliebtes Naherholungsgebiet der Augsburger, sondern auch ihr Trinkwasserreservoir und das größte Naturschutzgebiet Südbayerns außerhalb der Alpen. Als eine von ganz wenigen Städten in Deutschland hatte Augsburg bereits im 15. Jh. eine öffentliche Wasserversorgung. Den in den Lechauen südlich der Stadt entspringenden Brunnenbach nutzten die Augsburger zur Trinkwassergewinnung, während die vom Hochablass abgeleiteten Lechkanäle dem Antrieb von Mühlen, der Lieferung von Brauchwasser und auch der Abfallentsorgung dienten. 2019 gab es für die jahrhundertelange vorbildliche Wasserversorgung sogar den UNESCO-Welterbe-Titel. Wegen der guten Filterwirkung der durch den Lech abgelagerten Schotter ist keine zusätzliche Aufbereitung des Trinkwassers nötig. Die hohe Qualität wird zudem durch Flächenaufkäufe, Aufforstung und extensive Bewirtschaftung sichergestellt, die mit den Landwirten vertraglich vereinbart wird.

Ausgangspunkt: Augsburg, Haltestelle Sportanlage Süd P+R der Straßenbahnlinie 2 (489 m), Park-and-Ride-Platz Sportanlage Süd beim Waldpavillon (2, **Navi:** 86161 Augsburg, Ilsungstr. 15a).
Zielpunkt: Augsburg-Haunstetten, Endhaltestelle der Straßenbahnlinie 2 (499 m).
Höhenunterschied: 20 m im Aufstieg, 10 m im Abstieg.
Anforderungen: Keine, beschildert.
Einkehr: Waldgaststätte Jägerhaus in Siebenbrunn, weitere Einkehrmöglichkeiten in Haunstetten.
Varianten: Abstecher weglassen, Abkürzungen nehmen.
Tipps: Auch im Winter begehbar und schön. Infos zu den Bächen und Gräben im Stadtwald kann man über den QR-Code auf den kleinen Täfelchen direkt auf's Smartphone erhalten, Bachsteckbriefe auch unter www.wasserleben-augsburg.de. Für Kinder gibt's viel zu entdecken.

Von der **Haltestelle Sportanlage Süd P+R (1)**, 489 m, der Straßenbahnlinie 2 queren wir mittels Ampel die Haunstetter Straße und nehmen die Ilsungstraße, die etwas nach rechts versetzt beginnt. Sie führt uns bald als Lindenallee mit über 130 Jahre alten Exemplaren Richtung Wald. Zuvor können wir nach links einen Abstecher zum **Waldpavillon (2)**, 484 m, mit Walderlebniszentrum machen. Hier befindet sich auch der Parkplatz und man kann sich mit einer Brotzeit eindecken. Dann wandern wir auf dem Fußweg – hier die

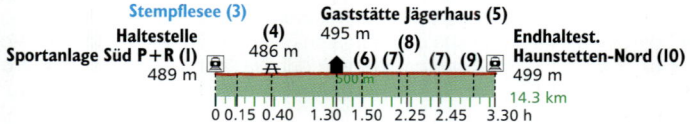

Idylle am Stempflesee im Augsburger Stadtwald.

Eingangstafel zu den Naturerlebnispfaden im Augsburger Stadtwald – zwischen Allee und Sportplatz auf den Siebentischwald zu. Am Waldrand (Infotafeln) queren wir den Stempflebach, wandern nach links an ihm entlang und gelangen zum **Stempflesee (3)**, 487 m. Hier über das Brücklein und am idyllischen Seeufer entlang. Dann an einer Silberweide links weiter am Stempflebach entlang. Ein schwarzer Pfeil und ein blau-buntes Logo weisen von nun an den Weg. An der nächsten Kreuzung treffen mehrere Bäche aufeinander – das Wasser wird hier neu verteilt. Nach rechts über den Stempflebach und gleich nach links über den Siebenbrunner Bach sowie den Reichskanal. Sehen wir links den ummauerten Augsburger Zoo, geht es nach rechts auf einem breiten Fußweg weiter. An einer Wegkreuzung mit mehreren Bänken und einem Wegkreuz scharf nach rechts weiter. Abermals den Reichskanal überquert, gelangen wir bald auch wieder zur Siebenbrunner Straße, die wir ebenso wie den gleichnamigen Bach überqueren. Geradewegs folgen wir dem beschilderten Fußpfad, bis wir einen **Rastplatz (4)**, 486 m, mit Infotafeln und Trinkwasserbrunnen sehen, zu dem wir hinübergehen. Von hier folgen wir dem Pfad nach rechts bis zum schon bekannten Waldrand. Diesseits des Stempflebachs führt ein Fußweg nach links an ihm entlang. Wir überqueren den Bach erst an einem Holzsteg – hier weitere Infotafeln und ein Strömungstisch zur Wildflussgestaltung. Der Pfad führt uns über die Wiese und bald an einer Hecke entlang, wo einige Sträucher erklärt werden. Dann mittels einer Brücke über den Lochbach. Hier gleich links, bleiben wir diesseits der Gleise der Lokalbahn und wandern auf dem Pfad nach einem Dickicht weiter über die Dürrenastheide. Kurz durch den Wald, überqueren wir nahe dem Trinkwasserfassungsbereich eine Straße und wandern jenseits davon leicht nach rechts versetzt weiter. Auf dem Hauptweg erreichen wir bald einen Damm,

dessen Krone wir erklimmen. Von hier können wir einen Blick auf das Gebäude des Wasserwerks werfen und dann oben am Lochbach, einem Lechkanal, entlang in südliche Richtung weiterwandern. Bereits im Mittelalter ist dieser künstlich angelegt worden. Heute wird für ihn bei der Lechstaustufe 22 (Prittriching) Wasser ausgeleitet, das nach mehr als 15 km beim Roten Tor weiter auf die verschiedenen Lechkanäle verteilt wird. An der nächsten Brücke überqueren wir ihn und gehen geradeaus auf dem rechten der beiden Fußwege weiter durch den Wald. Mehrere Kreuzungen geradewegs passiert, gelangen wir schließlich zum Brunnenbach. Diesen überqueren wir ebenso wie den kreuzenden Grenzgraben, der bis 1806 Grenze zwischen dem Kurfürstentum Bayern und der freien Reichsstadt Augsburg war, und wandern an ersterem idyllisch entlang. Im Bereich einer Lichtung (hier Kopfweiden) erreichen wir die ersten Häuser von **Siebenbrunn**. Gleich links lädt die **Gaststätte Jägerhaus (5)**, 495 m, zur Einkehr. Rechts die ehemalige Volksschule von 1918 – ein prächtiges Gebäude in Neubarock. Nach einem Rechts-Links-Schlenker wandern wir auf dem Ochsenbachweg weiter. An dessen Einmündung folgen wir dem Hugenottenweg nach rechts. Rechter Hand öffnet sich der Blick über die Wiesen auf das prächtige Herrenhaus, an dem wir später noch vorbeikommen werden. An der **Infotafel zu Siebenbrunn (6)**, 498 m, können wir nach links einen Abstecher zum **Biberlehrpfad** (gut 700 m) machen. Ein Kurzer, beschilderter Rundweg erschließt uns den Lebensraum einer Biberfamilie – im gesamten Stadtgebiet soll es übrigens etwa 100 Biber geben! Wieder zurück **(6)**, folgen wir weiter dem von einer über 100 Jahre alten Birnbaumreihe gesäumten Hugenottenweg, auch Mostbirnenallee genannt. Geradeaus erreichen wir im Wald eine große Kreuzung mit Radwegbeschilderung **(7)**, 499 m. Von hier aus lässt sich die botanisch äußerst interessante Schießplatzheide in Form einer Schleife einbinden, wofür wir links abbiegen. Bald erreichen wir eine breite Schneise mit **Infotafel** über die **Schießplatzheide (8)**, 498 m, die nach Abholzung von Lechauwald etwa 1880–1980 als Schießplatz genutzt wurde. Artenreich und großflächig, nimmt sie eine herausragende Stellung unter den Lechheiden im Stadtkreis Augsburg ein. Knapp 30 m weiter zweigt rechts ein Fußpfad ab, dem wir über die Heide folgen. Mündet er in einen grasigen Spurweg,

Herzlich willkommen auf dem Biberpfad!

biegen wir nach rechts in ihn ein und halten auf eine Bank zu. Nach rechts führt uns der Kiesweg im Bereich des Waldrandes nordwärts, wobei immer wieder Blicke auf die Heide möglich sind. Dann auf bekanntem Weg zur **Kreuzung (7)** zurück und geradeaus weiter bis zum Waldrand. Hier folgen wir dem Radweg Via Claudia Augusta (Infotafel) nach rechts am Waldrand entlang, am Forsthaus Haunstetten-Siebenbrunn und an der Kapelle »Maria hilft« vorbei. Dann biegen wir nach rechts in die Siebenbrunner Straße ein, die uns am ehemaligen Rau'schen Gut vorbeiführt, einem Herrenhaus in späten Louis-Seize-Formen von 1807 mit Nebengebäuden, das wir schon aus der Ferne gesehen haben. Mündet von links die Elensindstraße ein **(9)**, 497 m, können wir bei Bedarf geradeaus einen Abstecher zur Gaststätte Jägerhaus (gut 600 m) machen. Ansonsten gelangen wir nach links über den Brunnenbach geradewegs durch ein Gewerbegebiet und über den Lochbach zur **Endhaltestelle** der Straßenbahnlinie 2 **Haunstetten-Nord (10)**, 499 m.

Die Mostbirnenallee säumt den sogenannten Hugenottenweg in Siebenbrunn.

Von Ottmaring in die Lechebene und zum Paardurchbruch

1.40 Std.

Ein bemerkenswertes Naturdenkmal

Die Paar durchbricht hier die Randhöhen des Lechrains. Dieser Verlauf ist recht jung und erst in den letzten 10.000 Jahren entstanden. Damals, zum Ende der letzten Eiszeit, mündete die Obere Paar noch bei Mering in den Lech. Doch wurde sie vor mehr als 9000 Jahren durch die letzte große Schotterakkumulation des Lechs, die die Mündung ins Lechtal versperrte, abgelenkt und musste nun bis Thierhaupten in einer Randrinne, die heute die Friedberger Ach nutzt, am Vorfluter entlangfließen, bevor sie einmünden konnte. Die Untere Paar tiefte sich in der Folgezeit nach und nach rückschreitend in den Lechrain ein, zapfte schließlich die Obere Paar an und lenkte sie in ihr Bett um – der Paardurchbruch war entstanden. Heute mündet die Paar östlich von Ingolstadt in die Donau.

Ausgangspunkt: Kirche Ottmaring (506 m, **Navi:** 86316 Ottmaring, St.-Michaels-Platz 7), Bushaltestelle Herrenberg befindet sich unterhalb in der Pfarrer-Fiegl-Straße (AVV-Linie 208 Friedberg – Asbach, AST Anrufsammeltaxi Friedberg, Anmeldung 45 Min. im Voraus.
Höhenunterschied: 50 m.
Anforderungen: Keine.
Einkehr: Gaststätten in Ottmaring

Wir starten an der neugotischen **Pfarrkirche St. Michael (1)**, 506 m, in **Ottmaring**. Als 1865 der Turm der alten Kirche bei einem Brand beschädigt wurde, baute man die Kirche nach den Plänen des Augsburger Architekten Max Treu bis 1878 neu. Von hier gehen wir bis zur Einmündung vor, biegen links ab und gelangen am Friedhof vorbei – gegenüber das Kriegerdenkmal mit angrenzendem Leitenhang. Die Wegkapelle, deren Malereien aus dem 19. Jh. stammen und Gott sowie die vier Evangelisten zeigen, rechts stehen lassend, gehen wir hinab ins Paartal nach **Rederzhausen**. Der gelbe Turm ist übrigens der Wasserturm. Nach der erstmals 1534 erwähnten Sägmühle, heute noch Sägewerk, erreichen wir die idyllisch gelegene **Kapelle St. Thomas (2)**, 486 m, anstelle eines Vorgängerbaus um 1698/99 errichtet. Sie war wohl eine Wallfahrtsstation auf dem Weg zu St. Leonhard in Inchenhofen. Der Geh- und Radweg führt uns links vorbei über die Paar. Dann folgen wir dem Geh- und Radweg entlang der Pfarrer-Fiegl-Straße nach links. Links bietet sich ein Blick auf die auf der Paarleite stehende Ottmaringer Kirche, davor Wiesen und Weiden. Bei den ersten Häusern von Ottmaring queren wir die Straße im Bereich einer Pferdekoppel, der Weilerweg bringt uns an den Ortsrand, wo eine Tafel des Jesuitenweges steht **(3)**, 488 m. Dieser stellt auf 12 Stationen den Orden mit seinen Leitgedanken, Zielen und Tätigkeiten unter besonderem Regionalbezug vor. Hier nach links, queren wir mittels eines Steges neben einer Furt die Paar, die mäandriert und Prall- und Gleitufer aus-

Die Paar bei Ottmaring ist noch recht naturnah.

bildet. Nach dem Auwaldbereich wandern wir nach rechts weiter. Auf dem gekiesten Radweg Richtung Kissing geht es nun oberhalb des durch Laubbäume markierten Durchbruchs weiter. Auch den weiteren Verlauf der Paar können wir anhand der sie säumenden Bäume gut erkennen. So gelangen wir zu einer Wegkreuzung mit Radwegweiser **(4)**, 491 m – rechts ist schon die Holzbrücke über die Paar zu sehen, die wir gleich benutzen werden. Nach dieser geht es nach links noch ein Stück am mäandrierenden Fluss entlang, bevor wir dem Kiesweg nach rechts folgen – die Paar macht hier eine Schleife, Uferabbrüche sowie Inseln sind vorhanden. Er führt uns über den unscheinbaren Moosgraben, wobei wir unbemerkt die Wasserscheide zwischen Paar und Friedberger Ach überschritten haben, und dann nach einem Bogen an den Masten entlang. Rechts fällt der Blick auf die Lechleite. Nach diesem geraden Stück biegt der Kiesweg rechts ab **(5)**, 489 m – linker Hand befinden sich hinter den

Die Kirche St. Michael von Ottmaring. Links das Pfarrhaus.

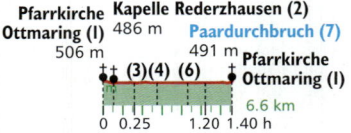

Gebüschen der Helenensee sowie die Quellen der Friedberger Ach. Wir folgen weiterhin seinem Verlauf. Anfangs geht es auf den Kirchturm von Ottmaring zu, dann wendet sich der Weg nach Norden und führt am Achgraben entlang. Zweigt nach rechts ein Kiesweg **(6)**, 489 m, ab, dem wir folgen, ist links die Kirche St. Afra im Felde zu sehen. Diese soll an der Stelle stehen, an der die zum Christentum übergetretene Afra 304 n. Chr. den Märtyrertod auf einer Lechinsel auf dem Scheiterhaufen erlitt – laut Legende soll ihr Körper aber nicht verbrannt sein. Wiederum über den Moosgraben, wandern wir weiter an Feucht- und Nasswiesen vorbei. Nach wassergefüllten Mulden und der Querung eines weiteren kleinen Grabens biegen wir an einem Gebüsch mit Bänken und Stein rechts ab und gelangen so zum **Paardurchbruch (7)**, 491 m, wo unser Kiesweg in den Radweg mündet. Auf letzterem geht es nun nach links durch das Naturdenkmal mit Weidenauwald, Erlenbrüchen und Röhrichten. Die Paar ist hier naturnah ausgeprägt. Bei den ersten Häusern von **Ottmaring (3)** gehen wir geradeaus weiter. Der Weilerweg führt uns an der Sportgaststätte vorbei, über die Paar, dann halten wir uns links und gehen auf der Straße »Beim Käser« weiter geradeaus – den Maibaum lassen wir rechts stehen – auf den Kirchturm zu. Die Pfarrer-Fiegl-Straße an einer Fußgängerampel überquert – hier befindet auch die Bushaltestelle –, gelangen wir den Herrenberg steil hinauf zurück zur **Pfarrkirche St. Michael (1)** – das Haus davor ist das Pfarrhaus, das 1979–1985 durch einen Zwischenbau mit modernem, aber bemerkenswertem Glasfensterzyklus mit dem Gotteshaus verbunden wurde.

4.00 Std.

Von Kissing nach Königsbrunn 50

Zwei Juwele und ganz besondere Landschaftspfleger

Das Lechfeld zwischen Augsburg und Landsberg zeichnet sich durch seine trockenen Schotterflächen aus, deren Heiden teils heute noch durch Wanderschäferei frei gehalten werden. Ihr Artenreichtum ist deutschlandweit einmalig, was besonders daran liegt, dass die Heiden und Trockenwälder immer wieder von Feuchtgebieten durchsetzt sind. Die bekannteste ist die Königsbrunner Heide mit ihren Sumpfgladiolen, dem wohl größten Vorkommen in Mitteleuropa. Das Relief ist vom Lech geschaffen worden, der einst als stark verzweigter Fluss in vielen Rinnen abfloss. Jahrhundertelange Weide- und Streunutzung hat zu einer Nährstoffverarmung der Böden geführt. Seit 2007 werden auch Wildpferde eingesetzt.

Ausgangspunkt: Bahnhof Kissing (498 m, Navi: 86438 Kissing, Bahnhofsallee 8).
Zielpunkt: Bushaltestelle Föllstraße in Königsbrunn (506 m). Rückfahrt mit Buslinie 733 bis Haunstetten-Nord, Straßenbahnlinie 2 bis Haunstetter Straße Bf, ab hier Regionalbahn.
Höhenunterschied: 40 m im Aufstieg, 30 m im Abstieg.
Anforderungen: Etwas Orientierungsvermögen und Aufmerksamkeit erforderlich, da Pfade nicht beschildert sind.
Einkehr: Zahlreiche Möglichkeiten in Königsbrunn.
Tipps: Bademöglichkeit im Weitmann-, Mandicho- und Ilsesee. Auch im Winter bei Schnee schön.

Am **Bahnhof Kissing (1)**, 498 m, durch die Unterführung zu Gleis 5, übersteigen wir am südlichen Ende des Bahnsteigs die Leitplanke und setzen unseren Weg auf der Straße fort. Unter der Brücke auf der anschließenden Kiesstraße hindurch, verlassen wir sie sowie die viel befahrene Bahnstrecke gleich nach rechts. An den etwas holprigen Feldweg schließt bald ein Geh- und Radweg an, dem wir bis zu den ersten Gebüschen folgen. Direkt vor diesen folgen wir einem Pfad nach links zu einer Infotafel über die **Kissinger Heide (2)**, 500 m. Hier halb rechts weiter, wandern wir, uns fortan stets rechts haltend, geradeaus über Heideflächen, durch abenteuerliches Auwaldgebüsch und dann in einem Bogen weiter über die Heide. Da wir uns in einem Naturschutzgebiet befinden, verlassen wir die Pfade nicht. Mündet unser Pfad in einen anderen, geht es nach links weiter, bis auch dieser nach einer Heidefläche im Bereich

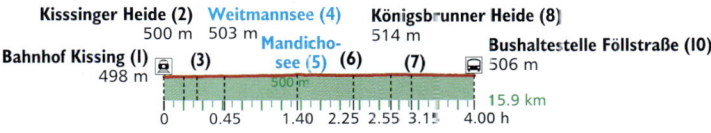

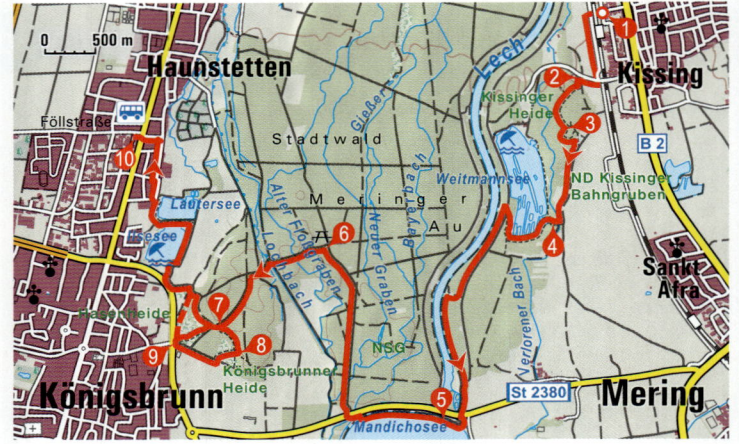

eines Gebüsches in einen weiteren, etwas breiteren Pfad einmündet. Hier kurz nach links, dann nehmen wir gleich den nach rechts abgehenden Pfad, der uns weiter über die Heide führt. An der nächsten Einmündung **(3)**, 500 m, geht es wiederum nach rechts weiter. In einem Bogen folgen wir dem Pfad, an dessen Einmündung wir wieder rechts abbiegen. Nach dem Gebüsch rechts nehmen wir den ausgetretenen Pfad, der direkt auf den Kiesweg stößt. Südwärts folgen wir ihm mit Blick auf St. Afra (vorn) und Mering bis zu einem hübschen Feldkreuz. Hier lädt auch eine Blockhütte zu einer ersten Rast. Für den Weiterweg biegen wir rechts ab, folgen dem Kiesweg über den Galgenbach und geradeaus an der Infotafel »Wanderschäferei im Lechfeld« vorbei, bis wir an einem rotweißen Pfosten den **Weitmannsee (4)**, 503 m, erreichen. Zur Bademöglichkeit ginge es nach rechts, wir aber wandern links weiter. Das dichte Gehölz erlaubt nur gelegentlich einen Blick auf den einstigen Baggersee, der seit 1960 als Badesee genutzt wird und nach seinem ehemaligen Besitzer Eberhard Weitmann benannt ist, doch am Südufer geht es auf Seeniveau hinab und wir erreichen ihn über einen kurzen Abstecher. Die lang gestreckten schmalen Inseln, die heute mit Gehölz bestockt sind und wichtige Lebensräume für Wasservögel und Fische (Ablaichen) darstellen, sind durch Kiesabbau entstanden. Weiter auf dem Pfad durch den Lechauwald, bis wir links einen breiten Kiesweg erspähen, der parallel zum Lechdamm verläuft. Auf letzteren wechseln wir nun und wandern nach links weiter. Er dient dem Hochwasserschutz und trägt am Osthang Magerrasen und am Westhang artenreiche Wiese. Rechts und links grenzen ehemalige Lechauwälder an, die nur noch selten bzw. gar nicht mehr überflutet werden. Dann gelangen wir über einen nach rechts ziehenden Damm an einer Stützschwelle die die Tiefenerosion verhindern soll, zum Lech. Ab hier auf dem Uferweg nach links. Fällt der Blick auf die beeindruckende Staumauer der Staustufe 23, erreichen wir bald einen Parkplatz, wo wir, etwas nach links versetzt, die Staatsstraße überqueren. Auf einem Geh- und Radweg am Umspannwerk vorbei, folgen wir gleich in einer Kehre der Radwegweisung nach Königsbrunn. Kurz hinauf zum **Mandichosee (5)**, 518 m, überqueren wir den Lech am Kraftwerk (Infotafel), das 1978 in Betrieb ging. Der Stausee ist nach dem bajuwarischen Führer Mandicho benannt, welcher im 6. Jh. das heutige Merching gegründet hat. Wegen seines meist verlässlichen Windes gilt der See als Paradies für Segler und Surfer – schon Weltmeister haben hier trainiert. Wir bleiben weiter auf dem Damm, ignorieren die erste Treppe und wandern am Seeufer entlang, bis wieder Stufen nach unten führen. Hier hinab, führt uns der Geh- und Radweg direkt an der viel befahrenen Straße entlang, doch können wir sie schon nach knapp 200 m mittels Verkehrsinsel queren und uns von ihr entfernen. Im Wald halten wir uns an der Weggabelung mit Holzbank halb rechts und wandern stets geradeaus am Zaun entlang, zwischendurch über den Neuen Graben. Nach Zaunende wendet sich der Weg bald etwas nach links und führt an einem umzäunten Trinkwasser-Fassungsbereich vorbei. Dann kommen wir an eine große Wegkreuzung **(6)**, 509 m, wo wir nach links nach wenigen Metern einen Rastplatz passieren. Nach dem Alten Floßgraben streben wir an der nächsten Kreuzung auf die Brücke über den Lochbach zu, in den der Südliche Mühlbach einmün-

Eine Stützschwelle am Lech, die die Fließgeschwindigkeit senkt.

Die Königsbrunner Heide im Juli – ein einziges Blütenmeer.

det. An der nächsten Kreuzung geradeaus, erreichen wir nach einer Linkskurve ein Gehege mit Przewalski-Pferden, an dem wir nun durch den naturnahen Kiefernwald entlanggehen. Immer wieder stoßen wir auf Infotafeln. An den beiden **Schaukästen** zum **Beweidungsprojekt (7)**, 513 m, geht es links weiter. Hier werden wir später nochmals vorbeikommen, falls die Fläche rechts unbeweidet und das Tor offen ist (Sommerhalbjahr). Jetzt aber wandern wir erst einmal am Zaun entlang und können mit etwas Glück Tiere beobachten. Dann erreichen wir ein Zauneck, wo sich rechts die **Königsbrunner Heide (8)**, 514 m, mit ihrer Vielzahl an seltenen Pflanzen- und Tierarten erstreckt. Nach rechts wandern wir nun über diese stets geradeaus auf dem mit Holzpfosten gekennzeichneten Pfad. An der Infotafel folgen wir dem asphaltierten Sträßchen nach rechts. An einer Naturforscherpfad-Tafel geradeaus, erreichen wir gleich nach dem Spielplatz die nächste **Infotafel (9)**, 514 m, über die Beweidung im Stadtwald Augsburg. Bei geöffnetem Tor können wir dem Pfad geradewegs über die **Hasenheide** folgen (Umgehen während der Beweidung im Winterhalbjahr am Zaun entlang bis Tafel 9). Durch das nächste Tor und dem Forstweg nach links zu den **Schaukästen (7)**. Hier wandern wir nun nach links wieder durch ein Tor und am Zaun des Wildpferdegeheges entlang. Nach einer Rechtskurve mündet unser Weg in einen Kiesweg, dem wir nach links folgen. An der Tafel 9 des Naturforscherpfades auf dem Radweg nach halb links. An der Straße folgen wir weiterhin der Radwegweisung – geradeaus ginge es zum Badesee –, bald am Zaun der BMX-Anlage sowie der Freizeitanlage Ilsesee entlang. Dann biegen wir mit dem Radweg links ab und wandern am Ufer des **Lautersees** (Baden verboten) entlang. An dessen Südwestecke halten wir uns rechts und gehen weiter an seinem Ufer entlang, bis wir nach links über einen Pfad kurz hinauf die Angerstraße in **Königsbrunn** erreichen. Diese verlassen wir gleich nach rechts und folgen der Brunnenbachstraße, die im Bereich der Container etwas versetzt in nördliche Richtung weiterverläuft. Erst knapp vor dem Augsburger Ortsschild verlassen wir sie nach links und gehen bis zur Haunstetter Straße, die wir mittels Ampel überqueren. Geradeaus kommen wir zur **Bushaltestelle** in der **Föllstraße (10)**, 506 m.

Auf und Ab im Hügelland bei Mering 51

5.10 Std.

Vorgeschichtliche Spuren und Burgstallkapelle Kissing – vielleicht mit Alpenpanorama

Die Burgstallkapelle zur schmerzhaften Muttergottes in Kissing steht, wie der Name schon sagt, an der Stelle einer ehemaligen Burg, auf der wohl im 11./12. Jh. das Ortsadelsgeschlecht der Herren von Kissing saß. Nach deren Verschwinden wurden die Gemäuer abgebrochen. Ab 1681 ließen die Augsburger Jesuiten, die die Kissinger Hofmark 1602 erwarben und die Marienverehrung intensiv förderten, die barocke Kapelle errichten. Schon bald entwickelte sich eine sehr rege Wallfahrt. Der Hügel ist künstlich aus dem Lechrain herausgearbeitet, geschützt im Westen durch den natürlichen Steilhang, an den anderen Seiten durch Gräben. Auf dem vorgelagerten und durch einen Halsgraben getrennten Plateau, auf dem einst die Vorburg stand, befindet sich heute ein 1907 angelegter Kreuzweg mit gusseisernen Tafeln.

Ausgangspunkt: Bahnhof Mering (514 m, **Navi:** 86415 Mering, Bahnhofstr. 4), Parkplätze z. T. kostenpflichtig.
Höhenunterschied: 220 m.
Anforderungen: Lange Tour, für die Ausdauer nötig ist. Etwas Orientierungsvermögen und Aufmerksamkeit erforderlich, da nicht ausgeschildert. Wegen vieler Feldwege trockenes, nicht zu sonniges Wetter wählen.
Einkehr: Gaststätte Birkhahn in Hörmannsberg, Rieder Hof in Ried, mehrere Einkehrmöglichkeiten in Kissing und Mering.
Varianten: Abkürzung/Teilung der Tour möglich.

Vom **Bahnhof Mering (1)**, 514 m, nach rechts an den Parkplätzen vorbei. Hier zweigt links die Luitpoldstraße ab, die uns zum Friedhof hinaufführt. Rechts erhöht die 1754 neu erbaute **Kapelle St. Leonhard**, die seit 1862 auch als Friedhofskapelle dient, sowie dahinter das ehemalige **Hofgut (2)**, 523 m, welches später als Wohnhaus der angrenzenden Ziegelei genutzt wurde. Auf der Reifersbrunner Straße nach rechts, dann wechseln wir nach links auf die Kastanienallee (Wegweiser »Zum Trachtenverein«). Der Kiesweg nach links führt uns durch die Parkanlage, wo einst der Sommerkeller stand, am Vereinsheim vorbei. Nach dem Kindergarten mit tollem Spielplatz an der Einmündung die Straße gequert und kurz links, dann nehmen wir den Waldweg nach rechts

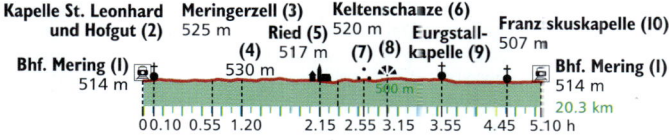

zwischen Wald und Heimgärten hindurch. An der Einmündung links, erreichen wir an einem landwirtschaftlichen Anwesen hinauf die Straße nach Meringerzell, der wir nach rechts auf dem Geh- und Radweg mit schönem Blick auf das Hügelland folgen. Am Wegkreuz in der Senke die Straße überquert, wandern wir auf dem Kiesweg weiter. Er führt uns über den Zwanzger Graben – hier links Feuchtgebiet teils mit Sumpfwald in flacher, anmooriger Senke – und bald als Grasweg hinauf. Wieder hinab, halten wir uns an einem hübschen Kreuz links und folgen dem Kiesweg über den Gemeindegraben auf **Meringerzell (3)**, 525 m, zu. Wir berühren den Ort nur kurz und biegen an der Einmündung in die Straße »Am Graben« gleich links ab. Das Kiessträßchen erst hinauf, dann hinab auf **Hörmannsberg** mit dem Zwiebelturm der Kirche St. Peter und Paul zu, die wir über die Straße »Lindenberg« erreichen. Hier gehen wir rechts, bis wir scharf nach links in die Kissinger Straße abbiegen, wo sich ein historisch anmutender **Wegweiser (4)**, 530 m, befindet. Kurz vor der Gaststätte Birkhahn (schräg gegenüber, mit Biergarten) biegen wir rechts »Zur Feldstraße« ab und gleich am Ortsrand links in den Kiesweg. An der einzeln stehenden, mächtigen Linde vorbei, weiter hinauf auf eine Anhöhe, von der aus man einen schönen Blick auf Hörmannsberg hat. Auf dem Weiterweg sehen wir links den Kissinger Kirchturm, rechts den schlanken Kirchturm von Ried. An einer jungen Eiche macht unser Feldweg einen Rechtsknick. Wir folgen ihm, gehen am nächsten Linksknick jedoch geradeaus weiter. An der Einmündung links, wandern wir entlang einer Baumreihe hinab und folgen dem neuen Feldweg nach rechts – links der Heilachwald. An Wiesen entlang erreichen wir eine Bauschuttdeponie, wo wir dem Kiesweg nach rechts folgen. Bald biegt er links ab und bringt uns durch eine Senke mit zwei mächtigen Bäumen sowie an einem Aussiedlerhof vorbei an den Ortsrand von **Ried (5)**, 517 m (Gasthaus mit Biergarten). Nun auf dem Geh- und Radweg entlang der Staatsstraße nach links durch ein Tal hinab. Dann zweigt nach links ein breiter Kiesweg ab und führt auf den Wald zu. Kurz in den Wald, wandern wir an der Weggabelung halb rechts hinauf durch die Waldabteilung »Schanze«. Gleich nach den Bienenkästen gelangen wir zur **Keltenschanze (6)**, 520 m, von der jedoch nur noch wenige Reste erkennbar sind. Wir folgen weiter dem Forstweg bis zur Wegkreuzung, wo wir rechts abbiegen. So gelangen wir hinab zu einer Einmündung – hier links weiter. Nun stets auf dem Hauptweg durch den Fichtenforst, sämtliche Abzweigungen ignorierend. Kurz vor dem Waldrand fallen nahe des Weges **Grabhügel (7)**, 532 m, der Hallstattzeit auf, insgesamt sind es über 70. Dann am Waldrand entlang mit Blick auf die Anwesen des Seewieshofes. Am Waldrandeck folgen wir dem Kiesweg nach links, weiter am Waldrand entlang. Sanft hinauf gelangen wir auf einen Höhenrücken, wo wir zwei **eiserne Kreuze (8)**, 541 m, mit Bank, flankiert von zwei jungen Eichen, erreichen. Von hier bietet sich ein herrlicher Blick auf die hügelige Landschaft mit Kirchturmspitzen, dahinter bei Föhn die Alpenkette. Nun auf dem Kiesweg nach rechts über den Höhenrücken, wobei wir das Panorama noch

Die wunderschöne Burgstallkapelle, einst beliebter Wallfahrtsort, heute ruhig gelegen.

eine Zeit lang genießen können. Sanft hinab wandern wir stets auf den hübschen Kirchturm von Kissing zu. An einem Feldkreuz mit zwei mächtigen Linden sowie einem ausgesiedelten Stall vorbei, erreichen wir über die Hochstraße Kissing. An der Einmündung nach links auf dem Leitenweg am Friedhof vorbei. Ein anschließender Schotterweg bringt uns über die Kuppe. Dann folgen wir der Straße kurz rechts hinab, bevor wir nach links auf dem Kiesweg an der Infotafel vorbei zur **Burgstallkapelle (9)**, 533 m, gelangen, zu der eine Bogentreppe hinaufführt. Von hier und vom Plateau der ehemaligen Vorburg mit Kreuzwegstationen kann man die Aussicht genießen. Wieder zurück auf der Straße folgen wir ihr nach **Kissing** hinein. An der Kirche St. Stephanus vorbei, als Wehrkirche wohl um 1200 entstanden, biegen wir an der Einmündung links ab. Das dominierende dreigeschossige Gebäude rechts gegenüber mit Satteldach und barocker Putzgliederung ist das einstige Ilsungsche Schlösschen. Seine heutige Gestalt erhielt es jedoch erst ab 1713 unter den Augsburger Jesuiten. Wir folgen weiter der Hauptstraße, am Maibaum links abbiegend. Gleich nach einer Rechtskurve wandern wir nach links auf dem Geh- und Radweg durch den Asamhof mit Hofverkauf an Villa und Mühle vorbei. Bald auf dem anschließenden Fußpfad an einem idyllischen Paararm (Mühlkanal) entlang, dann bringt uns eine Brücke über die Paar. Geradewegs

wandern wir bald auf einem Kiesweg auf **Ottomühl** zu – links die steile Lechleite. Am Wegkreuz nach rechts, dann queren wir die Kreisstraße und folgen ihr nach links auf dem Geh- und Radweg – bald mit Blick auf Mering mit der Franziskuskapelle. Diese erreichen wir – der Zugang ist etwas versteckt – nach den ersten Häusern von **Mering**, indem wir knapp vor Einmündung in die Augsburger Straße dem Fußweg nach rechts folgen. Die 1692 neu erbaute **Franziskuskapelle (10)**, 507 m, wird von zwei offenen Kapellen mit der Stigmatisation des hl. Franziskus bzw. der Kreuzigung Christi flankiert. Wieder zurück, queren wir die Augsburger Straße nahe der Paarbrücke und wandern nach rechts an ihr entlang, bis links die Bouttevillestraße abzweigt. Sie führt bald an der Paar entlang. An der Einmündung geradeaus die Straße gequert, wandern wir auf einem Fußpfad die Friedenaustraße entlang. Er leitet uns weiter in die Josef-Scherer-Straße. Zweigt vor einer Villa nach links ein Fußweg ab, folgen wir ihm über zwei Arme der Paar. Links befindet sich das mächtige Gebäude der einstigen Schlossmühle, in der heute das Heimatmuseum und das Bürgerzentrum für Kulturveranstaltungen untergebracht sind. Wir gehen nach rechts auf dem Fußweg am idyllischen Paararm entlang. Nach der Brücke (mit Wehr) über einen weiteren Arm folgen wir an der nächsten Brücke dem Fußweg nach links zur Rosengasse. Auf dieser nach links, biegen wir rechts in die Münchener Straße, die wir kurz vor der Unterführung mittels Fußgängerampel queren, und gelangen nach links zum **Bahnhof (1)** zurück.

Landsberg und Kaufering 52

5.30 Std.

Am Lech entlang

Direkt südlich der Kauferinger Kirche errichteten die Welfen auf dem heute bewaldeten Schlossberg eine Burg. 1033 erstmals erwähnt, kontrollierte man von ihr aus den wichtigen Lechübergang; denn hier querte die äußerst wichtige Salzstraße von Reichenhall nach Kempten und an den Bodensee den Fluss. Als Heinrich der Löwe 1158 diese über Landsberg verlegte, verlor die Kauferinger Burg ihre Bedeutung und verfiel. Die Siedlung zu Füßen der weiter südlich gelegenen Burg dagegen blühte auf und erhielt schon etwa 100 Jahre später die Stadtrechte. Von der günstigen Lage als bayerische Grenzstadt profitierend, dauerte die Blüte Landsbergs das ganze Mittelalter hindurch. Davon zeugen die teils noch erhaltene Stadtbefestigung mit Mauer und Türmen, die Altstadthäuser sowie die prächtigen Kirchen.

Ausgangspunkt: Bahnhof Landsberg/Lech (585 m). Parkplatz Sportpark/Gaststätte Bei Dimi Kaufering (**Navi:** 86916 Kaufering, Bayernstr. 17) oder bei Lechstaustufe 18 (über LL 20 / alte B 17).
Höhenunterschied: 230 m.
Anforderungen: Aufmerksamkeit und Orientierungsvermögen nötig, da nur abschnittsweise ausgeschildert. Lange Tour, die ungeteilt Kondition erfordert.
Einkehr: Zahlreiche Einkehrmöglichkeiten in Kaufering und Landsberg, Waldwirtschaft Sandau (nur So bereits ab 11.30 Uhr).
Varianten: Bei guter Fernsicht empfiehlt sich die umgekehrte Gehrichtung. Zweiteilung der Tour möglich (Lechbrücke Kaufering). Zwischen Kaufering und Landsberg weiter am Lech entlang.
Tipps: Klettern, Bouldern, Surfen, In- und Outdoorspielplatz in der Kletterei in Kaufering, Viktor-Frankl-Str. 5a, www.die-kletterei.de.

Vom **Bahnhof Landsberg (1)**, 585 m, gehen wir nach rechts und an der Einmündung nach links. Dann mit schönem Blick auf das romantische Stadtpanorama über die Karolinenbrücke. Gleich nach dem Gasthof zum Kratzer queren wir am Zebrastreifen die Straße und verlassen sie in der Linkskurve nach rechts. Die Stufen hinauf, gelangen wir zur Neuen Bergstraße, die wir überqueren (Vorsicht!) und gleich dem mit Holzgeländer und Stufen versehenen Fußweg hinauffolgen. Dann erreichen wir den Schlossgarten, wo rechts der Jungfernsprungturm, der seine heutige Gestalt aber erst 1865 erhielt, als er zum Wasserturm umgebaut wurde, steht – links das ehemalige, schlossartige Realschulpensionat, heute Mittelschule. Über den Parkplatz und noch ein

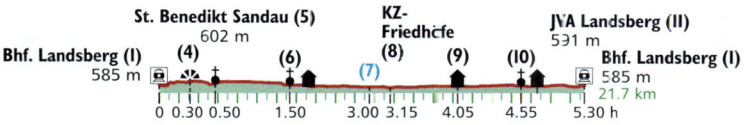

Eine Treppe führt den steilen Lechhang hinauf.

Stück geradeaus weiter, biegen wir am Torbogen links ab (Sackgasse). Etwas hinab und am Brunnenkirchlein vorbei, folgen wir der Straße geradeaus weiter. Diese mündet in die Alte Bergstraße, die wir überqueren und der wir nur gut 20 m hinabfolgen. Dann nehmen wir die Treppenstufen nach rechts (Wegweiser) steil hinauf an Hauseingängen vorbei zur 1752–54 von den Jesuiten errichteten **Heilig-Kreuz-Kirche (2)**, 623 m. Rechts davor das **Neue Stadtmuseum**, das im ehemaligen Jesuitengymnasium untergebracht ist. Hier biegen wir links ab und befinden uns bald – rechts das ehemalige Jesuitenkolleg, heute Altersheim –, den oberen Weg nehmend, auf einem schönen Wanderweg, Helfensteingasse genannt. Dieser führt zu zahlreichen Aussichtspunkten und Bänken vorbei, mit Holzgeländer gesichert, am steilen Lechhang entlang durch den Mischwald. An einigen Nagelfluhblöcken vorbei zum **Dachlturm (3)**, 615 m, mit Stadtmauerrest, benannt nach den hier einst nistenden Dacheln (Dohlen). Als höchster Wehrturm war er Spähturm und hieß daher auch Lueginsland. Gleich danach an der Weggabelung halten wir uns links und gehen ein Stück hinab, bevor wir den nächsten mit Holzgeländer gesicherten Weg nach rechts nehmen, der bald über Treppenstufen steil bis an den Rand eines Wohngebietes hinaufführt. Kurz nach rechts erreichen wir das **Hohe Kreuz (4)**, 629 m, eine denkmalgeschützte Kreuzigungsgruppe mit gusseisernen, lebensgroßen Figuren sowie einem herrlichen Ausblick auf die Stadt und bei guter Fernsicht die Alpen. Zurück vom Abstecher, wandern wir nun an der Kante des steilen, bewaldeten Lechhangs entlang, am Siedlungsrand folgen wir dem Pfad weiter. Dann führen uns Schilder auf einem Pfad hinab und unter der A 96 hindurch. An der Einmündung geht es nach rechts (ab hier Ausschilderung als **Lech-Höhenweg**), am ehemaligen Pfarrstadel (heute Wohnhaus) vorbei zur einstigen **Klosterkirche St. Benedikt Sandau (5)**, 602 m, einzigem Rest des ehemaligen Klosters, einer Filialgründung des Klosters Benediktbeuern aus der Mitte des 8. Jh., die aus Tuffquadern der Umgebung erbaut ist. Auf dem Sträßchen in einem Bogen an der **Waldwirtschaft** vorbei, gehen wir nach rechts (Schranke) zum denkmalgeschützten Spähturm (mit Bank und Aussicht), der auch Wasser- oder Hexenturm genannt wird und aus der Zeit um 1500 stammt. Er diente einst als Wach- oder Signalturm. Auf dem Pfad durch die Anlage, dann folgen wir dem Sträßchen weiter, bis wir links in den Kauferinger Weg einbiegen, den wir direkt vor der hübschen Burgfriedenssäule aus Sandstein von 1786 nach links verlassen. Auf dem Feldweg wandern wir nun am Zaun des Schießgeländes entlang und dann stets geradeaus nun etwas weiter von der bewaldeten Lechleite entfernt. An klaren Tagen lohnt sich ein gelegentlicher Blick zurück auf die Alpen. An Feldscheunen vorbei, taucht schließlich die Pfarrkirche von Kaufering auf. Dann führt der Feldweg, nun befestigt, durch einen Hohlweg die hier flachere Lechleite hinab. Am Ortsrand von **Kaufering** mündet unser Wanderweg in ein Sträßchen, dem wir nach links hinabfolgen. An der Bahnunterführung machen wir nach links einen kurzen Abstecher zur **Wallfahrtskirche St. Leonhard (6)**, 590 m, die typischerweise mit einer doppelten Kette umschlungen, 1715 entstanden ist, als hier ein Bildnis des Heiligen im Lech angeschwemmt worden sein soll. Zurück und durch die Bahnunterführung, gehen wir geradeaus an hübschen Häusern mit Hausnamen vorbei und mit Blick auf die Pfarrkirche durch die Leonhardistraße. An der Einmündung queren wir mittels Zebrastreifen die Straße und wandern nach links weiter. Nach dem Spielplatz im Forstgarten biegen wir direkt vor der

Blick von der Lechstaustufe 18 nach Süden. In der Mitte das Wettersteinmassiv mit Zugspitze, links die Pfarrkirche von Kaufering.

Lechbrücke rechts ab. Rechts begleitet uns ein Bach, dem wir am Forsthaus (rechts) und hinter dem Gasthaus »Zur Brücke« bald auf einem Pfad folgen. Die Straße bringt uns zum Maibaum, wo wir nach halb links auf dem Leitenbergweg sanft aufwärts an weiteren stolzen ehemaligen Bauernhäusern von Altkaufering vorbeigehen. Dann zweigt halb links ein anfangs asphaltiertes Sträßchen ab (Schild Landschaftsschutzgebiet), dem wir kurz hinabfolgen. Dann in einen Kiesweg übergegangen, führt uns dieser an Schafweiden vorbei. In einer Linkskurve folgen wir ihm sanft hinab – ein Blick zurück lohnt sich! Am Lechufer biegen wir nach rechts in einen Radweg ein. Bänke mit schöner Aussicht auf den Lech, der hier zum See aufgestaut ist, säumen den Weg, ebenso Infotafeln. Mal geht es flach knapp oberhalb am Ufer entlang, mal etwas hinauf durch den Lechleitenwald an abgestürzten Nagelfluhblöcken und Sinterterrassen vorbei. Wir verlassen den Radweg erst an der **Staustufe 18 (7)**, 569 m, wo wir am Kraftwerk an der Tafel zur Geologie des Lechtales vorbei mit herrlichem Blick auf die Kirche von Altkaufering den Lech überqueren. Am Parkplatz (Infotafeln) können wir einen Abstecher zur KZ-Gedenkstätte machen (einfach ca. 500 m). Diese erreichen wir, wenn wir kurz dem Sträßchen nach rechts folgen, bis uns nach rechts ein beschilderter Fußweg auf die **Hurlacher Heide** (Infotafeln) zu den beiden **KZ-Friedhöfen (8)**, 564 m, führt, wo schätzungsweise 2000–3000 KZ-Opfer vor allem in Massengräbern bestattet sind. Ab Sommer 1944 entstanden im Raum Landsberg – Kaufering elf KZ-

Außenlager von Dachau. Zurück am Parkplatz, wandern wir auf dem Geh- und Radweg geradeaus weiter. Stets am Lechufer entlang, das nach Süden hin immer steiler und höher wird, und mit Infotafeln und mehreren schönen Ausblicken über den See, auf die Brutinseln und die Kauferinger Kirche, geht es eine Terrassenstufe hoch (Tafel). Nun wandern wir mit Blick auf Neu-Kaufering und dann nach längerem Blick nach rechts auf die teils mit Laubgehölz bestandene weitere Terrassenstufe diese hinauf (Tafel). Die Lechterrassen sind durch den mehrmaligen Wechsel von Aufschotterungs- und Eintiefungsphasen entstanden. Letztere wandern wir nach dem Gedenkstein für Opfer eines Flugzeugabsturzes wieder hinab. An einem Spielplatz vorbei, erreichen wir erneut **Kaufering** und folgen weiter dem Fußweg geradeaus an Gärten entlang. Erst wenn er eine Rechtskurve macht, nehmen wir die Treppenstufen nach links hinab zum **Sportpark** und gehen dann nach rechts weiter. Vor der Straße links und über den Parkplatz zur **Gaststätte Bei Dimi (9)**, 572 m, wo wir auf den Geh- und Radweg wechseln. Weiter auf die Kirche zu, queren wir direkt vor der Lechbrücke die Straße und wandern weiter südwärts auf dem Geh- und Radweg am Lechufer entlang, das anfangs wegen des Grauerlenauwaldes nicht sichtbar ist. Nach der Eisenbahnbrücke, einer Stahlkonstruktion mit über 110 m Spannweite von 1872/73, verlässt uns der Radweg und wir folgen weiter dem asphaltierten Weg entlang der Straße. An einem Bildstock vorbei, gelangen wir eine 3–4 m hohe Terrassenkante mit Gehölz hinauf – rechts befindet sich ein Solarfeld. Bald wendet sich der Weg etwas von der Straße ab und führt auf einen Hof zu (Blick zurück lohnt sich). Wir nehmen noch vor diesem den rechts abzweigenden Schotterweg zur Straße. Diese gequert, geht es nach links auf dem Feldweg weiter. Nach dem Solarfeld führt er uns von der Straße weg und bald, nun als Kiesweg, nahe der Bahnlinie entlang und schließlich in den Wald hinein. Hier zweigt links ein Kiesweg ab, dem wir bis zum Zaun des Waldfriedhofs folgen, wo wir links abbiegen. Daraufhin uns stets rechts haltend, wandern wir in einem Bogen um den Friedhof herum und nehmen nach der gleichnamigen Bushaltestelle den Fußweg geradeaus hinab, der uns zur **Wallfahrtskapelle Unserer Lieben Frau zu Altötting (10)**, 580 m, führt. Sie ist eine von 18 Kapellen in Altbayern, die nach dem berühmten Wallfahrtsort benannt sind. Neben dem 1857 errichteten neugotischen Saalbau mit barockem Kern steht ein gleichaltriger Bildstock aus Sandstein mit Laterne. Geradeaus an einem kleinen Teich vorbei auf der Altöttinger Allee unter der A 96 hindurch zu den ersten Häusern von **Landsberg**. Gleich nach dem Tennisklub biegen wir rechts ab und wandern in einem Bogen an Heimgärten und dem Altöttinger Weiher vorbei. Wir passieren Sportplatz und Jahnstüberl und kommen stets geradeaus durch ein Wohngebiet. An der Einmündung nach rechts gehen wir ein Stück an der viel befahrenen Augsburger Straße entlang – am Bräustüberl mit Biergarten, dem ehemaligen Sommerkeller des Schaf-Bräu geht es etwas aufwärts. Dann queren wir nach der Brücke über die Gleise mittels Ampeln nach links die Straße und gehen nun

Blick auf die Altstadt von Landsberg mit dem denkmalgeschützten Katharinenwehr davor.

auf dem Hindenburgring, bald durch eine Parkanlage, an klassizistisch wirkenden Häusern im Jugendstil mit Dienstwohnungen vorbei, die zur **JVA Landsberg (11)**, 591 m, gehören. Letztere erreichen wir an einer Unterführung. In den 1904/08 für rund 500 Sträflinge errichteten Gebäuden mit Jugendstilelementen saß Hitler 1924 neun Monate in Festungshaft, worunter man erleichterte Haftbedingungen für politisch Andersdenkende verstand. Hier verfasste er den ersten Band von »Mein Kampf«. Wir nehmen die Fußgängerbrücke nach links wieder über die Gleise – unten befindet sich der Bahnhof Landsberg/Lech Schule. Der Sonnenstraße folgen wir nach rechts, an der Einmündung in die Von-Kühlmann-Straße auf der anderen Straßenseite ebenfalls nach rechts etwas hinab, gehen wir bald durch eine Parkanlage auf das Herkomer-Museum mit Mutterturm zu. Letzteren ließ der bekannte Maler Hubert von Herkomer ab 1884 nach eigenen Plänen erbauen, in Erinnerung an seine in Landsberg gestorbene Mutter benannt. Nach diesem gehen wir Richtung Lech zu einem Brücklein, von wo wir einen herrlichen Blick über den Fluss mit dem denkmalgeschützten **Katharinenwehr** im Vordergrund auf die Altstadt genießen können. Der Parkweg bringt uns mit schönem Blick schließlich zur Karolinenbrücke. Von hier auf bekanntem Weg rechts zum **Bahnhof (1)** zurück.

3.15 Std.
Von Landsberg zum Schloss Pöring 53

Wildpark Pössinger Au, Lechleite und Teufelsküche

Die Teufelsküche ist eine Seitenschlucht zum Lech hin, der sich hier in und nach der letzten Eiszeit stark eingetieft und die bis zu 50 m hohen Steilhänge geschaffen hat. In diese konnten sich dann Nebenbäche einschneiden. Solche Schluchten waren den Menschen unheimlich. Es existieren Sagen etwa von »Hojemännlen« (Kobolden), die hier herumspuken und Leute erschrecken. Auch sollen sich hier Hexen, Druiden, Wichtel und Holzweiblein getroffen haben.

Ausgangspunkt: Bahnhof Landsberg/Lech (585 m). Sonntags Parken problemlos, sonst kostenpflichtige Parkgarage Schlossberg.
Höhenunterschied: 240 m.
Anforderungen: Teilweise auf Lech-Höhenweg (blaues L) bzw. Wanderweg Romantische Straße. Bei Regenfällen in der Pössinger Au Hochwasserwelle möglich.
Einkehr: Teufelsküche, zahlreiche Einkehrmöglichkeiten in Landsberg.

Varianten: Tour abkürzen, z.B. bereits am Restaurant Teufelsküche zurückgehen oder die Schleife zum Bolzplatz weglassen
Tipps: Bademöglichkeit im aufgestauten Wasser der Staustufen von Pössing und Pitzling sowie im Irselbad Landsberg (Freibad). Naturlehrpfad und Wildtiere zum Anfassen! Wer es ruhig mag, sollte typische Ausflugszeiten wie Sonntagnachmittage meiden.

Vom **Bahnhof Landsberg (1)**, 585 m, gehen wir nach rechts und an der Einmündung nach links. Direkt vor der Karolinenbrücke bietet sich links ein schöner Blick auf das romantische Stadtpanorama und das denkmalgeschützte Katharinenwehr. Nun geht es – links eine große Figur von Vater Lech auf Tuffsteinblöcken – über die Brücke. Gleich nach dem Wirtshaus am Lech queren wir am Zebrastreifen die Straße und folgen dem Wegweiser »Lechpark, Pössinger Au, Teufelsküche« (»Klösterl«). Die Häuser rechts waren einst Teil der Stadtmauer. Der halbrunde Backsteinturm ist der Jungfernsprungturm, von dem 1633 junge Frauen aus Angst vor den Schweden in den Lech gesprungen sein sollen. Von nun an wandern wir auf dem beschilderten Lech-Höhenweg und gehen rechts an einem grauen Wohn- und Geschäftshaus vorbei, das einst Wasser- und Pumphaus war – hier ein Aquarium mit einheimischen Fischarten. Bald auf einem Kiesweg am Ufer entlang in den **Lechpark** mit

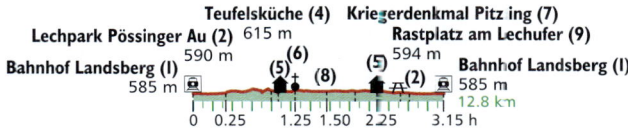

zahlreichen Infotafeln u. a. zu Wald, Wasser, Wildtieren, Bäumen und Pflanzen sowie Ruhe- und Rastbänken. Wir halten uns nach zwei abgegangenen Nagelfluhblöcken an der Weggabelung links, betreten den Wildpark über einen Gitterrost und folgen dem Hauptweg an der Kneippanlage mit Tuffbänken vorbei. Nach dem Wildschweingehege biegen wir für unseren Rundweg links ab – hier Rastbank und Infotafel zum Damwild **(2)**, 590 m. Auf dem Waldweg etwas aufwärts – rechts steht das Wasserradhaus (Infotafel) – wandern wir durch naturnahen Laubmischwald. An einer einmündenden Seitenschlucht befindet sich die nächste Rastbank. Den Wildpark verlassen, folgen wir an der Einmündung dem Forstweg nach links sanft aufwärts. An der nächsten Wegkreuzung nehmen wir den beschilderten Wanderweg halb rechts und folgen weiter stets dem Naturlehrpfad mit seinen Tafeln. An einer Weggabelung halb rechts, gelangen wir teils an der steilen Kante entlang zu einem **Aussichtspunkt (3)**, 617 m, mit Blick auf Lech und Tannheimer Berge. Weiter am Zaun oberhalb des Restaurants Teufelsküche entlang, erreichen wir bald einen Rundpavillon (Rastplatz). Direkt danach bringt uns ein beschilderter Pfad bald über Stufen zum kleinen Stausee mit türkisfarbenem Wasser in die **Teufelsküche (4)**, 615 m, hinab. Auf der Brücke über den Damm, wandern wir an der Infotafel nach rechts weiter durch die Schlucht am Dorfängerbach entlang hinab und an Hangquellen mit Kalktuffbänken vorbei, deren Entstehung man hier beobachten kann, zum **Restaurant Teufelsküche (5)**, 595 m. Ab hier nach links am Lech entlang durch Grauerlenauwälder nach **Pitzling**, wo wir nach den ersten Wohnhäusern den beschilderten Fußweg über Stufen halb links hinauf nehmen. An der Einmündung bringt uns ein kurzer Abstecher nach links zum **Schloss Pöring** mit der **Kirche Maria**

von der Versöhnung (6), 617 m, die der Schlossherr ab 1739 wegen einer Wunderheilung neu errichten ließ. Das Schloss selbst entstand im Mittelalter als Adelssitz. Zurück, folgen wir weiter der Straße. Nach der Abzweigung der Schlossleite geht es hinab – links erhöht das schmucke ehemalige Pfarrhaus. Wir gelangen zum **Kriegerdenkmal (7)**, 609 m, und wandern nach halb links weiter, an

Wildschweine in der Pössinger Au.

der Kirche St. Johann Baptist vorbei stets geradeaus die Seestraße hinab, bald nicht mehr auf dem Lech-Höhenweg. Durch die ruhige Wohnsiedlung an einem Spielplatz vorbei, gelangen wir an den Ortsrand, wo wir nach rechts die Stufen zum Lech hinabgehen können. Nach kurzem Kiesweg wieder auf dem Sträßchen, folgen wir diesem und biegen direkt vor einem **Bolzplatz (8)**, 608 m, links in einen breiten Kiesweg ab. Mit Blick auf den mit Schafen beweideten Hang – die Häuser links stehen auf einer Lechterrasse, passieren wir ein Beachvolleyballfeld sowie ein Stillgewässer. An der Einmündung nach links, gelangen wir wieder in den Ort hinein und folgen gleich nach den ersten Häusern an der Straßengabelung der Eichteilstraße nach halb links. An deren Ende kurz links und dann an der Einmündung rechts auf bekanntem Weg zum **Kriegerdenkmal (7)** und gleich geradeaus weiter zum **Restaurant Teufelsküche (5)** zurück. Nun wandern wir weiter stets am Lechufer (zahlreiche Bänke) entlang. Kurz vor der nächsten Staustufe passieren wir einen schönen **Rastplatz am Lechufer** unter einer **Eiche (9)**, 594 m, mit mehreren Rastbänken und halten uns, nun wieder im Wildpark, an der nächsten Weggabelung rechts. Wir gelangen an einer bereits in vorgeschichtlicher Zeit im Lechschotter begrabenen Eiche sowie dem Damwild (2) vorbei und bald auf bekanntem Weg zum **Bahnhof (1)** zurück.

Das Schloss Pöring entstand im Mittelalter. Beim Umbau 1885–1891 erhielt der Turm Zinnen.

Von Geltendorf nach Kaltenberg und St. Ottilien

Durch die Moränenlandschaft

Ein Ziel dieser Wanderung ist die Erzabtei der Missionsbenediktiner St. Ottilien. Schon im 14. Jh. existierte im damaligen Weiler Emming eine überregional bedeutende Wallfahrt zur heiligen Ottilia. Das Kloster ist 1887 durch den Beuroner Mönch Andreas Amrhein gegründet worden, der das ehemalige Hofmarkschloss mit einigen Anwesen für seine Mönchsgemeinschaft erwarb. 1902 wurde es zur Abtei erhoben, 1914 zur Erzabtei. Nach Aufhebung durch die Nationalsozialisten und Funktion als Lazarett und Hospital ist es heute das größte Männerkloster Deutschlands und Missionzentrum für Afrika, Asien und Amerika. Außerdem ist hier der hauseigene EOS-Verlag angesiedelt.

Ausgangspunkt: S-Bahnhof Geltendorf (597 m). Wer mit dem Auto kommt, parkt am besten in St. Ottilien (**Navi:** 86941 Sankt Ottilien, Erzabtei 12).
Höhenunterschied: 160 m.
Anforderungen: Teils als Klosterrunde, teils als »PW Rund um St. Ottilien« ausgeschildert (grüne Raute in Dreieck mit grünem Eck). Etwas Orientierungsvermögen und Kondition von Vorteil.
Einkehr: Gaststätten in Kaltenberg bei Schloss, in Eresing, St. Ottilien und Geltendorf.
Tipps: Nähmaschinenmuseum, Missionsmuseum.
Variante: Tour kann abgekürzt werden, z.B. durch Weglassen der Schleife nach Kaltenberg.

Vom **Bahnhof Geltendorf (1)**, 597 m, Ausgang Park-and-Ride-Anlage Nord, geradeaus Richtung Ortsmitte. Etwas aufwärts, dann biegen wir gemäß Beschilderung links in den Heuweg ab. Im Wald folgen wir stets dem Hauptweg. An einer mächtigen Eiche und an Wiesen vorbei und nochmals kurz durch den Wald. Nach einem Haus und Weideflächen erreichen wir an einem Feldkreuz mit Rastbank eine Einmündung. Rechts liegt Geltendorf auf einer wallförmigen Würmendmoräne. Hier kurz nach links, um dann gleich den nächsten, nun unbeschilderten Feldweg nach rechts zu nehmen. Links die Bahnlinie, wandern wir geradewegs am Solarfeld vorbei auf **Kaltenberg** zu. Am Ortsrand die Staatsstraße gequert, gehen wir geradewegs in der Lindenstraße weiter. Rechts liegt der Ort Hausen auf einer Altmoräne. Es geht am stillgelegten Bahnhof und hübschen Anwesen mit Hausnamen vorbei. An der Einmündung klärt uns eine Infotafel darüber auf, dass sich hier der eigentliche Paar-

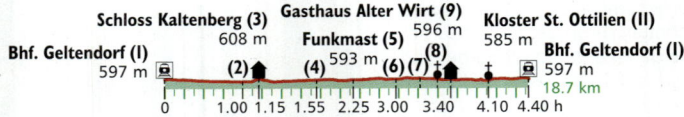

Schloss Kaltenberg mit dem neugotischen Bergfried.

ursprung (2), 575 m, befindet. Nach links über die Gleise ortseinwärts, biegen wir an der Einmündung rechts ab. Gemäß Radwegbeschilderung halten wir uns rechts und gelangen über die Prinz-Heinrich-Straße hinauf zur Schlossstraße. An dem gelben Gebäude (Schlossstr. 4) geradeaus weiter hinauf, an der Freilichtbühne der Kaltenberger Ritterspiele vorbei, die seit 1979 jährlich im Juli stattfinden und mit über 100.000 Besuchern ein wahrer Publikumsmagnet sind. An diese schließt ein Biergarten an, rechts befindet sich das **Schloss (3)**, 608 m, das 1845 im Stil des Historismus erbaut wurde und seit 1954 dem Haus Wittelsbach gehört, mit Brauerei und **Gasthof** (für weitere Einkehrmöglichkeit, Gasthof Ritterschwemme, 100 m weitergehen). Zurück bis zur Schlossstr. 4, der wir halb rechts weiterfolgen – bald schöner Blick auf den Ort und die Berge. An der Einmündung nach links gelangen wir an Maibaum und Kirche St. Elisabeth mit Kriegerdenkmal vorbei. Die uns bekannte Kreuzung passieren wir geradewegs und wandern im Grünstreifen an der Straße entlang (Achtung, Verkehr!) an einem Gewerbegebiet auf der grünen Wiese vorbei. Dann queren wir wieder die Staatsstraße und gehen geradeaus auf dem Schönauer Ring weiter an Gewerbebetrieben vorbei. Die links abbiegenden Straßen ignorierend, wandern wir stets geradeaus auf den Wald zu und in diesen hinein. Stets auf dem Hauptweg gelangen wir zu einem **Holzlagerplatz (4)**, 590 m, wo sich mehrere Wege kreuzen. Auch hier geht es geradeaus weiter. Am Waldrand nach halb rechts zur Bahnlinie Landsberg – München. An dieser nun nach links entlang. Links der idyllisch gelegene Island-

Eresing mit der Pfarrkirche St. Ulrich vor dem Alpenpanorama.

pferdehof Machelberg. An der Einmündung – die Gleise links führen nach Mering – wandern wir nun wieder auf beschildertem Weg nach rechts unter der Eisenbahnbrücke hindurch. Dann kurz durch den Wald und wieder am Waldrand entlang – rechts Weiher in idyllischer Lage. Auf den **Funkmast (5)**, 593 m, zu und bei diesem nach rechts weiter. Sanft ansteigend, tauchen langsam erneut die Berge auf. Den asphaltierten Feldweg verlassen wir, nachdem wir wieder den Weihergraben gequert haben, bei der nächsten Gelegenheit nach rechts und wandern, nun wieder unbeschildert, auf dem Feldweg auf den nächsten Waldrand zu. An letzterem geht es nach links auf dem Grasweg entlang. Auch am Feldkreuz mit Bank und schöner Aussicht auf Eresing geht es weiter stets am aussichtsreichen Waldrand entlang. Der auffällige Turm gehört übrigens zu St. Ottilien. Einige Bänke laden zum Verweilen ein. Bei klarem Wetter bietet sich ein herrliches Alpenpanorama. Nach einem Antennenmast (militärischer Bereich) überqueren wir eine Straße und passieren geradewegs die örtliche Kiesgrube. Direkt nach einer großen Feldscheune **(6)**, 600 m, biegen wir links ab und wandern geradeaus weiter. Nach kurvigem Verlauf bald wieder am Waldrand entlang, mündet der Grasweg ein. Auf dem Sträßchen nach links, geht es direkt nach dem Aussiedlerhof rechts weiter. Auf Höhe des Bauernhauses im Toskana-Stil **(7)**, 608 m, biegen wir links ab und gelangen am Ortsrand von **Eresing** zur Straße, der wir kurz nach rechts folgen, sie aber gleich nach dem Solardach nach links verlassen. Nun durch ein Wasserschutzgebiet, an der Weggabelung halb links in den Wald hinein und gleich an umzäunten Quellfassungen vorbei. Weiter geradeaus durch eine feuchte Senke, folgen wir vor der Wiese dem Waldpfad nach halb rechts, der uns zur **Kapelle St. Ulrich mit Gnadenbrunnen (8)**, 600 m, mit schattigen Rastbänken bringt. 1618 erbaut, ist sie zweigeteilt in Andachtsraum und Eremitenwoh-

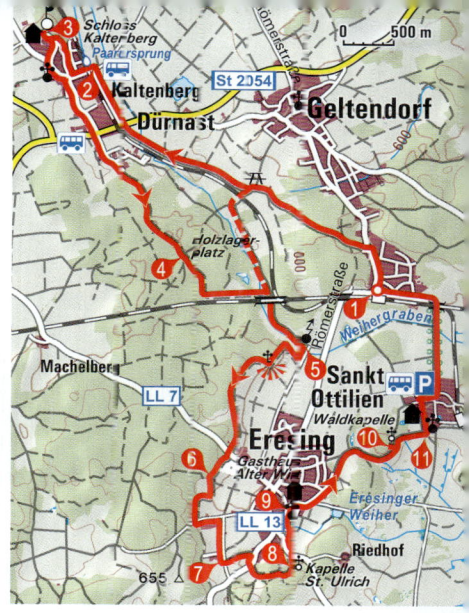

nung, davor das Brunnenhaus. Die Quelle, der heute noch heilende Wirkung zugeschrieben wird, soll laut Legende zu Lebzeiten von Bischof Ulrich entstanden sein. Jährlich findet am 4. Juli, dem Patronatstag, das Ulrichsfest mit Prozession von der Pfarrkirche zur Ulrichskapelle statt. Am Brunnenhaus vorbei, die Stufen hinab und dann auf dem Wiesenweg bis zur Straße. Diese überquert, wandern wir nach links auf dem Grasweg erst an ihr entlang und folgen ihm dann in den Ort hinein – links ein Wohnhaus auf einem Hügel mit Wassergraben davor. Hierbei handelt es sich um einen mittelalterlichen Burgstall, auf dem auch das spätere Hofmarkschloss, ein Wasserschloss, stand, das 1747 abgebrochen wurde. An der ersten Einmündung geradeaus, gehen wir an der zweiten (Kriegerdenkmal) nach rechts weiter und haben sogleich nach der Mariensäule aus Sandstein von 1776 die **Pfarrkirche St. Ulrich** mit Saalbau von 1488 und barockem Turm erreicht. Wenige Meter weiter das **Gasthaus Alter Wirt (9)**, 596 m, ein stattlicher Walmdachbau. Am anschließenden, neuen Dorfgemeinschaftshaus halten wir uns rechts und gehen an einem schmucken Anwesen vorbei. Dann folgen wir der Emminger Straße nach links Richtung Sportplatz – nun wieder be-

Herbstlicher Waldweg zwischen Eresing und St. Ottilien.

Blick vom Waldrand Richtung St. Ottilien.

schildert. An diesem sowie den Tennisplätzen vorbei, stets geradeaus weiter. Auf breitem Feldweg zu einem Wegedreieck, wo wir uns rechts halten und an Äckern, Wiesen und einem Wäldchen vorbeiwandern. Dann geht der Blick nach rechts auf Wiesenland mit Restfeuchtflächen des einst ausgedehnten Pflaumdorfer Mooses. Nun tauchen wir in den buchenreichen Mischwald ein. Bald schimmert schon Kloster St. Ottilien durch, doch wir machen zuerst noch einen kleinen Abstecher nach links über mit Geländer versehene Stufen zur **Waldkapelle »Königin der Apostel« (10)**, 596 m. Wieder zurück, verlassen wir bald den Wald und wandern an der Klostermauer mit herrlichem Blick auf die Wiesenlandschaft des einstigen Pflaumdorfer Mooses und das Alpenpanorama weiter. An der nächsten Kreuzung mit Wegweiser haben wir die beeindruckende **Klosteranlage von St. Ottilien (11)**, 585 m, erreicht. Hier nach links und dann die Stufen hinauf. Von oben können wir auch in den klösterlichen Garten blicken und nochmals die Aussicht genießen. Dann gehen wir an der Abteikirche Herz Jesu, dem Nähmaschinenmuseum und einer Voliere vorbei. Nach Klosterladen und –café bietet sich links mit dem Emminger Hof eine weitere Einkehrmöglichkeit. An Parkplatz und Bushaltestelle biegen wir rechts ab. An der nächsten Kreuzung wandern wir nach links (Wegweiser Hofladen) an Hackschnitzelanlage (mit Informationen) und Bioladen vorbei. Nach einer herrlichen Allee mit schönem Blick auf Geltendorf passieren wir zwei Unterführungen und folgen gleich dem Sträßchen nach links durch ein Wohngebiet zurück zum **Bahnhof Geltendorf (1)**.

4.10 Std. Schondorf am Ammersee 55

Auf dem aussichtsreichen Ammersee-Höhenweg nach Utting und am Ufer zurück

Bevor es am Ammersee entlang zurückgeht, führt der Höhenweg durch die sanft wellige Jungmoränenlandschaft mit Wäldern, Wiesen, Äckern und Feuchtgebieten. In dieser liegt Achselschwang, das 1129 erstmals erwähnt wurde und wo 1512 das Kloster Dießen ein Wirtschaftsgebäude sowie einen Pferdestall baute. Ab 1622 wurde eine umfangreiche Pferdezucht betrieben. Nach der Säkularisation erwarb der Bayerische Staat 1815 die Schwaige und richtete einen Militärfohlenhof ein. Die Pferdehaltung, die 1920 mit über 250 Pferden ihren Höhepunkt erreichte, wurde 2003 eingestellt. Heute betreibt hier die Bayerische Landesanstalt für Landwirtschaft das Lehr-, Versuchs- und Fachzentrum für Milchvieh- und Rinderhaltung, außerdem gibt es neben dem historischen Gasthaus einen privaten Reitstall.

Ausgangspunkt: Bahnhof Schondorf (556 m, **Navi:** 86938 Schondorf, Bahnhofstr. 45).
Höhenunterschied: 150 m.
Anforderungen: Größtenteils markiert, sonst problemlos.
Einkehr: Gasthaus in Achselschwang, Cafés und Restaurants in Utting und Schondorf.
Varianten: Früherer Abbruch der Tour und Rückfahrt mit Bahn oder Abkürzung mit Schiff möglich.
Tipps: Bademöglichkeit im Ammersee in Utting und Schondorf, Naturlabyrinth Ex Ornamentis.

Vom denkmalgeschützten **Bahnhof Schondorf (1)**, 556 m, mit Sommerhalle gehen wir nach rechts und nehmen gleich die Unterführung nach rechts. Wieder nach rechts folgen wir dem Wegweiser »Ammersee-Höhenweg«. An der Einmündung wandern wir geradeaus auf dem Leitenweg und dem Kiesweg hinauf zur ehemaligen Pfarrkirche von Oberschondorf **St. Anna (2)**, 581 m, – 1970 schlossen sich das Bauerndorf Ober- und die einstige Fischersiedlung Unterschondorf zusammen. Vor dieser gehen wir kurz rechts – da sie erhöht auf einer Seitenmoräne thront, hat man von hier aus bereits einen herrlichen Blick auf den Ammersee – und betreten dann durch ein Törchen den Friedhof. Hier befindet sich eine achteckige Bildsäule mit Laterne aus Tuffgestein (um 1500). Durch das Haupttor geht es hinaus und dann hinab,

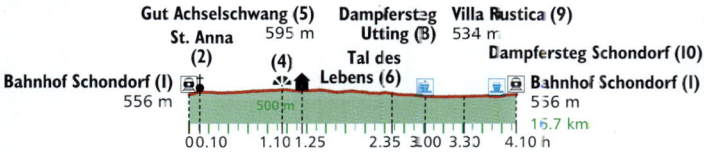

auf der St.-Anna-Straße weiter. Bald folgen wir dem Steinwiesenweg nach rechts und dann stets geradeaus. An seiner Einmündung kurz nach rechts, biegen wir an der mächtigen, alten Linde (Infotafel) links ab und wandern auf das freie Feld hinaus. An einem Feldkreuz mit zwei Birken biegen wir rechts ab und folgen dem beschilderten Hauptweg in einer Linkskurve. Nun gehen wir am sogenannten Moos entlang, einem in einem weiten Talkessel befindlichen, degradierten Niedermoor, dahinter der Kirchturm von Hechenwang. Stets geradeaus durch die sanft wellige Landschaft zu einer mächtigen Eiche, an der unser Weg eine Rechtskurve macht. Bald darauf mündet er unbeschildert in eine Straße, der wir kurz nach links bis zu deren Einmündung folgen. Hier in einem Links-Rechts-Schlenker die Straße gequert, wandern wir am Waldrand entlang. Der wieder gut beschilderte Wanderweg führt uns nun an Nasswiesenresten am Gründlmoos vorbei. An einem Reitstall mündet unser Weg ein und wir folgen dem mit Platten ausgelegten Spurweg nach rechts in den Wald hinein. Nach knapp 200 m zweigt links ein guter, aber unbeschilderter Waldweg ab **(3)**, 598 m. Auf diesem können wir einen lohnenswerten Abstecher zu einer **Keltenschanze (4)**, 604 m, mit Infotafel und herrlichem Ausblick auf den Ammersee sowie die bewaldete Mittelmoräne mit Andechs machen (Rastmöglichkeit). Eine wohl geländebedingte Besonderheit ist, dass diese Keltenschanze fünf statt der sonst üblichen vier Ecken aufweist. Zudem ist sie mit ihren 100 m auf 150 m relativ groß. Wieder zurück **(3)**, geht es nach links noch etwas durch den Wald – in einer feuchten Senke

Durch das Tal des Lebens.

befindet sich ein kleiner Schwarzerlenbruchwald –, bevor wir auf **Achselschwang (5)**, 595 m, zugehen. An der Einmündung folgen wir dem von teils uralten Obstbäumen gesäumten Kiessträßchen nach links (ab jetzt Markierung G), bald an einer Tafel zu Römerstraßen vorbei. Die Römerstraße von Augsburg über den Brenner verlief durch Achselschwang und dann über die Wiesen auf das Waldeck links zu. Das nächste Sträßchen queren wir geradewegs und wandern aussichtsreich am Höhenrücken entlang an einer Infotafel zu Toteiskesseln vorbei. Die Straße Utting – Finning queren wir, uns halb rechts haltend, mittels Unterführung. Dann geradewegs an den idyllischen Weiden des Reichhofs vorbei, bis ein Schild nach links weist. Den Mühlbach können wir mittels Furt oder Holzsteg queren. Kurz durch den Wald hinauf, folgen wir an der Einmündung nach links stets dem Hauptweg an Infotafeln »Bach« sowie »Römerstraßen« vorbei. Wir gelangen »Zur Waldschießstätte«, wo am Wochenende der Durst gestillt werden kann. Sonst stehen Rastbänke zur Verfügung. Der Dießener Straße folgen wir nach Querung kurz nach links, bis wir nach rechts ins **»Tal des Lebens« (6)**, 564 m, abbiegen. Nach einer Brücke über den Mühlbach wandern wir idyllisch nach rechts auf einem Pfad direkt am Ufer entlang oder auf dem mit Bänken ausgestatteten Kiesweg, in den ersterer später mündet. Anfangs sind am Mühlbach noch Windungen und Prallhänge vorhanden, dann nimmt die Verbauung zu. Über eine weitere Brücke und weiter am Ufer entlang – rechts ein kleines Ziegengehege. An der Einmündung folgen wir der Straße nach links, verlassen sie aber an der Apotheke beim Dorfbrunnen gleich nach rechts. Die Bahnhofstraße geradeaus, erreichen wir das Hotel/Restaurant Wittelsbacher Hof und gleich nach rechts den **Bahnhof Utting (7)**, 543 m, wo die Tour beendet werden kann. Ansonsten nehmen wir direkt von diesem die Unterführung (Wegweiser »Strandbad«) und gelangen geradewegs hinab durch den Summerpark zum **Uttinger Dampfersteg (8)**, 532 m. Nach links am Seerestaurant sowie am Strandbad mit dem Seekiosk vorbei, nach dem wir nach rechts (Seestraße) der Radwegbeschilderung folgen. Direkt vor dem Restaurant Alte Villa nehmen wir den Kiesweg nach rechts und wandern wieder am See entlang an dem idyllischen Landhaus mit Biergarten und Spielplatz vorbei. Die nächste

Am Ammersee.

Einkehrmöglichkeit folgt mit dem Pavillon am See am **Freizeitgelände Utting**, mit Campingplatz. Hier kurz auf der Straße, dann stets auf dem Radweg, an der Segelschule vorbei und weiter geradewegs auf dem Kiesweg. Wieder auf der Straße geradeaus am Maislabyrinth vorbei, bevor wir auf einer Holzbrücke den Fahrmannsbach queren, der schon 1602 als Grenze zwischen den Hofmarken Greifenberg und Utting diente – noch heute ist er Grenze zu **Schondorf**. Der Kiesweg führt nun zwischen hohen Hecken hindurch, die gelegentlich einen Blick auf den See bzw. die schmucken Anwesen erlauben. Dann gelangen wir zum Strandbad, wo links in einer parkartigen Anlage das Bad einer ehemaligen **Villa Rustica (9)**, 534 m, mit Kieselsteinen nachgezeichnet ist. Eine Infotafel befindet sich an einer Tuffsäule, der sogenannten Römer-Stele, ein paar Meter weiter am Wegrand. Wir passieren Bootshütten und Schilfröhrichte, dann führt uns die Seestraße an einigen Denkmälern (Nr. 47 und 30), an der hübschen Ave-Maria-Kapelle von 1889 (hier rechts halten) sowie an weiteren schmucken Landhäusern vorbei. Vor dem Minigolfplatz nehmen wir den Kiesweg und gelangen am Spielschiff »Seegoaß« und dem Denkmal für den Komponisten Hans Pfitzner, der 11 Jahre hier lebte, vorbei zum **Dampfersteg (10)**, 532 m. Zwischen Gasthaus Seepost und Steghaus das St.-Jakob's-Bergerl hinauf und hinter der um 1150 aus Tuffquadern erbauten, romanischen Kirche St. Jakobus nach links. Die Treppe hinab, dann folgen wir stets sanft aufwärts der Bahnhofstraße. Am Maibaum die Straße an der Ampel gequert, gelangen wir zum **Bahnhof (1)** zurück.

4.45 Std.

Utting, Bierdorf und Riederau 56

Über den Ammersee-Höhenweg und zurück am Ammersee-Ufer entlang

Das Seeholz zwischen Riederau und Holzhausen gilt als eines der wertvollsten Waldnaturschutzgebiete Bayerns. Im Mittelalter war es wohl Jagdgebiet der Wittelsbacher, später Mittelwald und Waldweide. Dabei wurden Eichen gefördert, sodass diese heute, teils über 350 Jahre alt, zusammen mit Hainbuchen eine eigentlich für trocken-warme Gebiete typische Waldgesellschaft im eher kühl-feuchten Alpenvorland bilden. Die sehr alten Eichen sterben langsam ab und bieten zahlreichen, teils vom Aussterben bedrohten Totholzarten Lebensraum. Fast alle einheimischen Spechtarten sind hier zu beobachten, wobei das Vorkommen des Mittelspechtes eine Rarität ist.

Ausgangspunkt: Bahnhof Utting (543 m, **Navi:** 86919 Utting, Eduard-Thöny-Str. 2).
Höhenunterschied: 190 m.
Anforderungen: Aufgrund der Länge etwas Ausdauer.

Einkehr: Zahlreiche Restaurants und Gasthäuser in Utting und Riederau.
Varianten: Rückfahrt per Zug oder Schiff möglich.
Tipps: Baden im Ammersee, Hochseilgarten Ammersee.

Wir starten am **Bahnhof Utting (1)**, 543 m, und gehen am Hotel/Restaurant Wittelsbacher Hof vorbei. Dann nach halb links auf der Maria-Theresia-Straße. An der Einmündung in die Straße »Im Gries« geht es nach links weiter über den Mühlbach, dem wir an der Einmündung wieder nach links folgen. Rechts die 1819 neu errichtete Kirche Mariä Heimsuchung, in der sich eine bayernweit bedeutsame Wochenstube einer Fledermauskolonie (Großes Mausohr) befindet (FFH-Gebiet!). Am Dorfbrunnen kurz geradeaus weiter, biegen wir links in die Hofstattstraße ein. Sie führt uns an ehemaligen Bauernhäusern vorbei aufwärts. Nach dem Ortsende überqueren wir die Dießener Straße und wandern geradewegs auf dem Triebweg, ab hier beschildert. Am Waldrand entlang hinauf, oft nahe der steilen Hangkante des Mühlbachs. Nach der **Waldschießstätte** (Getränke am Wochenende) mit Rastbänken wandern wir teils durch den Wald, teils am Waldrand entlang. An einer Tafel über die Römerstraßen – eine könnte hier in nord-südlicher Richtung vorbeigeführt haben – halten wir uns links (Markierung U) und wandern nun auf

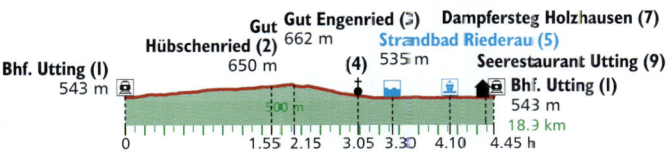

dem Ammersee-Höhenweg, bald durch den Wald. Einmal geht es nahe an den Mühlbach heran (Infotafel). Stets auf dem markierten Hauptweg, später auch nahe dem Waldrand entlang. Gleich nach Querung eines Grabens mündet unser Kiesweg in einen weiteren, dem wir nach rechts folgen. Er macht eine Links- und dann eine Rechtskurve, in der wir ihn aber geradewegs verlassen und auf **Gut Hübschenried (2)**, 650 m, mit mächtiger Linde und Rundbank (Rastmöglichkeit) zuwandern – rechts begleitet uns eine Seitenmoräne. Hier geradeaus und dann auf dem Asphaltsträßchen an Weiden vorbei durch eine Eschenallee, die uns vielleicht mit Alpenblick an Wiesen vorbei zum **Gut Engenried (3)**, 662 m, führt. Auch hier geradeaus, nehmen wir kurz vor Einmündung in die Kreisstraße den Kiesweg nach links und wandern bald, stets geradeaus der Radwegbeschilderung durch den Wald folgend, hinab. An der Einmündung nach rechts, queren wir den Gruberbach und wandern bald mit Blick auf den Ammersee sowie den Höhenrücken mit Andechs auf einem Asphaltsträßchen weiter zur **Kapelle Mariä Heimsuchung (4)**, 554 m, von 1607. Außen schlicht, ist sie innen reich ausgestattet und birgt mit dem künstlerisch sehr wertvollen Altar mit der schon früh als Gnadenbild verehrten Muttergottes einen wahren Schatz. Nach links geht es, wieder über den Gruberbach, nach **Bierdorf** hinein, wo wir uns rechts halten. Der Ortsname stammt vom althochdeutschen Wort pira (Birne). Wir passie-

Liebevoll gestaltete Werkstatt in Utting.

ren die Staatsstraße mittels Unterführung, um nach der Bahnlinie dem Seeweg nach links zu folgen, vom **Ammersee** nur durch eine Grundstücksreihe getrennt. Stets an der Bahnlinie entlang, gelangen wir am Yacht-Club sowie Restaurant Seehaus vorbei zum **Strandbad Riederau (5)**, 535 m, mit Dampfersteg sowie dem gegenüberliegenden Bahnhof, von wo aus wir auch mit Schiff oder Bahn zurückfahren können. Ansonsten wandern wir weiter auf dem Seeweg in Ufernähe die Bahnlinie entlang, der uns als schmaler Kiesweg durch das **Naturschutzgebiet Seeholz und Seewiese (6)**, 537 m, führt (Ammer-Amper-Radweg) – eine Tafel verbietet uns den Gang ins Unterholz. Dann erreichen wir, wieder auf einem asphaltierten Sträßchen die ersten Villen von **Holzhausen**. Auch hier gibt es einen **Dampfersteg (7)**, 540 m, mit Rückfahrmöglichkeit nach Utting. Ansonsten führt uns geradeaus die Eduard-Thöny-Straße in kurvigem Verlauf weiter. Am **Künstlerhaus Gasteiger (8)**, 538 m, vorbei, dem ehemaligen Landhaus und Sommersitz des Bildhauers Matthias Gasteiger und seiner Frau Anna, einer Blumen- und Landschaftsmalerin, 1908 in Jugendstil erbaut mit großzügigem Landschaftspark sowie beeindruckendem Zufahrtstor. Am Bahnübergang wandern wir nach rechts weiter und nehmen nach dem Augsburger Segler-Club, der hier seit 1903 ansässig ist, einen Fußweg nach rechts an zahlreichen Bänken mit Seeblick vorbei. Dann gehen wir wieder auf der Straße an einer Streuobstwiese vom Bund Naturschutz (Infomaterial) und einem prächtigen Landhaus vorbei. Danach nehmen wir gleich den Fußweg nach rechts, der uns direkt am Ammerseeufer bald durch den Summerpark zum **Dampfersteg** sowie dem **Seerestaurant (9)**, 533 m, führt. Im Sommer spielen hier auf der Seebühne im oder am Wasser Laien und Profis Theater. Gleich auf der Seestraße nach links hinauf und nach rechts durch die Unterführung zum **Bahnhof Utting (1)** zurück.

Stichwortverzeichnis

A
Achselschwang 227
Achsheim 133
Achsheimer Hart 133
Adelgerngraben 63
Adelheidquelle 57
Affinger Becken 164
Affing, Schloss 164
Afrabrunnen 107
Afrawald 105
Aichach 177
Ainertshofen 169
Aletshausen 63
Algertshausen 177
Allmannshofen 137
Altensteig 77
Altomünster 187
Altötting 217
Ammersee 16, 227, 231
Ammersee-Höhenweg 227, 231
Andersbach 186
Anhausen 117
Anhauser Bach 80, 117
Anhauser Weiher 80, 116
Antoniusquelle 122
Anwalting 164
Arboretum Freihalden 44
Augsburg 79, 198
Augsburger Hütte 80
Augsburger Spitalwald 90
Augsburger Stadtwald 198, 208
Augsburger Zoo 24, 199
August-Ganghofer-Hütte 129
Aukapelle 179
Aulzhausen 165
Autenzell 176
Aystetten 123, 133

B
Baar 163
Babenhausen 66
Bächingen 34
Badstein (Peloid) 15, 57, 60
Bad Wörishofen 75, 79, 88
Barfußpfad 24, 78, 178, 188
Bauernkriegsdenkmal 37
Bedernau 69
Bergbrunnen 95
Bergen 167
Besinnungsweg 90
Biber 37
Biberlehrpfad 200
Bibertal 37
Biburg 122
Bierdorf 231
Bismarcklinde 81, 110
Bittenbrunn 154
Blumenthal, Schloss 183
Bonstetten 125
Boos 66
Brandstetten 70
Brenz 34
Brunnenbach 198
Buchdorf 150
Buchkopfquelle 81, 110
Bühl 37
Bunte Breccie 15
Burghöfe 136
Burgkirche 181
Burgstall Hattenberg 101
Burgstallkapelle Kissing 209
Burgwalden 81, 112
Burg Wolfsberg 121
Burg Zusameck 118
Buschelberg 101

C
Christoph-Scheiner-Turm 90

D
Deubach 43
Diebelbach 109
Diedorf 115
Dinkelscherben 118
Donau 154
Donauwörth 146
Dorschhausen 88
Dreifaltigkeitstafel 113
Dreizehnlinden 105
Druisheim 137
Dürrenasheide 199

E
Eberstall 48
Echlishausen 37
Ecknach 186
Ecknachtal 184
Edelstetten, Schloss 50
Edelweißhütte 173
Ehingen 139
Eisenhofen 187
Eiszeiten 16
Elmischwang, Schloss 102
Emersacker, Schloss 131
Engelshof 112
Erdölbohrung 69
Erdweg 187
Eresing 224
Europäisches Spargelmuseum 28, 171

F
Feigenhofen 134
Felsheim 148
Finkenstein 154
Finsterer Gang 190
Fischach 101
Flossach 71, 87
Forsthofen 84
Frankenalb 154
Fränkische Alb 14, 156
Franzosengrab 56
Freilichtmuseum Naichen 28, 50
Friedberg 191, 195
Friedberger Ach 157, 162, 164, 192, 202
Friedberger Baggersee 191
Fronhofen 142
Frundsbergallee 89
Fuggerschloss 66, 97, 116, 131, 139, 159

G
Gachenbach 175
Gaismarkt 63
Ganghofer-Hütte 130
Ganghofer-Quelle 129
Ganghofer-Rundweg 128
Gebenhofen 165

Geltendorf 222
Geologischer Landschaftspfad 125
Geotope Kühstein 142
Geotop Kalvarienberg 146
Goldberg 140
Goldbergalm 140
Goldburg 140
Gräuenberg 56
Grenzsäule 158
Grießbergquelle 123
Grimoldsried 96
Gröbern 173
Grubet 177
Grubethaus 178
Guggenberg, Schloss 83
Gundelfingen 34
Gunzenheim 150
Gunzenheimer Gump 151
Gut Engenried 232
Gut Hübschenried 232

H
Haldenburg 84
Hansatäfele 101
Hanseles Hohl 142
Hansenhohl 60
Harburg 146
Hardt 81
Hartenthal 78
Haselbach 51, 63
Hasenheide 208
Haunstetten 201
Heidebrünnl-Kapelle 150
Heiligmannsee 48
Heimatshausen 195
Heimberg 101
Herkomer-Museum 27, 218
Hermeleallee 73
Hiltenfinger Keller 105
Hinterkaifeck 171
Hintersilheim 38
Höchstädt, Schloss 26, 140
Hohenschlau 71
Hölden 94
Holzhausen 231
Hörmannsberg 210
Hubertussteig 128
Hürbener Wasserschloss 58
Hurlacher Heide 216

I
Ichenhausen 40
Ilsesee 205
Inchenhofen 168

J
Jägersteig 128
Jahreskrippe 40
Jettingen 47
Jettingen-Scheppach 44, 47
Jettinger Baggersee 48
Jüdischer Friedhof 58, 101, 145
Jungbrunnen 67

K
Kaibach 149, 150
Kaisheim 150
Kaltenberg 222
Kammel 53, 57, 63, 71
Kammeltal 42, 52, 64
Karl-Carstens-Weg 64, 76
Katzenhirn 88
Kaufering 213
Keltengehöft 42
Keltenpfad 41
Keltenschanze 42, 59, 84, 103, 210, 228
Kessel 142
Kesseltal 16, 142
Keuschlingen 53
Kirch-Siebnach 84
Kissendorf 37
Kissendorfer Dorflinde 39
Kissing 205, 209
Kissinger Heide 205
Klaus-Hütte 133
Kleine Paar 161
Klimmach 83, 90
Kloster Altomünster 187
Klosterbeuren 66
Kloster Holzen 136
Kloster Kaisheim 27, 150
Klostermühlenmuseum Thierhaupten 28, 161
Kloster Oberschönenfeld 112
Kloster Roggenburg 54
Kloster St. Ottilien 222
Kloster Thierhaupten 161
Kloster Wettenhausen 40
Köhlerei 122

Königsbrunn 205
Königsbrunner Heide 17, 205
Königslachen 173
Köpfhäusl 192
Krumbach 57, 60
Krumbächlein 69
Krumbad 15, 57
Kühbach, Schloss 180
Kunzach 71
Kurpark 76, 89
KZ-Gedenkstätte 216

L
Laag 172
Landsberg 213, 219
Langenneufnach 97
Langweid 133
Laubgang 57
Laugna 130, 131
Lauschtour 11, 54, 57, 128, 140, 180
Lautersee 208
Lech 16, 18, 191, 207, 213
Lechauwald 206
Lechfeld 205
Lech-Höhenweg 11, 214, 219
Lechleite 164, 191, 215, 219
Lechpark 219
Lechrain 19, 191, 202
Lechstaustufe 200, 216
Leuthau 83
Lexenrieder Kapelle 59
Lochbach 199, 207
Ludwig-Ganghofer-Stätte 28, 130
Lueg ins Land 11, 91, 93
Luitpoldpark 105
Lutzenberg 95
Lutzingen 140

M
Mandichosee 205
Mangoldfelsen 146
Maria Beinberg 174
Maria Birnbaum 183
Maria im Elend 161
Markt Wald 85, 90
Mattsies 87
Matzenberg 186

Mauren 147
Meditationsweg »Ins Ich gehen« 187
Medlingen 34
Mehlbrünnele 60
Mering 209
Meringerzell 210
Mertingen 136
Meßhofen 56
Michelsberg 142
Michelsberg-Rundweg 144
Mickhausen 97
Mickhauser Alm 97
Miedering 167
Mindel 48, 71, 74
Mindelburg 72
Mindelheim 72
Mindelleite 74, 77
Mindeltal 60
Mittelneufnach 90
Mittelschwäbisches Heimatmuseum 27, 58
Modelshausen 131

Molasse 14
Mönchsdeggingen 142
mooseum 24, 34
Moränen 16
Mozarthaus 101
Mühlenweg 161
Mühlhausen 164
Mühlried 171
Münster 96, 97
Münsterer Alte 159
Muttergotteskapelle 92
Muttershofen 133

N
Naturerlebnispfad 60, 193
Naturlehrgarten 72
Naturlehrpfad 59, 162, 220
Naturparkhaus 112
Naturtherme Bedernau 69
Natur- und Kulturlehrpfad 84
Neuburg/Donau 154
Neuburger Kieselerde 154
Neuburger Kieselweiß 14
Neuburg/Kammel 50

Neufnach 85, 90, 95, 104
Neuhof 150
Niedrigseilgarten 108
Nordendorf 136

O
Oberbachern 169
Oberes Schloss 40
Obergriesbach 177
Oberndorf a. Lech 157
Oberneufnach 90
Oberpeiching 159
Oberschneitbach 178
Oberschönenfeld 112
Ober- und Unterbaar 161
Oberwittelsbach 180
Obstlehrpfad 46
Osterlauchdorf 77
Ottmaring 202
Ottomühl 212
Ottoried 195
Otto-Schneider-Rundweg 118
Oxenweg 196

P

Paar 171, 179, 202, 211
Paardurchbruch 202
Paartal 177
Paarursprung 222
Peloid (Badstein) 57
Petersberg 187
Pflaumdorfer Moos 226
Pingen 178
Pitzling 220
Pöring, Schloss 219
Prälatenweiher 142
Przewalski-Pferde 208

R

Rachelsbach 172
Rain 157
Rainer Stadtpark 157
Rammingen 87
Rederzhausen 202
Reichau 66
Reichertshofen 93
Reichskanal 199
Reinhartshofen 82
Rettenbach 175
Rettenberg 196
Reutersche Blöcke 15
Ried 49, 172, 210
Riedel 17
Riedensheim 156
Riederau 231
Rieder Bach 49
Ries 14, 142, 146, 150
Rinderhof 172
Roggenburg 54
Römer 19
Rosensteig 174
Roßmoos 168
Roßmooskapelle 170
Ruine Bocksberg 131
Ruine Hohenburg 144

S

Sainbach 168
Salzbergkapelle 165
Salzstraße 213
Sandau 214
Schafhausen 186
Scheppach 44, 47
Scheppacher Kapelle 113
Scheppacher Weiher 110
Schießplatzheide 201
Schlossberg 118, 147
Schlösslesberg 120
Schmutter 85, 98, 133, 136
Schmuttertal 104
Schneeburg 128
Schnellepark 35
Schnerzhofen 85
Schnerzhofer Weiher 85
Schönau 170
Schondorf am Ammersee 227
Schöneschach 76
Schotter 16
Schrobenhausen 171, 174
Schulmuseum 26, 40
Schul- und Lehrgarten 163
Schwabegg 84
Schwäbisch-Allgäuer-Wanderweg 11, 79, 89
Schwäbische Alb 14, 140, 146
Schwäbisches Donaumoos 35
Schwabmühle 192
Schwabmünchen 105
Schwarzach 83, 112
Schwarzbach 116
Schwarzer Reiter 123
Schweinbachtal 96
Seeholz 231
Siebenbrunn 200
Siebenbrunner Bach 199
Siebentischwald 199
Siegertshofen 98
Sielenbach 20, 185
Silheim 38
Singold 106
Sisi-Schloss 180
Spargelland 171
Spargelwanderweg 173
Stadtbergen 79
St. Anna 88
Stätzling 193
Staudenhaus 112
Staudenkapelle 93
Stauden-Meditationsweg 85, 93, 103
Staufenberg 125
Steinlindenallee 53
Stempflesee 199

Stockiberg 152
Strafvollzugsmuseum 150
Straßberg 109, 133
Stürzenweiher 55
Suevit 15, 150
Sulzbach 179
Summerpark 229, 233
Synagoge 40, 101

T

Tal des Lebens 229
Talhangasymmetrie 17
Tertiärhügelland 14, 15, 16
Teufelsküche 219
Teufelstal 109
Thannhausen 60
Thierhaupten 161
Tilly-Denkmal 160
Tilly-Weg 157
Torferlebnispfad Brementtal 47
Traunried 84
Trichtergruben 122, 133, 177
Tuifstädt 144
Türkheim 88
Turmhügelburg 118
Turmruine St. Georg 184
Tussenhausen 86

U

Uhlenberg 119
Unteres Schloss 40
Untermagerbein 142
Unterpeiching 160
Unterrothan 99, 103
Unterwittelsbach 180
Utting 227, 231

V

Versunkenes Schloss 78
Via Claudia Augusta 19, 136
Villa Rustica 230
Vordere Gutnach 70

W

Waidhofen 172
Walderlebnispfad 74, 80, 113, 177
Walderlebniszentrum 198
Waldfreibad Dinkelscherben 118
Waldgrotte 37
Waldlehrpfad 78, 118

tourismus@LRA-a.bayern.de   HEIMAT. HERZ. ERLEBEN.

Bildquelle: Julia Pietsch

Waldpavillon 26, 198
Waldpavillon, Kloster Roggenburg 54
Waldspielplatz Waldwiese 124
Walkertshofen 93
Wallfahrtskirche Allerheiligen 44
Wallfahrtskirche Baumgärtle 70
Wallfahrtskirche Herrgottsruh 195
Wallfahrtskirche Inchenhofen 168
Wallfahrtskirche Maria Schnee 191
Wannenkapelle 55
Webers Brünnele 81
Weiherweg 54, 142
Weilachtal 176
Weinakademie 154
Weinlehrpfad 155
Weitmannsee 205
Welden 128
Wellenburg 115
Wellenburger Exotenwald 115
Wertach 105
Wertachaue 105
Wertachleite 79
Westliche Wälder 14, 16, 79
Wettenhausen 40
Wildpark Pössinger Au 219
Willmatshofen 103
Wilpersberg 186
Winzer 64
Wittelsbacher Schloss 191
Wollmetshofen 102
Wöresbach 180
Wörnitz 146
Wörnitzstein 146
Wörnitzal 146
Wulfertshausen 193

Z
Ziegelstadel 86
Zusameck 118
Zusamquelle 86
Zusamtal 120

Umschlagbild:
Die Harburg am Morgen. Sie gilt als eine der ältesten, größten und besterhaltenen Burgen Deutschlands (Tour 33).

Bild im Innentitel:
Blick von der Nothelfer-Kapelle auf Mittelneufnach (Tour 16).

Bild S. 33:
Kirche Mariä Himmelfahrt in Neuburg/Kammel (Tour 6).

Alle 115 Fotos von der Autorin.

Kartografie:
59 Wanderkärtchen im Maßstab 1:50.000, 1:75.000 und 1:100.000
Geodaten © OpenStreetMap und Mitwirkende. Kartografisches Design:
Freytag & Berndt Prag, www.freytagberndt.cz
sowie zwei Übersichtskarten im Maßstab 1:700.000 (Innenteil) und
1:1.000.000 (Umschlagrückseite)
© Freytag & Berndt, Wien

Die Ausarbeitung aller in diesem Führer beschriebenen Wanderungen
erfolgte nach bestem Wissen und Gewissen der Autorin.
Die Benutzung dieses Führers geschieht auf eigenes Risiko.
Soweit gesetzlich zulässig, wird eine Haftung für etwaige Unfälle
und Schäden jeder Art aus keinem Rechtsgrund übernommen.

3., aktualisierte Auflage 2021
© Bergverlag Rother GmbH, München

ISBN 978-3-7633-4447-5

**Wir freuen uns über jeden Korrekturhinweis zu diesem Wanderführer!
Bitte per E-Mail an: leserzuschrift@rother.de**

ROTHER BERGVERLAG · München
D-82041 Oberhaching · Keltenring 17 · Tel. +49 89 608669-0 · www.rother.de